U0455205

杨石先

韩石山 著

杨石先
Yang
Shixian

传

山西出版传媒集团 山西教育出版社

图书在版编目（CIP）数据

杨石先传 / 韩石山著. — 太原 ：山西教育出版社，
2023.9

ISBN 978-7-5703-3535-0

Ⅰ. ①杨… Ⅱ. ①韩… Ⅲ. ①杨石先（1897—1985）
-传记 Ⅳ. ①K826.13

中国国家版本馆 CIP 数据核字（2023）第 140228 号

杨石先传
YANG SHIXIAN ZHUAN

责任编辑	李梦燕	
复　审	海晓丽	
终　审	康　健	
装帧设计	薛　菲	
印装监制	蔡　洁	

出版发行　山西出版传媒集团·山西教育出版社
　　　　　（太原市水西门街馒头巷 7 号　电话：0351-4729801　邮编：030002）
印　　装　山西新华印业有限公司
开　　本　720 mm×1020 mm　1/16
印　　张　23.5
字　　数　360 千字
版　　次　2023 年 9 月第 1 版　2023 年 9 月第 1 次印刷
书　　号　ISBN 978-7-5703-3535-0
定　　价　88.00 元

如发现印装质量问题，影响阅读，请与出版社联系调换。电话：0351-4729718。

序

《杨石先传》的写作，其经过，本书附录《四面包抄写杨传》里，说得很详细了。还想重复的，只有文末的这句话：

> 将来出了的《杨石先传》，我是说这个长的，不是一本写得怎样的书，而是一本怎样写成的书。我希望这样写下的书，不光对做文科学问的人有所借鉴，就是对学理工的人也能有所助益。

文中也说了，此书写于疫情期间，连去一趟天津采访南开老人、寻访杨先生旧居的机会都没有。其中的缺憾，是明摆着的。倘若去了天津，找见杨老的大公子杨耆荀先生，杨老结婚时夫人年岁几何，东村43号杨宅的格局如何，一问就全知道了。而在本书中，只能是以情理（文字）做个大致的推测。类似的情形，还有好几处。眼下不打算补救了，就让它这么着，保留下初写成的模样，以见出写作时的身手。

写这样的传记，我的原则是，无一句无来历，无一事无出处。处于疫情期间，有这些缺憾，实在是无可奈何的事。好在都是无关大局的细节，也就只能如此了。

真的错了，也不打算纠正吗？不是。是眼下的纠正，仍难周全。与其改了这个，留下那个，倒不如待正式出版后，收集各种纠错信息，再版时作为附录一并收入书中，既弥补了我的疏漏，也不枉了他人的指谬之功。

感谢杭海路先生的推荐，感谢山西教育出版社的接纳。没有海路先生的引见，我这样过了气的文坛老兵，要出这样一本书，几乎是不可能的。

感谢南开大学历史系侯杰教授和校史办陈鑫主任，还有倪斯霆先生、申红女士，他们为本书提供了多张珍贵的照片。

还要感谢我的夫人，我是一个字一个字写下，她是一个字一个字输入的。

韩石山

2023 年 2 月 1 日于潺湲室

目　录

第一章　由一封信说开　　　　　　　　　　　　001

第二章　身世　　　　　　　　　　　　　　　　010

第三章　从私塾到清华学堂　　　　　　　　　　020

第四章　放洋　　　　　　　　　　　　　　　　035

第五章　在康奈尔大学　　　　　　　　　　　　043

第六章　转系　　　　　　　　　　　　　　　　050

第七章　入职南开大学　　　　　　　　　　　　055

第八章　南开大学的1923年　　　　　　　　　　058

第九章　教大学，也教中学　　　　　　　　　　066

第十章　结婚　　　　　　　　　　　　　　　　073

第十一章　1929年的南开危机　　　　　　　　　084

第十二章　在耶鲁大学研究院　　　　　　　　　093

第十三章　"三表"教授　　　　　　　　　　　　096

第十四章　危难时刻　　　　　　　　　　　　　105

第十五章　南下　　　　　　　　　　　　　　　114

第十六章　教书　　　　　　　　　　　　　　　127

第十七章　"杨阎王"的另一面（上）　　　　　134

第十八章　"杨阎王"的另一面（下）　　　　　143

第十九章　轰炸中　　　　　　　　　　　　　　148

第二十章　有个贤内助　　　　　　　　　　　　157

第二十一章　上位　　　　　　　　　　　　　　162

第二十二章　联大教务长的日常（上）　　　　　170

第二十三章　联大教务长的日常（下）　　　　　176

第二十四章　联大最后一位"看门人"　　　　　190

第二十五章　赴美研修　　　　　　　　　　　　196

第二十六章　战乱中的坚守　　　　　　　　　　203

第二十七章　面对"院系调整"　　　　　　　　212

第二十八章　荣耀与烦恼　　　　　　　　　　　218

第二十九章　他的治校理念（上）　　　　　　　222

第三十章　他的治校理念（下）　　　　　　　　227

第三十一章　不能不有的思考　　　　　　　　　234

第三十二章　忙，忙，忙！　　　　　　　　　　241

第三十三章　借东风　　　　　　　　　　　　　249

第三十四章　办元素所　　　　　　　　　　　　258

第三十五章　一路走来的同行人　　　　　　　　271

第三十六章　珍惜与舍弃　　　　　　　　　　　280

第三十七章　那高高的教学楼　　　　　　　　　287

第三十八章　这才是他的做派（上）　　　　　　295

第三十九章　这才是他的做派（下）　　　　　　301

第四十章　科学的春天　　　　　　　　　　309

第四十一章　心心念念在人才　　　　　　　321

第四十二章　法相庄严　　　　　　　　　　333

第四十三章　门前的花园　　　　　　　　　341

附录

　　四面包抄写杨传　　　　　　　　　　　351

第一章

由一封信说开

动笔之前，我看了好些已出版的资料，还托朋友从旧报刊上搜集到一些不经见的资料，对传主杨石先教授有了一个大致的了解。

先谈谈最初的感受，无论对这本书，还是对杨石先其人，这都是必需的，也是有益的。

这是一个中国现当代史上，被忽略了的杰出人物。他的业绩也还受到相当的重视，载入典册，为人称道，而他的人格与风度，除了他的学生同事之外，则鲜有人提及。实则，作为一个杰出人物，这同样是他身上闪光的东西。

他的人生，说简单也简单，简单到一个字尽可概括，这便是一个"学"字。将这个"学"字，定为处所，可以说，除了童稚时期在母亲怀里吃奶、在家中庭院嬉戏，他的一生都是在学校度过的。小学中学，是国内的学校；外国读了大学又读硕博，仍是在学校；回国后参加工作，在南开大学，在西南联大，还是在学校。西南联大，名分上是另一所学校，实则包含了南开大学。一辈子教书，就在一个学校，中国高等教育史上，这样的教授绝不会很多。

当然这个"学"字，也可以拆分开来，析为"上学"和"教学"，跟前面的解释也差不了多少。1923年从美国回来以前，是上学时期；以后直到去世，是教学时期。这期间，曾赴国外读硕读博，可说是进修，已不是寻常的读书了。

这样的人生，也实在太简单了，说是简单到乏味，都不能说用错了词语。

换一个角度，说丰富，也真够丰富的。这丰富，不是一个现代社会的人所能想象的。不能全说了，挑几个说吧。一是身世的显赫，二是学业的优异，三是修养的完善，四是品行的端正，五是兴趣的广博而高雅。光这五条，差不多可以说就是个完人了。这些优异之处，呈现在杨先生身上，是那样的和谐自然，没有一点儿"装"或者"撑"的感觉。

写传，当然会写到他的事业，科研上的，教育上的。但是，我不想把这本书写成光荣榜，或是功劳簿，那样的写法对某些大人物是适用的，对杨石先这样的人不说是亵渎了，总是一种简慢。事功是要写，我更愿意在他赫赫的功业中、漫漫的人生里，探索一种精神层面的东西。

这种事，虚了不行，得落到实处。

几乎是无意间，脑子里蹦出一个词儿，"持志守节"。这个四字词，有人用起来，还会跟上另一个四字词——安贫乐道。杨石先没贫过，祖上没贫过，他这辈子也没贫过；道嘛，不是随便可说的，显然这样一个四字词用不上。那就只有单单的"持志守节"了。

中文的四字词，多两两形成互文。这个四字词里，"持"和"守"意思差不多，"志"和"节"，干脆就是同义词，志节是也。因此，想到的同时，我就做了变通，将之改为"持志守礼"。

这里"持"和"守"的意思相近，"志"和"礼"的意思可就不一样了。"持志"和"守礼"，结构相同，着力的方面不同，是互补的关系，也有因果的意思。"志"是志向、气节，"礼"是礼仪、风度，"礼"对志向气节的生成，有支撑展现的作用。

细想一下，古往今来，尤其是近世风云动荡的时局中，持志的英雄多得是，守礼的人士也多得是，能持志守礼的名人，就不是很多了。对杨石先教授来说，究竟是持志不渝彰显了他的知书守礼，还是知书守礼促成了他的持志不渝?

身世经历，平生事业，留待以后从容叙述，这一章，作为全书的引子，要着重说说他的知书守礼。

也要落到实处，这实处便是杨先生致柳亚子先生的一封信。

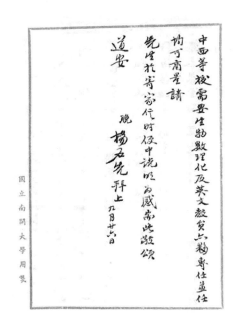

杨石先给柳亚子先生的信

这封信影印在天津教育出版社2012年12月出版的《杨石先图传》上，该书另有副题为"纪念杨石先诞辰120周年"。

先说信的内容，再说信的格式与称谓。

要说信的内容，先要判定是哪年写的，因为信的落款上只有月日没有年份。

好在信中有言："愚前岁归来时，本劝其同返。"杨先生这里说的"归来"，是指他在美国印第安纳大学做了两年访问教授又回到国内。返国的时间，《杨石先纪念文集》后面附录的《杨石先生平记事》里，是这样说的："1947年12月，谢绝了美国同事的挽留，启程回国。1948年2月，抵达天津。仍任南开大学化学系教授。"

这里的"前岁归来时"，若指离美，当在1947年；若指抵津，当是1948年。

前岁若指1947年，写此信的时间就是1949年。前岁若指1948年，写信就是1950年了。

这是推测，很快就找到了实证。

网上有家专营名人信函的公司，出售的拍品中就有柳亚子给杨石先的回信。

很有可能是怕有人不买而下载了用，信纸上打了马赛克，不过，仍能清晰地看出回信的内容。略云，石先先生大鉴，九月二十六日手教收悉。无忌返回，蒙许复职云云。后面的字，看不清，大意是推荐两个人去南开教书。好处是同时放了信封，柳亚子在北京的地址是，北长街八十九号。信封的背面有天津的邮戳，上面的数字是"50.9.28"。

这样就可确定，杨石先给柳亚子的信，是1950年9月26日写下寄出的了。

这时，杨石先的职务是南开大学校务委员会主席，相当于校长。用的信纸是"国立南开大学用笺"。

杨石先信函的开头是"顷奉赐书"，显然他是接到柳亚子的信，才有这样的回信的。

从信的内容看，是柳亚子的儿子柳无忌及夫人，将要从美国回来，柳亚子问杨石先，南开大学能否给予安排。

柳亚子乃大名人，辛亥革命的元勋，又是南社的掌门人，新中国成立后更是备受敬重。当时国内形势大好，他一面动员儿子回国，一面去信问杨石先可好安置。杨石先的回答很是痛快。柳无忌曾当过南开英文系主任，说这一职务现在还虚悬着，无忌先生一回来就是他的。他夫人蔼鸿女士要在中学教书，南大附近就有几个好中学，正缺教员，想去哪个学校随便挑。这事后来没办成。杨石先去世后，柳无忌在纪念杨石先100周年诞辰时写的文章里曾提及。先说抗日战争全面爆发后，他也随南开到了昆明。1942年他携家眷自昆明赴重庆，任教于中央大学，结束了与杨石先十年之久的同事交谊。接下来说：

> 在重庆住了五载，我于抗战胜利的第二年（1946）移家美国，甚少与石先通信问候。战事结束，南开大学在天津复校，石先曾来函邀我返南大任教，并得到我父亲（当时在北京）的支持，他们为我返国事有书信往返磋商。我一时举棋不定，回南开教书当然很好，在美国教书则机会难得。这机会最后来临了，我于1961年得到印第安纳大学（Indiana University）的聘约，任职后创设了东亚语言文学系，在美国中西部开辟了培植中国语文的园地。后来发现，很巧的，16年前（1945）石先也曾在印大任访问教授二载，于1947年返国，比我早了十六七年。（柳无忌《缅怀好友石先校长》，《杨石先纪念文集》，第41页，南开大学出版社1999年12月第1版，2016年6月第2次印刷）

为了行文方便，本书所引著作首次出现时，一般都注明版本，后文再引，如出版社、出版时间、版次等，就略而不提了。

柳无忌的文章，同时释开了杨信中的一个疑团。

柳无忌1932年回国进南开，确实是当了英文系的教授兼系主任。可他

1942年就离开西南联大，也就离开了南开，何以杨石先给柳亚子的信上仍说"系主任一职亦尚虚悬以待"？柳无忌1942年离校，此信写于1950年，系主任是实职，要管事的，能虚悬七八年吗？柳无忌文章中说，战事结束，南开大学在天津复校，"石先曾来函邀我返南大任教"，这就明白了。原来早在1948年，杨石先曾有信邀柳无忌回南开，并许以系主任之职。虚悬两年，以待君来，是说得过去的。

再来看看信的格式与称谓。

先说格式。

按说将全信按书写格式重抄一遍即可，不必了，太占地方，一仍格式，重抄两处，开头结尾各两三行就行了。开头两行是：

亚子先生座右顷奉

赐书欣悉　无忌兄明岁可以归国愚前岁归来时……

末尾三行是：

均可商量请

先生于寄家信时便中说明为感嵩此敬颂

道安　晚杨石先拜上　九月廿六日

不行。还是不能完全体现原信格式上的讲究，只有靠文字来说明了。

要说明的有两项，一项体现出来了，是提行。第一句里"顷奉赐书"，现都是连写的，而杨信中，"顷奉"写罢，提行顶格才写"赐书"二字。这是旧式信函中，对长辈尊敬的规矩。同样的道理，末尾三行里，"请先生"三字，"请"在上行，"先生"提行顶格。

没有体现出来的，有三处。一是"欣悉无忌兄"中"悉"字和"无"字中间空一格。二是"愚前岁归来时"里的"愚"字，在"前"字的右上方且稍小。三是"晚杨石先拜上"中的"晚"字，跟前面的"愚"字一样，也是在后一字的右上方且稍小。这样的书写，都是表达对对方的敬重。一是对对方的敬重，二和三是表示自己的谦逊，不聪明，是晚辈。

何以这样的谦抑，这样的讲究？这就要说到称谓问题了。

先看一下三人的年龄。

柳亚子1887年生，受信时63岁；

杨石先1897年生，写信时53岁；

柳无忌1907年生，提及时43岁。

往上数，一个比一个大十岁；往下数，一个比一个小十岁。

若纯粹以杨石先与柳亚子比较，两人并无交集。柳亚子是文化名人不假，但未在学校做过事，不存在前辈后辈的尊卑。两人的相识，该是在前一年的全国政治协商会议上，柳亚子是与会代表，杨石先也是与会代表，只大十岁，没必要尊之为师长。有书信交往，尊之为先生，也就够了。

然而，从柳无忌这边看，又不一样了。且看柳无忌在前面提及的文章里是怎么说的：

> 石先长我十载，却与我同时在美国新港耶鲁大学研究院读博士学位，同年（1931）在耶鲁的大礼堂内登坛接受博士文凭。所不同的，此时他已先在南开大学任教授，有六年（1923—1929）的丰富教学经验，然后再来耶鲁做研究二年，而我却是得到学士学位后即直接进入研究院，于三年内一口气读完博士学位的功课。虽然我们年龄相隔甚多，却一见如故，时相聚晤。我受他的影响极大，也由于他的介绍而在返国后就去南开大学任教，过着我生活中最愉快的五年（1932—1937），一直到抗日战争全面爆发，南开校址遭敌人轰炸破坏而告终止！（柳无忌《缅怀好友杨石先校长》，《杨石先纪念文集》，第40页）

哦，原来他俩是同学，还是同事。如此一来也就难怪以父执之礼，待其尊人了。

以这么一封信函，来说明杨石先的"守礼"，显得单薄了些。补充两件小事，或许看得更为明晰。

王端菁很早就在南开大学工作，跟杨校长多有接触。有件事，给她的印象甚深。当时她是校科研处的干部。

1957年春，校长办公室通知她，晚上到杨校长家去一趟。到了校长家，杨校长与夫人都因感冒卧病在床，她一进去，杨校长就说："我们都发烧了，防止传染，你就坐在靠门边处，隔着一段距离谈吧。"待她坐定之后，杨校长说："科学院原定明天开个会，我应该参加，但高烧不退，去不成了。"杨校长让她次日早些去北大，先找见周培源先生，说明情况，代他参加那个会。到了会上，把会议情况记下来。

会议在北大校园深处，司徒雷登故居的一个大厅里召开。会议的规格很高，除周培源外，还有高教部一个年岁稍长的女干部，这个女干部知道王端菁是代表杨石先校长来参加的，很是郑重，将与会的人员一一向她做了介绍。她记得有吴有训、钱三强、华罗庚、傅鹰等十来位。会上，大家对重点学科的设置、科研条件、人力、物力等问题，争论得很是厉害，有的专家甚至不容他人讲话。王端菁是第一次见识这种阵势，看到了专家学者们急于把科研、教学搞上去和抢挑重担的急切心情，心里却也有点替主持会议的周培源先生为难，觉得有的专家少了些平心静气的气度。

会间休息时，高教部的那位女同志带她参观司徒雷登的故居。在湖畔，王端菁悄悄地问她，以往开会也是这样争论吗？这样能讨论出个结果吗？对方笑着说：也不都是这样，不过大家的意见都反映出来了。还说：你们杨校长在会上可不是这样。会议结束后，王端菁又请示周培源先生，说会上的情况她都尽力记下来了，回校给杨校长汇报，问周先生还有什么事情要她转告杨校长。周先生说："会上的情况你都看到了，这次会什么大问题都定不下来，事情不那么好办。你们杨校长威望高，大家都很尊重他，能听他的意见，你回校一定转告杨校长，如果健康状况允许，下次会务必请他出席。"

王端菁感叹："这趟出差，让我进一步领略到了杨校长在科学教育界的崇高威望和举足轻重的讲话分量。"（王端菁《镌刻在心，音容永存》，《杨石先纪念文集》，第155页）

再举一个例子。

邢公畹是著名的语言学家，长期在南开大学任教。入校迟（1942年），术业不同，与杨石先打交道不多。新中国成立后，他的妻子陈珍考取了《天津日报》的记者，报社要一份类似介绍函件的证明书，这在当时，是个普遍的规矩。报社的人是知道邢公畹的身份的，就给他出个主意说：你找南开大学校长写一封证明陈珍是你爱人的证明书不就行了！他就给校长办公室打电话，电话接通了，他问道："杨校长在吗?"回话说："杨石先在听电话。"

邢公畹说，他是第一次听到这样的回话方式，既严肃，又有礼貌，很能表现杨先生的风格。他把自己的要求说了一遍，杨先生好像不明白是怎么回事，他又说了一遍，这回杨先生听明白了，知道要证明的是一件明摆着的事实，当然是可以办的，于是给他写了一封证明信。

想想吧，邢公畹是1914年生人，安徽大学本科毕业，又考上中央研究院历史语言研究所的研究生，师从语言学大师李方桂，打这个电话时已三十多岁，也算个见多识广、颇有历练之人，竟是头一次听到一个有身份的人这样接电话。

通常情况下会是怎样的呢?可以设想一下。你说，杨校长在吗?客气点的回答是"嗯"上一下，不客气的，回答是"什么事"。像这样自报家门的少之又少。可也正是这样一句"杨石先在听电话"，才让邢公畹感到"既严肃，又有礼貌"。

这两件事，一大一小，最能见出杨石先在"礼"上达到的境界。

中国的文化，对"礼"的认识是很高的。古代的贵胄子弟，必须学习并精通的"六艺"里，第一个就是"礼"。读书首先要懂得并铭记于心的，也是礼。现在人们常说"读书明理"，是讹传，正确的说辞该是"读书明礼"。礼是仪式，是行为，礼都懂得了，理就不在话下了。

礼，东西方认知上若有什么差异的话，西方称之为文明，东方称之为教养。若再细细分辨，西方视之为文明，含有进取的精神;东方视之为教养，偏重自身的保全。两相贯通，融为一体，则礼者，是护身的法宝，也是进取的利器。往下看看杨石先平生的为人行事、术业功德，对"守礼"二字，当有更为深邃的认知。

第二章

身 世

○○

在中国很长一个历史时期，社会上颇讲究"出身"，而不怎么讲究"身世"。

出身，字面意思是身之所出，就是生长的那个家庭。于是就有了家庭成分的划分，或者说是有了家庭成分的鉴定，才有了出身贵贱的讲究。

杨石先的家庭成分是什么？

在这上头，他倒是很坦然，自陈出生于一个中等官僚家庭，这里的"出生于"相当于"出身于"。

这一说法见于他1959年9月6日写的《我的自传》中。就在这篇自传里，他说到了他的身世。是这么说的：

我于公元1897年1月8日（清朝光绪二十二年十二月二十六日）出生于一个中等官僚家庭。6岁以前母亲带我和弟弟随祖父母住在杭州。祖父在杭州为官多年，历任嘉兴府知府、宁绍道台等职。外祖家也在杭州。

　　6 岁时父亲接家眷至济南，他在山东初为后补知府，后因为办理黄河防汛有功，保升后补道。（杨石先《我的自传》，《杨石先纪念文集》，第 223 页）

　　往下说之前，且容我做个小小的考证。

　　这里说的杨石先的生日是错的。我想不会是杨先生自己写错了，很有可能是录入时少打了一个阿拉伯数字。

　　我怎么会知道它错了呢？我就是再精细，也不会遇上一个人的出生年月日，有农历对照的就掰开《万年历》考订一番。是我写过《徐志摩传》，知道徐志摩生在"年头岁尾"，农历阳历换算有小小的差异。按农历纪年法，大致说来，凡是腊月出生的，换算公历，就成了下一年的 1 月多少日。《徐志摩传》就在身边的书柜里，探一下身子，取了过来，翻看一下，徐的农历生日是"光绪二十二年十二月十三日"，合公历 1897 年 1 月 15 日。

　　这一来问题就明显了。

　　徐志摩腊月十三日出生，杨石先腊月二十六日出生，徐志摩明明比杨石先早出生了十三天。可是换算成公历，杨石先反倒成了 1897 年 1 月 8 日出生，比徐志摩还大了七天。

　　既有疑问，不可不释之。查《万年历》，光绪二十二年十二月二十六日，对应的公历年月日应当是 1897 年 1 月 28 日。

　　不是掉了个 2 又是什么？

　　有人会说，不就掉了个数字嘛，犯得着写这么一大片。

　　我看的资料多，比你先生多一点点远见。杨石先跟徐志摩，在别的章节里还有交集，在这里是纠错，也是先布个局，让两个名人隔空里照个面，实在不能说枉费了笔墨。除非我偌大年纪，还不会写这类文章。

　　说过撂过，仍说杨石先的身世。

　　身世，旧时代是很讲究的，有好的身世，人是很自豪的，也就不会回避。

比杨石先迟几年上清华，后来成了著名社会学家的潘光旦，在学校时就有文名，曾得到梁启超的赏识。有个同学写了篇文章，自我感觉很好，潘光旦看了，说不怎么样，那个同学急了，说："我父亲是举人呢！"潘光旦听了淡淡一笑，说："我父亲是进士。"在旧时代，有功名就是有身世，一级比一级荣耀，这是谁都不敢否认的。

杨石先在《我的自传》里说，祖父当过嘉兴府知府、宁绍道道台。以情理而论，当是进士，举人要熬到这个份儿上太难了。新社会了，说功名有炫耀的意思，也就不说了。至于他父亲当过候补知府、候补道台，在旧时代不是多么显赫的身世，提一下即过，重点在说此后的家道中落。

有一次，几乎是无意间，杨石先吐露了自己不俗的身世。

还是前面提到的邢公畹。邢公畹是在昆明时入职南开的，彼时与杨石先几乎没有接触。1946年复校回到天津，两家都住在学校的东村，还是前后院，不接触也接触了，早晚相遇总要打个招呼。

杨石先喜欢种花，宅子前的院子虽说不大，但他安排得枝叶扶疏，花团锦簇。有一天，邢公畹和华粹深从系里开会回来，经过杨石先门前，看到一种长长枝条、开满黄花的植物，不知叫什么名字。杨石先提了一把水壶正在浇水，他俩进了院子询问，杨石先说："这叫荼藤花，是一种蔷薇科植物，春天完了才开花，'开到荼蘼春事了'嘛。"邢公畹听到他说这个断句时候的语音节奏，就知道他对中国古典文学是有素养的。这事引起邢公畹对杨校长的极大兴趣，于是有了后来的对话和感慨。

有一天我去看望他，和他谈起我生长在安徽，可以算是安徽人。

他说："我也是安徽人，是安徽石埭人，石埭旧属池州府。"我赶紧问："清朝末年，池州有位杨仁山和您是不是一家子？"他说："是我们家的先辈。"我这才明白为什么一位在美国学自然科学的老先生却对中国传统文化有很深的素养的原因。原来这位杨仁山先生是清朝末年最有名望的佛学家，属法相宗。杨仁山的弟子是欧阳竟无，欧阳的弟子是吕徵。他们在南京创办了"支那内学院"，院内就是仁山先生埋骨处。杨仁山著有《论孟发隐》，以佛学解释儒家经典，但他以大雄无畏、生死解脱之义号召世人，所以有许多革命志士在他的学说影响下都能慷慨赴义，谭嗣同就是其中之一（谭嗣同所提倡的"仁学"就是杨仁山学说的发挥）。杨石先先生一生，胸中只有祖国人民和祖国的教育事业、科学事业；办事认真负责、刚正不阿，这些抱负和作风都是渊源有自的。（邢公畹《忘年之交，其淡如水》，《杨石先纪念文集》，第99页）

邢公畹不愧是大学问家李方桂的研究生，于近世文化史实，了如指掌，说起什么，一扯开就头头是道，左右逢源。李方桂是山西昔阳县人，山西近世少有的学问大家，特在此插上一笔，为山西弘扬一下，也替李方桂先生弘扬一下，好在离题不算太远。

以上引文，引罢杨仁山和他的内学，就该止住。后面涉及杨石先那句话，该是我这作传者说的。他写此文是悼念杨石先，顺流而下，说了也是应该。接着这个话头，我还有说的，过一会儿再说，这会儿仍说我就"身世"一义所要说的话。

听邢公畹说了池州杨仁山之后，杨石先只淡淡地说了句"是我们家的先辈"。现在要讨究的是怎样的先辈，出了五服的远辈是先辈，曾祖、高祖也是先辈。

这个，要靠推勘。清末可称为旧时代，世代相传要密些，俗话说的三十年为一代，在富贵人家也就二十年之谱。这里说的是长子长孙。

杨仁山生于公元1837年，殁于1911年。

杨石先生于1897年，且以二十年一代往前推。则：

父生于1877年。

祖父生于1857年。

曾祖父生于1837年，正跟杨仁山的生年相重。据此也不必说，就是曾祖父，但为曾祖父辈的人，则是可以肯定的。

杨家真正的曾祖父辈，比这个杨仁山还要显赫。

王文俊在《杨石先光辉的一生》中，开篇就说到了杨石先的曾祖，"在清朝做过四川学台、国子监学官、翰林院学士"。这可比同辈的杨仁山荣耀多了。"克绍箕裘",该是克绍这一副箕裘才是。

这就要说到杨石先的谱名(学名)了。直到上清华学堂,去国外留学,初回国内,他一直叫杨绍曾。

富贵人家孩子的名字,祖父还有学问,多是由祖父起的。杨石先是杨家的嫡长孙,他的谱名,就是祖父给起的。曾祖父既有那样的功名与官位,顺《礼记》"克绍箕裘"之意,取名"绍曾"再恰当不过了。至于取字"石先",怕是从"他山之石,可以攻玉"来的,取"以石先着"之意,缩略一下,就是"石先"了。且这字形,怎么个看都舒服。

像杨家,曾祖辈就出了声名显赫的大人物,祖父有功名,官至知府、道台,不管父辈是什么,都可以说是"世家"了。杨石先作为嫡长孙,是标准的"世家子弟"。

我曾在一篇文章里说过,中国文化是靠"世家"维系的;又说大富大贵之家,到了没落之世,必出优秀的文学家和艺术家。这个不必举例,太多了。若邢公畹还活着,必能说个头头是道且滔滔不绝。杨家到了杨石先的父亲这一世,是真正没落了,这有杨石先的文字可资证明,仍是在《我的自传》里,他说:

> 辛亥革命(1911年)以后国民党掌握了新政权,和以袁世凯为首的北洋派进行政治斗争,暗潮剧烈。父亲过去政治关系是属于北洋派,而感情上又倾向于维新,有严重抵触情绪,故不愿在北方政府任职。有友人推荐他到原籍安徽省政府做事,尝试两年又告失败,使他认识到自己脾气不好,思想不合时宜,没有在新时代做官的本事,不如坚决退出宦途,另觅谋生之道。适母亲身染重病,长期需人照料,而妹妹又小,父亲自己无法管教,遂将他们送外叔祖家在上海暂住。自己则只身赴北京,寄居会馆,以卖文、鬻字为生。(杨石先《我的自传》,《杨石先纪念文集》,第223页)

寄居会馆,卖文鬻字,这对于旧时代一个官吏,一个文化人,可说沦落到底层了。

原本风光的世家子弟，一时间遭此家庭变故，兄弟俩的学业只能勉强维持，一个在清华学堂，一个在青岛德国高等专门学校，家是破碎的，找不见感觉了。用杨石先自己的话说则是："一个美好的家庭忽然烟消云散，连假期都无家可归，对十多岁的青年来说是痛苦的，而且认识到以后的一切，只有依靠自己的努力了。"

这一变故，当发生在他在清华的后两三年。

"只有依靠自己的努力了"，这是咬着后槽牙，自己给自己说的话，也可以说是自己给自己下的"军令状"。

这一心志的确立，必然影响他的性格的变化、为人行事的变化，甚至影响他言语的变化。

"守礼"还是先前的守礼，"持志"的分量明显加重。学业上的努力，以后的章节里会有具体的说明，这里要说的是性情上的自我加持，终成一个明显的特征。

这就是对任何看不惯的事，只说一句话，绝不重复。

且举几个例子，由小及大，会看个分明。

孙君坦20世纪60年代曾在南开教学科研部门工作，在怀念文章里他说，杨校长不仅重视基础课的教学，同时还强调对学生实验操作能力的培养和训练，经常到实验室巡视，查看学生进行实验的情况。

有一次他看到有一位学生做实验洗玻璃仪器时，为了图省事，竟将三个大小不同的烧杯套在一起洗，他当即给予严肃的批评和耐心的指正。他曾多次举例告诫说，根据用人单位反映，有的学校的大学毕业生使用天平竟还发生错误，这不能算是合格的。因此，他要求在校学生一定要正确地熟练地掌握天平的使用操作。他还主张：学生在实验中损坏仪器要实行赔偿制度。回想我上学做化学实验时，学校就采取损坏仪器赔偿制度而且是行之有效的。（孙君坦《高山仰止，景行行止》，《杨石先纪念文集》，第143页）

孙君坦文中，说他"上学做化学实验时"如何，十有八九是杨校长早年的学生。学生写德高望重的老师，总爱将之往"大众楷模"上靠，虽然严厉但也还慈祥，虽然暴躁但满是爱心。像这里写到这件事，一个化学系的学生做完化学实验，玻璃器皿，本应当一个一个洗净，然后滤净水归回原处，这是常识，要么老师事先教过，要么《操作手册》里明确写着。而这个学生将三个大小不同的烧杯套在一起洗，自认为自己聪明，毕其功于一役，偏偏就叫杨石先撞见了，明确指出其不对。如果他从此懂事，凡事都要按规矩来，无人监督也一样，往后说不定还会有出息，成个才；若只是自认倒霉，顶多告诫自己，往后提防着点儿，别再让校长撞见，那么这个人，学就白上了。

这里，我对"他当即给予严肃的批评和耐心的指正"这句话，是有看法的。对一个违背了基本操作规范的学生，犯得着吗？那是杨奶奶的做法，绝非杨校长的处置。

他会说什么呢？我想了两句话，一句是："怎么能这么洗？"一句是："一个一个洗，这都忘了吗？"说完扭身走开。

有人会说，杨石先待学生，就这么冷酷吗？

我的看法是，只会如此。若耐心指正，就不是杨石先的风格了。

看看下面这件事，就知道我不是胡乱引申、胡搅蛮缠了。

事见王端菁的《镌刻在心，音容永存》，此文前面曾引过。文中还说了一件事，足以见出杨石先的工作作风。

1957年5月中、下旬，搞大鸣大放，各系、各单位提出不少意见。……当时校领导……临时抽调了几个人组成"材料组"，把各系、各单位提的意见，整理分门别类，由领导上看过之后转各有关单位以利及时改进工作。我们有时到系里参加会议，会把记录带回来，更多的时候是集中在办公室里整理材料。上面说杨校长在北京开会，让我们"材料组"在杨校长办公室工作。各处送来的材料越来越多，我们就分别摊在桌子上、椅子上、沙发上，甚至也摆在地上，反正一直要持续干，每天下班都整理比较麻烦。一天早上,杨校长来到办公室,看到桌上敞着口的墨水瓶、横七竖八的钢笔杆、到处都是的纸张,立即紧皱眉头。我们赶紧站起来,心想这下可糟了,一向整齐清洁的办公室让我们搞得这么乱,恐怕杨校长要发火了。可是,杨老只说了一句"屋里怎么可以搞得这么乱",就皱着眉头转身走了。杨老作风严肃,不苟言笑,但我们从未见到他疾言厉色地批评人。我想那紧皱的眉头,算是最严厉的批评吧。(王端菁《镌刻在心,音容永存》,《杨石先纪念文集》,第155—156页)

忍不住还是想说句,这情景,是王端菁亲眼看到的,亲耳听到的。

这算是个中等的例子。大点儿的,那就是身处逆境中,与祸害南开大学事业的掌权者的斗争了。

还是抄文章吧,转述有许多叙事上的不便。

文章名叫《杨石先光辉的一生》,作者王文俊,收在《杨石先纪念文集》里。除过百年诞辰纪念会上各色人等的讲话外,这可说是书中纪念文章的头一篇。其中,第六部分是写杨石先在那个特殊年代的表现的。

杨石先性格内向、含蓄、蕴藉。他平时言语不多,才情不外露,喜怒也不常常溢于言表。他总是尽力使自己的心弦静止下来,以至不发出一点儿声响。当他被赶到集体宿舍坚持"三同",被送往农村接受"改造",他无不默默地听命调遣。就是当他的房前甬道布上了鹿砦,卧室墙壁被凿穿,"武斗"中投掷的燃烧瓶,在他家的门前爆炸的时候,他仍能压抑着满腔的愤怒,执着地伏案工作。但是,当闻听农药中试车间要被砍掉、车间楼板被砸、反应釜遭到破坏的时候,他忍无可忍,拍案而起,厉声喝道:"简直胡闹,岂有此理!"他用颤抖着的手写了一张大字报,指责毁掉中试车间是对人民的犯罪。(王文俊《杨石先光辉的一生》,《杨石先纪念文集》,第34页)

同一段里,接下来还写了杨石先找到当时的学校领导,怒斥不该怎样的话语。

不能说作者对杨石先的感情有什么问题。我想说的是，纵然心中极为愤恨，他老人家也不会有"拍案而起，厉声喝道"这样的动作话语。对谁呢？又在什么地方？在自己家里，才会先坐着一拍桌子的同时站了起来。那该是作恶者来他家故意气老校长了。去当权者的办公室吗？先进来坐下，说着说着怒火中烧，一言不合便"拍案而起"，以杨石先的学识教养、平日的为人行事，会给作恶者这么大的面子？

我以为这种情况，他听了，若是在家里或是在外面听同事说的，只会说句"胡闹"，就是加上"岂有此理"，也不会是多么的声色俱厉。

书中的纪念文章，多处说到这样的情形，我倒是觉得有一个人的文章，说到类似情形，用语上还是很到位。

范恩滂1948年考上南开大学化学系，毕业论文是杨石先指导完成的，1960年后在校长办公室工作。1971年离校，1979年在杨校长的敦请下，又回南开工作。也就是说，杨石先在那些年月的作为，他是亲眼见到的。在纪念文章中，说起多年后再见杨校长，见到的容颜，回想到的情景，引发的感慨。

> 1979年，杨老在北京开会，约我用饭，席间杨老让我回校帮助做元素所的管理工作……我和恩师没有见面已八个寒暑。面前的恩师虽仍思维敏捷，谈锋仍健，经过"文化大革命"的磨难，已不复当年的神采奕奕，而是满头灰白，面容消瘦，显出老态。我不禁想起批判会上的杨老，闭口无言，昂然而立，但眼光凝重。我不知他在一片狂躁的喧闹声中想什么，是对邪恶势力的鄙视，是对缺乏人生阅历、被愚弄的青年的怜悯，还是对历经劫难的南开园历史沧桑的感慨？（范恩滂《一代宗师》，《杨石先纪念文集》，第127页）

鄙视，怜悯，这才是中节之言，知人之论。

"不多说一句话"的性格，或者说是做派，正是基于一种鄙视，一种怜悯。多说一句不该说的话，有违世家子弟的心性，那种渗到骨子里的冷傲。

不说身世了，还得说到身世。

人生如果是一个坐标图的话，身世最像的是那条竖线。它离 O 点的距离，决定了你人生的高度。

这种说法不能论证，有杨石先这么一个例子，大体上就可以成立了。

第三章

从私塾到清华学堂

◌◌

　　明清时期，儿童的文化教育主要靠私塾完成。家塾也是私塾之一种。杨石先是光绪二十二年（1897年）生人，童蒙教育，只会在私塾。关于这一层，他晚年写的《我的自传》里，有过简略的说明。

　　他6岁以前，母亲带他和弟弟随祖父母住在杭州，6岁时父亲接家眷至济南。他在杭州时已上家塾，开始识字，到济南后父亲又延请教师来家教读，学四书、五经（缺易经）、史记、文选而外，又兼习数学和地理。

　　对平生谨言慎行的杨石先来说，谈起童蒙教育，能说这么多，已近似"饶舌"了。想来他写到这儿，会淡然一笑。

　　他没有说到的，并非我们就不可知。

　　鲁迅生于1881年，比杨石先大16岁，少年时所受的，也是私塾教育，在一篇文章里说到他在三味书屋念书时的情景。

说他的先生，有一条戒尺，但是不常用，也有罚跪的规则，但也不常用，普通总不过瞪几眼，大声道："读书！"于是大家放开喉咙读一阵书，真是人声鼎沸。有念"仁远乎哉我欲仁斯仁至矣"的，有念"笑人齿缺曰狗窦大开"的，有念"上九潜龙勿用"的，有念"厥土下上上错厥贡苞茅橘柚"的……先生自己也念书。后来，我们的声音便低下去，静下去了，只有他还大声朗读着："铁如意，指挥倜傥，一座皆惊呢～～～ ～～～；金叵罗，颠倒淋漓噫，千杯未醉嗬～～～ ～～～……。"（鲁迅《从百草园到三味书屋》）

鲁迅早了十几年，时移世易，后世未必如此。鲁迅上的是私塾，家塾的情形会好些。不用远处找，比绍兴离杭州近了许多的海宁县硖石镇，有个徐志摩，跟杨石先同年等岁，上学也只会不错前后，上的也是家塾，且看他是怎样描述家塾念书的情景的。

他说，他儿时在家塾中读书，最爱夏天的打阵（打雷）。塾前是一个方形铺石的"天井"，其中有石砌的金鱼潭，周围杂生花草，几只积水的大缸，几盆应时的鲜花，这是他们的"大花园"。南边的夏天中午，蒸热得厉害，全靠傍晚一阵雷雨，来驱散暑气。黄昏时满天星出，凉风透院，他常常袒胸跣足，和姊嫂兄弟婢仆杂坐在门口"风头里"，随便谈笑，随便歌唱，算是绝大的快乐。但在白天天热得连气都转不过来，可怜的"读书官官"们，还是照常临帖写字，高喊着"黄鸟黄鸟""不亦说乎"；虽则手里一把大蒲扇，不住地扇动，满须满腋的汗，依旧蒸炉似的透发，先生亦还是照常抽他的大烟，哼他的"清平乐府"。他们在这阴迷的时刻，往往相顾悍然，大噪狂读，身子也狂摇得连坐椅都磔格作响。（徐志摩《雨后虹》）

隔了十几年，两位文学大家的笔下，童蒙时期的念书，有一个共同的特点，就是依着声调，可着嗓门"大噪狂读"。这声调绝非如今中央台播音员的朗读，而是一种抑扬顿挫、张弛有序的吟诵，俗话叫唱读。从小受过这种训练，读起诗文来自然有一种特殊的韵律。这也就是为什么和杨石先同住在学校东村的邢公畹，闲聊中听杨石先说了句旧诗"开到荼蘼春事了"，"一听到他说这个断句时候的语音节奏，就知道他对中国古典文学是有素养的"。

少年时的学业往往是随着大人的迁徙而变动的。在济南的家塾里上了四五年，父亲调到天津，杨石先也就随迁了。《我的自传》中是这么说的：

> 11岁时父亲被直隶总督调来天津供职，家亦由济迁津。我兄弟二人开始学校生活。我们考入民立第二小学，我插入高二，弟弟入高一。1910年我在高小毕业，考入清华留美预备学校，次年弟弟毕业，考入青岛德国高等专门学校预科。这完全符合父亲的愿望，因他曾一再表示希望我学农科，弟弟学工科，而美国和德国又是他认为这两方面最理想的国家。他确实体会到工农业是国民经济的根本。（杨石先《我的自传》，《杨石先纪念文集》，第223页）

何以他的父亲，在他和弟弟少小时，就选定了两个孩子大了以后的志业方向呢？

这还要扭回头，从杨家早年居住在杭州时说起。

纪念文集中王文俊《杨石先光辉的一生》，对杨家早年居杭州事，记述甚详。文章写于杨石先百年诞辰前夕，该是多方采访才布局成篇的。不摘抄了，且转述如下：

杨石先的家，在杭州城里的横河桥边。这是一座古老的宅第。据说，明朝时，这座房子因主人与东林党人有瓜葛，全家遭到杀害，成了"凶宅"，无人敢居住。杨石先祖父任浙江候补知府时，由北京迁居杭州，一时没有合适的房子，只好买下这处宅院，一住就是三十多年，结果安然无事，他本人反倒升了官，做了嘉兴知府。

住在这样一个大宅院里，儿童的天性自然得以展现。小小年纪，杨石先便喜爱花草。每逢清明时节，他都会跟随母亲到龙井为外祖父母扫墓，往返途中，总要多次跳下轿车来，采集路边的花草，如果不是母亲不断地催促，真的会忘情于大自然，任轿车走远也不觉察。回家以后，头一件事，便是忙着把花草拿出来，让大人帮他栽到院子里。

杭州有个风俗，每当农历年节，家家户户都用兰花供祖，所以年节临近，许多乡下人就挑着满筐花草进城来卖。杨家是大户人家，每年都要买不少的鲜花，什么水仙啦，梅花啦，兰花啦，一束束，一盆盆，布满庭院，清香缭绕。

众多的花草中，杨石先最喜欢的是兰花，祭祖之后，他舍不得扔掉，总要大人帮他栽种起来，每天都忘不了看看它们，浇浇水，松松土，家里人都说这孩子是个"养花迷"。弟弟小他一岁，偏爱舞枪弄棒。这情形，父亲看在眼里，很是喜欢，有一次开玩笑说："将来让绍曾去学农，弟弟好动，长大了学工。""一语成谶"常说的是坏事，放在好事上，该说是"一语中的"了。果然杨家老大考上了清华学堂后来赴美留学，老二考上了设在青岛的德国高等专门学校。

据说杨石先并不是一毕业就投考清华学堂的。

毕竟是在天津，他先报考了南开学校且被录取。恰在这时，清华留美预备学校成立，且开始第一届学生的招考。此前两年，已从社会上招考过一批，经短期培训，送往美国留学，待遇之优厚，令人咋舌。这样一来，名声大振，要正式招生了，报考者空前的多。清华的办学经费，来自美国退还的庚子赔款的余额，因此招生的名额，依当年征缴赔款的多少分配，另在北京地区直接招考三百名。各省分配的名额，由各省遴选，相当于现在的保送。杨石先参加的是学校的"自主招生"，能否考上并无十分的把握。因此之故，他考罢也就回天津，去南开学校上学去了。两个月后，清华的通知下来，这才欢欢喜喜去了北京。

也就在此后不久，父亲退出官场，去了北京，卖文鬻字为生。适母亲身染重病，长期需人照料，妹妹又小，父亲自己无法照料，遂将他们送到上海外叔祖家暂住。家庭的这一变故，在他们兄弟两人的思想上都留下了深刻的烙印。他们在学校都享有公费，每年家中原需补贴二三十元作为零用和服装之费，改由自己工作弥补，问题不大，但是一个美好完整的家庭忽然烟消云散，连假期都无家可归，对十多岁的青年人来说是痛苦的。他认识到以后的一切，只能依靠自己的努力了。

关于清华的学业，杨石先在自传里并无具体的叙述，只说了自身的修为，读来还是很感人的：

家庭的情况如此，国内国外的形势又如何呢？国内军阀专横，内战不息，民生凋敝，外侮日亟。国际则德、英争霸，欧陆风云紧急，日本野心勃勃想乘机吞并东亚。所以我在青年求学时代始终以最严肃的态度对待学业和锻炼身体，其余一概置之不问，以期自己学成之后负起重建家庭和复兴祖国的责任。当时以为中国最根本的问题是国内广大人民未受教育，不能发挥政治作用，而掌握政权的人又都是无良心的政客和无头脑的军人，互相勾结利用，既无政治经济常识，又不懂得科学技术的重要性，以致一切落后，无法抵抗，听人宰割。特别是科学，它为新时代教育的重要部分，为技术的源泉，如果中国不能掌握、发展则永远不能脱离落后的地位。这亦就是教育和科学救国论者的看法，自己对之深信不疑，绝未想到在帝国主义操纵下可能是一条走不通的途径！（杨石先《我的自传》，《杨石先纪念文集》，第224页）

写这个自传是1959年9月6日，杨石先已是63岁的老人，无论是用词还是语调，我们都能感到一个年轻时就抱定科学救国信念的老知识分子的满腔的热忱，还有壮志未酬而年已老迈的遗憾。像"这亦就是""对之深信不疑"这样的夹有文言语汇的用词，不是有相当古典文学训练的人，难以用得这么自然而又恰如其分。虽是小道，有大义存焉。

在清华学堂的经历，杨石先未留下记载，我们只有从他人的回忆给以旁证。好在这个人不是外人，是他清华的同班同学，又是他的妻兄。

这个人叫刘崇铉，也是个有名的人物，有必要在这里略加介绍。介绍他也是介绍杨石先的妻家。杨夫人几十年相夫教子，有必要了解一下她的身世。

刘崇铉，字寿民，1897年8月7日生，福建福州人。远祖原居蓟北。明永乐年间，祖先刘彬因军功任福州右卫都指挥使，乃在福州落户。祖父刘齐衔是林则徐的快婿。父亲刘宣甫娶的是张之洞的侄女。妻沈锺应是沈葆桢的孙女。1908年入北京清华学堂。1918年毕业，保送美国威斯康星大学，1920年获文学学士学位，转哈佛大学，1921年获文学硕士学位。继转哥伦比亚大学，又转耶鲁大学研究院。其治学范围以欧洲史和美国史为主。1923年回国，应聘为南开大学教授。1925年转任清华大学教授。1930年接替蒋廷黻为清华大学历史系主任。1937年清华、北大、南开三校合组西南联合大学，刘崇铉随校南迁，仍为历史系主任，曾兼任教务长。抗战胜利后复员，仍回清华。1949年赴台，任台湾大学历史系教授，后兼任历史系主任及历史研究所主任，也曾兼任台大教务长。1973年退休。1990年3月21日病逝，终年94岁。

刘先生晚年曾写下《五十年前毕业清华学校的回忆》。他在清华的学业经历，可说与杨石先是重叠的。原拟转述，刚写了几行，就觉得不妥，不是原文，就少了本真。还是不避烦冗，原文照录为是。

且从清华学堂开办抄起，意在弥补前面叙事上的缺漏。

清华学校开办于宣统三年（西历1911），招收幼年生做留学美国的准备。这个有计划的送学生就学美国，始于美国的退还庚子赔款超额，我国政府决定用此款遣送学生留美。初设留美学务处，于宣统元年（西历1909）考取第一批留美学生。清华校长梅贻琦先生便是其中的一位。次年考第二批，录取杨锡仁先生第一名，赵元任先生第二名，胡适之先生则名次颇后。尚有若干名为备取，准备于次年派送。就在这时决定创设留美预备学校，学生一部分由各省考送，一部分在京城考试。笔者时年14岁，原籍福建，随父兄居江苏，不能在福建应试，特随先兄搭海轮绕道秦皇岛（时大沽口冰冻）入京就试。

记得是一个寒冷的初春早晨，带了墨盒毛笔（那时似乎中国还没有自来水笔），乘坐骡车，到了西城学部考棚（科举时代的考场）去参加考试。最担心的是英文程度太差，尤其是考到"英文默写"，由唐介臣先生读一段英文，考生跟着写录。唐老先生，英文太好，念得非常流利，只是苦了笔者跟不上，尤其每句末来一个"period"，简直莫名其妙。两天考完，想不免"名在孙山外"，那知发榜，竟侥幸列在第十一名，意外之喜不必说。榜发的次日，先兄带我到理发店（那时称剃头店），将辫子剪去，当时不知道剪辫子的意义，也不知道没有辫子可能的危险，笔者是没有政治敏感的。

　　清廷似乎颇寄希望于这个留美预备学校，特拨在西郊近海淀的清华园为校址，因锡名为清华学堂。这园子本是赐给端王的，所以本地人称之为"七爷园子"，后因端王是负庚子之乱责任的人，园子被没收，空了些时，现在拿来作以退还庚款来办学校的校址，似是很适当。英文名字是：Tsinghua Imperial College，留美学务处设在园内"水木清华"的旧建筑内（一般人称其为衙门，美国教师也就"Yamen"之）。总办是周自齐先生，协办是范源濂先生（二人后均任民国的总长）。胡敦复为第一任教务长，他的新猷是不按习惯将学生分定班级，而就每人每门功课的程度，上某年级的课，如某生国文程度好，英文次之，数学最差，则他可能被派到国文 3A（等于三年级上学期）、英文 2B（二年级下学期）、算学 1B（一年级下学期）诸班去上课。笔者的英文很不行，所以派入 1A，几乎从 abcd 学起，用的是北洋大学教授丁家立先生（Dr.Tenney）所编写的《英文法程》，主要的工作是英译中、中译英，与现时的英文教学方法大相径庭。

　　才上课几个月，革命的火焰起于武汉，各地响应势如燎原，学堂自然震动，学生中有满人，有汉人，各感不安，且虑园外的三旗，是个满人住家的地方，便有学生要求学校设法保安全。记得有一位同学向范源濂先生提出意见，说这是个与美国有关系的学校，可请美国人来保护，范先生正色，用乡音颇重的湖南话指斥他说："你做这样的建议，就该打。"但是后来还是停课，让学生各自回家。

　　翌年民国建立，学生回到清华。离开几个月，景色未改，而朝代更易。学堂改成学校。英文校名去掉"Imperial"一字。由唐国安（介臣）任校长，周诒春先生（寄梅）任副校长。不久唐校长病逝，周先生改任校长。戊午级算是有幸，在周校长任内六载有余当学生。周校长的作风，诚恳庄肃，对于年幼的学生有如严父，谆谆教诲，殷殷督责。教导学生如何持身处世，如何服务尽责，甚至为保持整洁，限定若干日，必理发，必沐浴。每日下午四时至五时，所有房门下锁，学生都得去操场运动健身。晚间，中等科学生都得到自修室温习功课。由各教师轮流巡视，不许谈话，不许看闲书，肃静没有一点声音。当时不免有人生反感，说他管得太琐碎，作风有点专制。但日后觉悟他对学生是真的爱护。不只要我们养成好习惯，实有引导青年成为现代好公民的深意。提倡团体生活，鼓励学生到各社团里服务活动，训练办事认真负责。清华的良好风气传统达于此时。创造这样的校风，培养这样的校风，我想旧日的同学没有不归功于周校长。可说受了他的熏陶，终身受益不尽。我想起一段有趣的对话。有一位胆量非凡的同学径向校长质问："校长，你不让我们喝酒吸烟，你却大杯的喝酒，抽大支的雪茄烟，这话怎讲？"周校长答道："我从前不知道不该养成烟酒的习惯，今天成了他的奴隶，摆脱不了，我不愿意你们蹈我的覆辙，所以不让你们于作学生的时期，便染上烟酒癖。"这话言犹在耳，但当我们毕业时候，登船赴美，船还没有出吴淞口，船上的吸烟室已坐满了清华毕业生，人手一支，吞云吐雾！

那时清华的学术水平不算高，逐渐提高是后来的事，尤其在民国十四年改大学之后。那时只注意训练学生预备留美，即如最早聘来的一批美国教师，多是由青年会代聘，他们教课之余，热心传教。他们没有教成学者，却帮助了周校长树立校风。当年在清华园里和蔼而捷健的青年教师麻伦先生 Carroll B.Malone，现仍健在，年逾八十，约十年前，曾来台在东海大学任教两年。上过他课的几位同学，曾与他欢欣叙旧，不但记得他是照相、骑车、跑中距离的好手，还记得他给我们的历史基础训练。后来，中国的青年学者陆续到清华任教，学术气氛渐改观。梅前校长学成回国，来校任教，甚得人望，笔者曾从他学物理及图形几何。林语堂先生也曾在清华教过几年书，他与梅前校长很熟，常谈起梅先生外表庄严而实际幽默的故事。想起当年追悔莫及的事，是学校聘有国学湛深的良师，而我们不知道宝贵这机会，跟他们学。如教国文的李巽孚（李济之先生的令尊）及湖南饶麓樵先生，均是学行值得尊仰的人，我们好些人那时根本不晓得什么是学问，忙于英、算，而忽略国学，有良师而不知请益。

我们入校时，除了原有的精雅建筑如工字厅、古月堂等外，便是简陋的难看的中等科教堂与宿舍，二院及大楼在兴建中，到我们毕业时，科学馆已建好应用，体育馆方落成，民国七年毕业生的毕业典礼便在体育馆里举行，图书馆及大礼堂也都不久完成。这几所壮丽的建筑，也是周校长努力筹建的成果。但是建筑尽管受人称美，而周校长却因受人妒忌受排挤，就在我们毕业之前不久，辞职离开清华园。我记得很清楚，全校同学含泪与他握别的情况。

你看完了，这么长，谢谢。

该着我说了。

写一个人的传记，绝不应当是仅仅将他人发掘的史实归拢在一起，然后给上一个空疏而伟岸的评价。

别人或许会这么做，我没有臧否的资格。我不会那么做。

先厘清一个最基本的史实：杨石先是哪年上的清华留美预备学校。

《杨石先纪念文集》里，有三个文献说到此事。

以书中排列顺序，第一个是王文俊的《杨石先光辉的一生》。是这么写的：

> 1910年，杨石先的蒙学时期结束了。他先报考了天津南开学校，而后又去报考了刚刚成立的清华留美预备学校。这所学校是美国利用"庚款"的一部分兴建的。它既不收学费，又免缴膳宿费，而且将来还可以出国深造，这就给追求未来的青少年以某种指望。（《杨石先纪念文集》，第22页）

第二个是杨石先写的《我的自传》，作为附录之一。是这么说的：

> 1910年我在高小毕业，考入清华留美预备学校，次年弟弟毕业，考入青岛德国高等专门学校预科。（《杨石先纪念文集》，第223页）

第三个是作为附录之二的《杨石先生平记事》，同一件事，分列在两个年份的条目下。这里只能一顺儿写下。

　　1910年　小学毕业，先后报考了天津敬业中学堂（南开学校的前身，今南开中学）和清华学堂（后改为清华学校，今清华大学前身）。先就读敬业中学堂。几个月后又接到清华学堂录取通知书，遂转而就读清华学堂。

　　1911年　1月　北京清华学校中学部上学。（《杨石先纪念文集》，第230页）

就时间的准确性上说，第三个还沾点边，至少它把上学的时间定在了1911年。

我认为还要数刘崇铉的说法准确。为什么呢？因为在动笔之前，我早就知道清华学校在未开办之前，在社会上招收了两批庚款留美学生，稍加培训，直接派往美国。还知道第一批有梅贻琦，第二批有赵元任、胡适。只是我脑子不好，他们分别是1909年、1910年，还是分别是1910年、1911年，记不清了。平常不清楚，要写文章了，关涉某个具体人了，就查一查，过后又不清楚了。

刘崇铉这篇《五十年前毕业清华学校的回忆》，全说清了。确实是先从社会上招了两批，一批在1909年，一批在1910年，头一批里有后来成了清华校长的梅贻琦，二批第一名是杨锡仁，第二名是赵元任，胡适的名字颇靠后，我记得是五十几名。二批还设了备取，以为下一年还会同样从社会上招考。没有下一年了，下一年正式办起留美预备学校，它的毕业生赴美留学要在七年之后的1918年。

这样就可以确定杨石先参加入学考试和正式入学，都只会在1911年。

杨石先自己写的也会错吗？

一是也会错，毕竟是63岁写下的，过了差不多五十年。再一个可能，他写的1911年，后人发现他错了，给他纠"正"过来。

不管怎么说，有他大舅子这篇文章，1911年考上清华是不用怀疑了。上学的时间，我也是同意刘崇铉的说法。"才上课几个月，革命的火焰起于武汉"，说的肯定是辛亥年间的武昌首义。时间是1911年的10月10日。由此往前推，入学当在五六月间。再往前推，刘崇铉说记得是一个寒冷的初春早晨，带了墨盒毛笔（那时似乎中国还没有自来水笔），乘坐骡车，到了西城学部考棚（科举时代的考场）去参加考试。推勘时间，只会是1911年的二三月。也就是说，考试跟入学一样，都在1911年之内。

有了刘崇铉这样的当事人写的文章做参考，后人写的文章里的许多轶事，就显得分外真实可信了。

让我们捋一捋。

王文俊《杨石先光辉的一生》文中说了他强健身体的事。

辛亥革命后，周诒春做了清华校长。当时许多学生都来自家塾，缺乏良好的卫生习惯，对体育活动更无兴趣。周校长常常深入学生中间，或把一些学生叫到他的办公室，除了检查学业外，还要闻闻他们口中有无异味，问问是否经常洗澡，大便通不通，参加不参加体育活动。这些从未远离家门的学生，觉得他是一位非常值得尊敬的长辈，都很亲近他。

一次，杨石先病倒了。周校长带他去见美国神父校医鲍尔伯。校医为他检查后，又送他到协和医院透视。杨石先不由得紧张起来，当他走出暗室时，听到神父说"孩子，感谢主保佑"，这才松了一口气。

这件事引起周校长的关注。他开始发觉学生们的体质存在着问题。为此，他与学生们"约法三章"，采取了强制体育锻炼的办法。他让每个学生必须早晨出操；午后4点关闭教室，所有学生必须参加体育活动；晚9点一律就寝。他对学生们说："体育是完整教育所不可缺少的。"杨石先长久以来养成了不好活动的习惯，常常逃避上述约束。一次周校长到操场巡视时，发现他躲在僻静处看书，便严厉地质问："你为什么违反校规？"他紧张得无言以对。周校长转而关切地说："这样会把身体搞垮的。"又问："你将来想干什么？"杨石先说："想当个科学家，用科学技术救国。"周校长微微一笑："你的志向虽然很好，但恐怕难以实现。"杨石先问为什么，周校长说："因为你不爱运动，身体得不到锻炼。像你这种体格，将来如何耐得劳瘁，学成也无法任事，谈何救国！"

周校长的告诫给了杨石先很大的震动，从此杨石先便强制自己参加体育锻炼。起初不过勉为其难，慢慢地领略到它的益处，日久成习，后来竟至乐而不倦了。

这里的叙事，大体说来，是符合实情的。清华对学生体育活动的要求，向称严峻。就是杨石先在《我的自传》里也说，他青年求学时代，"始终以最严肃的态度对待学业和锻炼身体"。但像此文所说，周诒春校长是看到杨石先的身体孱弱，才想到建立严峻的体育锻炼制度，就未必尽然了。一种管理制度的建立，定然是针对这个制度罩括下的所有人的，却未必是因为某一个人的情形而建立了这么一套制度。不管它是好还是坏，这应当是社会学上的通识。

王文俊《杨石先光辉的一生》里，还说了一件事。

清华留美预备学校的生活是丰富多彩的。教师与学生接触很多，他们常常邀请学生到家中做客。杨石先多次被邀请，这给他以宾至如归的亲切感觉，但也有使他感到窘迫的时候。有一天，他在校园里遇见了那位曾给他看病的神父校医鲍尔伯。神父说："感谢上帝，你的身体越来越健壮了。我想继续帮助你，你不会拒绝吧？"他笑着回答："怎么能呢？"鲍尔伯神父显出很亲切的样子说："孩子，你很聪明，也很诚实，你日后要想有所作为，首先要解脱你精神上的负担，做一个上帝的忠实的信徒。"他迟疑地注视着神父说："先生，我从来没有想过这件事。"神父想说什么又停住了，然后把一张帖子递给他，失望地说："我给你时间仔细考虑。"尽管没想出得当的对策，晚上他还是奉约叩响了神父的家门。神父激动地叫道："你果真来了，我觉得你是信任我的。"杨石先局促不安地坐下来，一边听着神父的讲道，一边望着挂在壁上的耶稣蒙难十字架，竭力寻找它和他的理想之间究竟有什么联系。这时，他觉得这位神父竟是一个他所不了解的陌生人。神父恳求的目光使他心里不免有些慌乱，他赶忙岔开了话题。神父忙说："我向主代你祈祷，让他开开你的心窍吧！"说着便向十字架跪了下去。杨石先窘得要命，他实在耐不住了，便对神父说："先生，我要读书，我不想把自己的生活由课堂转到教堂。"于是他便如释重负地离开了鲍尔伯神父的家。

说得这么细致，有可能是作者采访过杨石先。至少也是杨石先亲近的人，曾听过杨石先亲口说过转告的。清华学校固然是用美国退还的庚款余额办起的，办学人并不是美国的什么机构，而是当时的国民政府的外交部。既是中国人自己办学，何以神父在学校任事（校医或教师），又要学生入教会呢？刘崇铉的文章，一读就了然了："那时只注意训练学生预备留美，即如最早聘来的一批美国教师，多是由青年会代聘，他们教课之余，热心传教。"青年会全称应是中国基督教青年会，很早就在中国多地设立了传教组织。既是传教组织，在学校发展教友也就不足为奇了。

还有一件事，别的文章里也提到过，还是王文俊的文章里说得详细些。

清华留美预备学校设中等、高等两科，各修业四年，课程都是为学生将来留学美国而特设的。方法是提倡自学自习，借以使学生熟悉美国的教育习尚。对中等科学习的课程，杨石先都有较好的基础，但课程都用英语讲授，这对他却是完全陌生的。为了学好英语，他和几个要好的同学订了个"君子协定"，约定日常会话完全用英语，违者罚一个铜板。每到星期日，他们常常带着罚得的十几个铜板跑到校外去买炒花生米，一饱口福。这个别出心裁的主意，督促了他们的学习。后来，由于他们学业上不断进步，能享受这种乐趣的机会越来越少了。清华的学习是繁重的。杨石先还必须用比别人更多的时间去攻读英语。他常常抱着字典吃力地看英文书籍。经过一年多的努力，他差不多克服了外语上的障碍。随着英文水平的不断提高，他常常几天读完一本书。八年里，学校图书馆不少英文文艺书籍的借书卡上，都留下了他的名字。

这样有序地跟班前进，是通常学校里的通常的情形。读过刘崇铉的回忆文章，你就知道这样推测，在清华是错的。早年留美归来的胡敦复，作为清华学校的第一任教务长，他的"新猷"即"新政"，不是同一年级分班了事，而是根据每个学生每一科不同的程度，上不同年级的课。刘崇铉说他的英文很不行，所以派入1A（一年级上学期），等于从字母学起。

依照这样的分班法，杨石先的英文课程，会在哪个年级的班里呢？

根据前面的介绍，只会是跟刘崇铉一样分在1A班，从头学起。

手边没有清华校史，不知道首届招生确切人数，但我知道，清华留美预备学校所招学生的主体部分，是按当年支付庚子赔款的银钱数额，按比例分配的。若山西的赔款额分到5个名额，而江苏的赔款额是山西的5倍，那么，江苏分到的入学名额就是25人。

《杨石先光辉的一生》文中说，留美预备学校除了按各省摊缴"庚款"的多少选送学生外，另在北京直接招考三百名。这直接招考的人数，肯定少于摊款选送的学生，这样就可以推测出清华留美预备学校首届招生名额当在八百人之谱。一个年级总要分班管理，杨石先在《我的自传》里说，"入校时同班同学为一百七八十人"。看来是分了四个大班。这么大的班，要处几个要好的同学，也是有难度的。好的相处，不光会是好的条件促成，也可能会是坏的条件促成。

1A，这个英语水平最低课程班，只会是个小班。在同一个小班里厮混，同为世家子弟的杨石先和刘崇铉两个少年儿郎，不管是惺惺相惜，还是沆瀣一气，都会成为莫逆之交。

有了起初的同为英文低分生，又有了共同的突飞猛进，出类拔萃，八个年头里，两人定然是心心相印的好朋友。

转眼间，入学时十四五岁的青涩少年已是二十二三的英俊青年了。

后来的情形，还是看杨石先的自述吧。

> 我在清华学堂前后读了7年，中等科3年，高等科4年。学业上的竞争是剧烈的。入校时同班同学为一百七八十人，各省按规定名额招考送来的，每年淘汰一部分，又由学校自己招插班新生若干人。最后毕业时只余五十多人，其中原来的略逾半数。（杨石先《我的自传》，《杨石先纪念文集》，第224页）

也就是说，他所在的这个原来一百七八十人的大班，真正熬到毕业留美的只有二十七八人。这竞争确实是够激烈的。好在杨石先和刘崇铉，都在胜出之列。

留美预备学校毕业，按部就班，无一例外，都要赴美留学，当年的说法要阔气得多，叫"放洋"。

第四章

放　洋

放洋？对了，就叫放洋。

杨石先是与徐志摩同船放洋的。

不同之处在于，杨石先是公费，徐志摩是自费。

放洋去美国，当然要坐船，一本杨石先传记里是这么写的：

> 太平洋上风急浪高，杨石先怀着鹏程万里之志，乘"格利玛号"意大利邮船，经过20多天的颠簸，在旧金山港登上了北美洲大陆。旧金山曾是梦一般的地方，它曾使多少幸运儿一夜之间变成了巨富，又使多少淘金佬始终两手空空。杨石先此次是负笈求学，决心不虚此行。

抄下这段文字，我的心头忽地一惊。我知道我又错了，又犯下我这种浅薄的作家最爱犯的一个浅薄的错误。民间有句俗语："静坐常思自己过，闲谈莫论人是非。"这本来是善良人的自我约束，到了我这样的没出息的作家手里，反倒变成了逞才使性的秘籍，当然是反着来的："静坐不思自己过，下笔总论人是非。"这已经不是文风的畅阻，而是人品的美恶了。

改，马上改。

此书往后的叙事中，我不再指出他人的错讹。前人有前人的限制，那不是他们的过错，后人有后人的便利，不应当据此嘲讪前贤。我写我的书，只说我知道的，我认为正确的。把自家门前地上的雪，打扫干净就行了，人家瓦上的霜怎么样，犯不着你去操这么多的心。还有呢，你这会儿认为正确的东西，或许多少年后，正是他人的不屑与笑谈。

杨石先与徐志摩同船赴美，前面已提过，不是我在故弄玄虚。

他们，当然是一起赴美的那些人，乘坐的轮船叫"南京号"。据当时的文献记载，"南京号"为中国邮船公司新造之邮船，一切布置皆极精美，载重达一万四千吨，每小时行十五英里。

"南京号"启程赴美在当年是一件大事，上海发行的《环球》杂志，对此事有详细报道。船上所载，多为赴美留学人员，不光有启航仪式、详细行程，还有全部留学人员名单。

这个杂志，是环球中国学生会于1916年在上海创办的，而环球中国学生会是专门为东西洋留学生服务而设立的组织，做出洋学生的食宿安排，还有回国学生的职业介绍。这样冷僻的杂志，按说时过境迁，很难被发掘出来，感谢近年来徐志摩研究的兴盛，浙江海宁市的徐志摩研究专家徐国华先生，竟将之从上海图书馆的书库里翻找出来，写成专文，在海宁市《徐志摩研究》专刊2016年第三辑上发表，名为《"南京号"邮轮一二事》。

以下杨石先赴美的行程，即从此文摘出。

送行的场面很壮观。

《徐志摩研究》上复制了《环球》上的一张大照片，是送行人员与赴美人员的合影。天气热，多着白衣，看去白花花一大片，前面是坐在椅凳上的尊长，还有女士，后面是一排一排胡乱站着的青年男子。图片的说明文字是：

　　民国七年八月本会与江苏省教育会、女青年会、美国大学俱乐部、上海青年会、留美学生会欢送教育部、清华河南官费及自费出洋学生摄影。

　　图片下的这两行文字，说明"南京号"几乎是赴美留学的包船。

　　据刊物上介绍，这个欢送会，是在上海霞飞路倍开尔路转角处，美国公使馆商务参赞安立德的花园草坪举行的。出席欢送会的有此届出洋留学清华学生63人，又考取专科男生7人，女生9人；教育部资送男教员4人、女教员2人、各大学毕业生5人；河南省资送学生30人；自费生70人，以及中西来宾，总共不下700人。

　　欢送会整五点在护军使署军乐队奏乐声中召开。安立德先讲话，主题报告此次开会的宗旨，安立德夫人奏乐，寇来君带领全体与会人员唱美国各大学校歌。交涉使陈安生、前美代理领事卜金斯、领事约翰生、修改税则委员会主任蔡廷干分别上台演讲，后全体合影。

　　还没完。

　　下一个项目是颁奖。文中说，驻沪美国红十字会会长萨格颁发上一次在沪征求会员的奖品，唐霞园获银盾，朱少屏、聂云台两人分别获红十字优胜旗，蒋梦麟等获红十字金表锤。朱少屏队征得的人数最多，奖励他的旗帜上绣了朱友渔、汪精卫、邝照堃、任传榜、徐季龙、郭仲良、沈楚纫、赵晋卿、虞信公、易次乾等队友名字。

　　接下来是演讲。先是沈信卿讲此番组织留洋经过，然后是北京高等师范学校教务主任邓萃英代表出洋学生致答谢词，清华学生代表谢宝添致谢，朱少屏报告"南京号"确定8月14日出发。

　　散会将近7点半。

　　以上是8月13日的事。

　　启航的情形，据《赴美学生行程纪事》文中所载：轮船停在吴淞口江面上。8月14日下午2点，赴美留学的学生和送行的亲友在黄浦新关码头集合，然后登驳船到吴淞，行者送者拥挤非常。下午5点30分抵达吴淞口，登"南京号"邮轮。9点，送客纷纷坐驳船回沪。

这里要订正一下，前面说的清华等校赴美留学数额，只是出席欢送会的数额，并非实际人数。这个数字，应以《赴美学生行程纪事》上所载为准。文中说：

> 此次选派游学美国之学生乘"南京号"者，内有教育部所派十二人、奉天省所派一人、自费生五十七人、清华学校所派八十二人，共一百五十二名，其中有本应赴欧改作新大陆游者。

"南京号"于15日凌晨2点始发。早上风浪特大，许多人开始呕吐并无法起床。到晚上风浪稍减，同学们开始起床到船头小坐。

16日后，"南京号"过日本长崎、马关，船未停泊。

17日晚，汪精卫接见部分同学并交谈。

18日早上到日本横滨，日本医生上船验视。横滨市警局也派人查验护照，发放登岸证单，上岸的时候已经8点半。留学生们乘电车至东京分别游览日比谷、上野、浅草等公园以及皇后宫外苑等。

19日上午10点，"南京号"由横滨开行，五六日内风浪不兴，船极平稳，每天都有各种游戏比赛，大家还捐资奖励以助兴。学教育的学生，每天聚会轮流演讲，以自励励人。其他各团体也开会讨论，大家似乎忘了这是在船上而以为是在学校。

24日起，风力渐大，浪声震耳。24日后一日为重复日，盖已过东经180度而进入西半球。

28日早上10点30分，到檀香山，船停在港外岛旁，医生及海军军官上船体检并检验护照。11点30分，船进港。12点，船到港。所有人的信件不准携带，一概交由船主代发。

同学们上岸后，到亚历山大饭店午餐，应太平洋协会邀请，中国领事主席等4人进行了演讲。午餐后，男同学乘电车、女同学乘汽车游览岛中名胜。

4点30分回船。6点开船,离开檀香山,开始向北行驶,风平浪静,温度逐渐降低,开始有了初冬的感觉。

9月4日,"南京号"抵达旧金山,停泊港外,7点医生上船查验,8点移民局派人验视护照。对于头等舱的客人稍宽,对于二三等舱客,特别严格。之后,同学们相继下船,到税局检验行李,一直到下午3点才结束。在旧金山住三四天,各留学生分别前往先前联系好的学校报到。

杨石先去的是康奈尔大学,地址是东岸纽约州的一个叫伊萨卡的城市。此地另一个汉语译名,知道的人更多,叫绮色佳。他来这儿上农学系,不是在国内定下的,是到了旧金山,由驻美留学生监督处派发的。他选报的是农学,康奈尔的农学有名,就分派过来,关于这一层,他在自传里有记述:

> 1918年夏赴美被分配至纽约州康奈尔大学。该校工科农科俱享盛名,规模甚大,全校有学生三四千人,中国留学生亦达四五十人。因我填的志愿是农科,所以被分往该校。不料当时第一次世界大战尚未结束,美国在后期亦正式参战,加入联盟方面。全国及龄男性青年有高中毕业水准的均被征入军官后备大队训练。唯工科和医、药、化学等方面可以部分免征。因而文科、农科等全部变为女生。化学则因军事需要(毒气战争在第一次世界大战展开)而大大地加强了。自己原来对化学兴趣很高,遂呈请留学监督转入应用化学科。(杨石先《我的自传》,《杨石先纪念文集》,第224—225页)

这件事,在《杨石先传》里写着,有具体的人数,还有各自的情形。是承着他自传里的那句话——"因而文科、农科等全部变为女生"——来的,说杨石先所在的农科班只有他一名中国男学生和两名有残疾的英国男学生,其余均为女学生。班里有些淘气的女学生常常和他们三个男同学开玩笑,这使传统意识颇浓的杨石先感到很尴尬。

转系是后来的事,已经入了学,还是说说初入康奈尔的事吧。

先说进入农科这件事。

好几篇文章都说，杨石先所以选择学农，是因为他少年时就喜欢种植花草，弟弟喜欢舞枪弄棒，其父曾戏言，老大爱花草，将来可学农，老二爱棍棒，将来可学工。似乎有一种宿命，或者说是天性在里头起作用，就算这是真的，为何选了康奈尔大学的农学系，还是值得探究的。

这个，要从两方面说，一个是大的方面，一个是小的方面。

大的方面是，清华学堂留美学生的专业选择，总体上说，是尊重个人兴趣志向，但也不是没有方向性的指导。《清华大学留学管理研究》一书中有这样的阐述：

> 第四，关于留学生学科选择。晚清以来总理各国事务衙门以及外务部多主张学习实科，梁敦彦指出："鉴于留学生蜂拥学习政治科学，回国后，除了想在政府里谋个一官半职外，别无雄图；显然，留美学生所学专业，应使他们学成后能够参加国家的经济和物资建设。只应有一小部分人学习哲学、文学等人文科学。"唐绍仪也主张：学生中至少百分之七十，应学习工商诸科应用学术。梁、唐等外交大员为代表的外务部的意见，为学部接受。外务部主稿并会同学部办理的《遣派学生赴美留学办法》中明确规定："以十分之八习农工商矿等科，以十分之二习法政理财师范等科。"（金富军《清华大学留学管理研究》，第16页，清华大学出版社2022年2月版）

也就是说，这一指导方针，有扭转社会风习的作用。只能说，杨石先少年时的习性和心志，恰好符合了时代的需求。

何以选择了康奈尔大学的农学系？简单地说，也是时尚使然。

早杨石先八年，胡适作为第二批庚款留美学生，也是选择了学农，也是去了康奈尔大学。

江勇振所著《舍我其谁：胡适——璞玉成璧1891—1917》说到了康奈尔大学农学院的规模："胡适进康奈尔大学的那一年，以新生的数目来说，文理学院最大，有329名新生，胡适读的农学院次之，有321名新生。如果把一、二年级的新生合并起来计算，则机械工程学院最大，有1060名学生；文理学院次之，有956名学生；农学院第三，有688名学生。根据该年12月1日《康奈尔校友通讯》，康奈尔大学农学院有1230名学生，是全美学生最多的农学院。"

大，就是名气，就是招牌。

这所学校几乎是那一个时期中国留美学生的首选。同一本书又说："根据中国驻美大使馆秘书兼庚款留学生监督容揆的报告，第一批第二批庚款学生共116名：第一批47名，第二批69名。第二批原来是70名，显然少了一个。其中，19名就读纽约州的康奈尔大学，人数最多。密西根大学次之，有16名；伊里诺大学第三，有14名；威斯康星第四，有13名。这是中国留学生涌入美国中西部的全盛期的开始。根据美国康奈尔大学中国同学会的1910年秋天的一份报告，也就是胡适入学以后，康奈尔大学的中国留学生人数居全美之冠，共有49名；纽约州的哥伦比亚大学居次，有39名；伊里诺大学与威斯康星大学再次，各有30名。除了哥伦比亚大学之外，其他三个大学，都以农科生居多，哥伦比亚大学则几乎有一半的中国学生是念政治和矿课。"

文中说"这是中国留学生涌入美国中西部的全盛期"，康奈尔大学和哥伦比亚大学都在纽约州，似应说是"涌入美国东中部的全盛期"。

名气大，进来的中国留学生多，这也就难怪胡适在入学后，给胡绍庭等四个朋友写的信中说："于八月七日抵San Francisco。休息两日即以火车东行，车中凡四日始抵Chicago，又一日始抵Ithaca，即Cornell University 所在地也。此大学依山傍湖，风景绝佳。学生三千余人中有吾国学生约五十（并新生而言）。弟已得大学允许为正科生，专习农科Agriculture。此校农科最著名，为国家农科大学。"（转引自颜振吾《胡适研究丛录》第85—86页，生活、读书、新知三联书店1989年2月版）

有前面两段介绍文字，有胡适信中这段话，我们就可以推勘出杨石先入读康奈尔大学的程序。清华学堂毕业，填报个人志愿，他报了农科，待到美国，留美学生监督处很自然地就将他分配到康奈尔大学。

这是就大的方面说，还有小的方面，也要说一说。

小的方面，起的作用或许更大。

清华分派学生，固然有大的限定，具体到个人身上，还是给予相当的尊重的。学农应时，只是个简单的趋向，违背兴趣而选择学农，必然另有诱因。

胡适初到康奈尔，写给胡绍庭等四个朋友的信，透露了此中的端倪。此信前面已引用数行，末句为"此校农科最著名，为国家农科大学"。紧接此语，说的是："凡农科学生概不纳费，即此一项，一年可省一百五十金，可谓大幸。"

一个"可谓大幸"，道尽寒窘之人的心态矣！

胡适的家庭，很是特殊。父亲早早去世，虽有父亲前妻的孩子支撑家业，轮到他与母亲，只能说是孤儿寡母。他留洋后，母亲得到家庭的接济极为有限，故此他在国外，每月需从学费里拿出5元寄回国内，以保证母亲衣食无虞。

杨石先的家庭，虽父母双全，以家庭经济而论，怕还要在胡适之下。胡家是商贾之家，前房的孩子对继母不会优渥礼遇，正常的月供该还是有的。而杨家呢，从杨石先考上清华学堂时便坠入困顿了。

胡适的母亲，纵然守寡，还住在自己家宽敞的院子里，只能说手头不甚宽裕而已。杨石先的母亲则是有丈夫不能团聚，以抱病之身，带着小女儿住在上海的亲戚家。这亲戚，非是杨石先的外祖父家，而是外祖父的弟弟家，直可说是贫无所依，寄人篱下啊！父亲呢，更是可怜，独自一人流落北京，寄宿会馆，以卖文鬻字为生。

想他们出国前，都知道了自己应享受的公费待遇，也都知道美国高校学农与其他学科不同的收费标准。这个时候，是个人志趣重要，还是家庭的生计重要？只要稍有良知者，都会毫不犹豫地做出选择。

于是爱好文学的胡适选择了农科。

于是爱好化学的杨石先也选择了农科。

第五章

在康奈尔大学

这样到了旧金山后，接待人员自然办妥一应手续，安排杨石先上了东行的火车。其行程与用时，只会跟胡适信中所述一模一样。

细察"南京号"行程，有个小小的疑惑，现在美国的秋季开学多在9月初，何以"南京号"到旧金山已是9月4日？学校大都在中东部，再延宕数日，到校时岂不都过了开学日期？

后查资料方知，康奈尔大学的秋季开学时间是9月30日，如此说来，去别的学校的学生如何处置不好说，至少来康奈尔读书的杨石先等人，是可以从容办理入学手续的。想来这个时间点开学的，该是多数学校，否则专为输送留学生开出的"南京号"，不会冒天下之大不韪，让多数学生都误了开学的日期。

有胡适的经历做参照，1918年杨石先入读康奈尔大学的开学盛况，我们也可以还原出来了。

主要有两项，一是开学典礼，一是"新鲜人"活动。

一入学先要注册（报到）。仅仅这个注册的地方，就会让留学生新奇不已。一去了就会看到已经退休的首任老校长欢迎新生的一封信，很简单，主要引用美国一位已故作家的话来勖勉新生，这句话说："小伙子，就以邮票为例吧：它之所以有用，就在于它能够一心一意黏在一个东西上，一直到它到达目的地为止。"

据说老校长的这封信，就镶在注册处的墙上，在廊道上排队等着注册的新生都争相观看。

当年开学典礼上讲话的，是校长休曼（Jacob Schurman）。此人 1921 年曾出任美国驻华公使。也就是说，1918 年 9 月 30 日开学这天，杨石先是听到了休曼校长的讲话的。

校长的讲话，有注重现实的一面，也会有宣扬学校理念的一面。1910 年胡适入学前，康奈尔大学不提供男生宿舍，美国的兄弟会等社会组织为学校解决了这一难题。仅胡适这一级，1100 名新生，就有 227 名选择住进兄弟会里。因此之故，休曼校长先把兄弟会夸了一番，不过，他的夸赞是有分寸的，说到兄弟会可以提供现成的社交圈，他同时提醒学生不要不懂得本末，忘却了他们来大学的目的是求知，不只是社交与嬉游。

而对新生，休曼校长首先强调的是，要有强健的身体。他说："我所要强调的是，身体是脑之器，脑要能善其事，就必须先要利其器，因此我欢迎所有有益的体操、游戏、运动和社交活动。我建议每个新生，每一个今天听我演讲的学生，都要参与我们学校五花八门的活动，如果这样做，能砥砺其身心的话。你是否进了校队，对我来说，一点也不重要。我所希望见到的，是一个用功的学生群体，他们懂得如何适度地玩，也懂得照料自己，用运动来锻炼他们的身体，让身体成为脑力劳动的器官和工具。"

他的这些话，是要学生了解，所有上述这些活动，都是附丽或从属于他们来大学的目的，那就是心智的培养。他说，世界上没有其他事情比心智的培养还重要。要达到这个目的，无他，就是求学、努力执着地求学。如果说这些话，还只是泛泛而论的话，下面一段话，定会让青年杨石先有种醍醐灌顶的感觉：

> 本校所教授的知识，这个世界上的知识，总的来说可以归为两类，就好像是一个球体的两个部分一样。一个半球处理的是人的问题：艺术、文学、历史、制度以及哲学等等我们称之为通人之学或人文科学。另一个半球处理的是人类作为其中一员的浩瀚的宇宙，是我们称之为统御我们的宇宙的知识。换言之，就是科学：解析出物质世界的成分的化学，呈现出宇宙的能量及其运作规律的物理，让我们了解生命的奥秘的生物学，为我们说明地球表壳的地质学等等。

这些言论让他感到新奇，也感到震惊，而休曼校长说的本校的"五花八门的活动"中的其中一项——"新鲜人活动"——怕就不是一个新从中国来的年轻人所能适应得了的。

这是康奈尔大学新生入学的传统项目，胡适经历过，杨石先也必然经历过。

新生入学后，还有一件必须做的事情，就是体格检查，待体格检查通过后，新生就不复是新生，而是康奈尔的"新鲜人"了。

这是康奈尔的传统，也是康奈尔的规矩。看几条"新鲜人守则"，就知道这是个多么"顽劣"的活动了。

> △新鲜人不准在校园草地上行走。
> △新鲜人不准在校园里吸烟，不准在绮色佳街道上抽烟斗。
> △新鲜人没有穿西装，或没戴帽子不准在校园里走动。
> △电车上如果有高年级学生有无座位之虞，新鲜人就不准占电车上的座位。
> △每一个新鲜人，除了星期天都必须在任何时候戴着以下规定的帽子，二者选一，公定是灰色带有小帽舌（帽舌比现在流行的棒球帽短），顶端有一颗黑色纽扣的帽子；或者公定的灰色圆形无檐小帽，悬着一条

三寸长的黑色流苏。

说白了就是高年级学生变着法儿"整治"一年级新生。

想来这些活动，都会给初到美国的杨石先留下美好的印象。

这个活动，还与一场新生宴会紧密相连，后来就干脆统称为"新鲜人大宴冲刺战"。

江勇振《舍我其谁：胡适——璞玉成璧 1891—1917》中是这么说的：

这个"新鲜人大宴冲刺战"有它相当淘气，甚至走火入魔的历史。由于新鲜人是被欺负的对象，而"新鲜人大宴"对于他们来说又是一件大事，所以康奈尔的传统，派给大二学生的任务就是让新鲜人去不了他们的"新鲜人大宴"。在早期的时候，大二学生在"新鲜人大宴"之前，就开始绑架新鲜人，绑架得越多越好。最好是绑架到新鲜人自治会的干部，因为他们是"新鲜人大宴"的主持工作人员。这些惨遭绑架的新鲜人，在"新鲜人大宴"当天，脸上被涂上各种颜色，被迫穿上各种不伦不类的衣服被带出去，在校园，在绮色佳市区示众，然后才被送到"新鲜人大宴"的会场。为了避免被绑架，新鲜人最好躲起来，去上课时，就集体进出，人多势众，不落单，不让大二学生得逞。这是起初的情形，大概闹得太过火了，到了1904年，校方出面禁止。一年以后，经学生跟校方交涉，产生一个折中的方案，这就是新版的"新鲜人大宴冲刺战"。

这个折中的办法，就是原先在"新鲜人大宴"前几天就开始的绑架、躲避、追逐等种种现象，仪式化成像棒球赛一样，新鲜人和大二学生在操场上对垒的"新鲜人大宴冲刺战"。开始的时间，就在大宴当天下午的一点半。地点就在"军械库"旁边的操场上。其打法是，大二学生列队在操场的南面，新鲜人在操场的北面。各自以25人为一队，以体重为分队的标准。

由羽量级（也叫次轻量级）打头阵，每梯次由双方各出一队。在枪响号令下，这两队各自向操场上的对方冲击，新鲜人的目标是要冲到操场的南面，大二学生的目标是阻挡他们。用的是"挡将法"，就是抓住新鲜人以后，使尽全力将他拽倒在地上。被拽倒者，必须被压在地上三分钟，才算被俘。

羽量级的冲刺结束后，就节节上升，直到重量级的厮杀完毕为止。由于草地潮湿松软，如此来回厮杀，自然泥泞不堪。参加冲刺者浑身沾满污泥，自不待言。此后的做法，跟先前一样，仍是由大二学生将俘获的新鲜人脸上涂颜色，让其身上着女性化的服装，押上在校园和绮色佳市区游行。现在公平的是，新鲜人也可以用这个办法对付大二学生。不过他们心不在此，一心想做的是冲到南面而不被俘获。

当裁判的是大三、大四的学生。胡适大四时，参加过1914级的"新鲜人大宴冲刺战"。新鲜人有900人之多，经过一个半小时的冲锋陷阵，被俘者275人，大二学生被俘者则有45人。这275名被俘的新鲜人被带到体育馆健身房后面的锅炉房。本已全身泥污，被套上各种稀奇古怪的服装，脸上还涂上了各种不同的颜色，眼见被俘的同级生得到如此"美轮美奂"的化妆，有75名没有被俘的新鲜人自动要求接受同等的待遇。等到一切化妆就绪后，就由高年级学生押着这350名囚房的大队，浩浩荡荡开始游街，先是校园，再是绮色佳市区的大街，任人观看拍照。最醒目的是走在最后面的俘虏，他们被铁链串起来，每人身上还套着沉重的铁链。

新鲜人参加宴会前，可以洗漱干净，衣着体面地参加"新鲜人大宴"。

宴会是要付费的，票价是2.7美元，相当于学生一星期的膳宿费。参加过的人说，非常值得，"绝对能值回票价的十二倍以上。这是因为你所买的回忆，即使你所有其他大学生活的点滴都忘却了，它还是记忆犹新的。当你汲取了今晚的气氛，当你感受到了其精神，你所获得的难以名状的东西，绝对不是能用区区的票价所能衡量的"。

有了这样的评价，倒让人会往低处想了。

这样的"打闹式"的活动，很像旧时中国农村的闹洞房。原本连面也少见的一对青年男女，在同龄人生猛的戏谑打闹之后，不熟悉也熟悉了，不亲热也亲热了。这种新生与旧生的"混闹"，起的最大的作用，也相仿佛，从此之后，新生旧生就是一家人了。

多少年后，清华大学欢迎新生的方式，有一种叫"拖尸"的活动，英文词为"Toss"，怕也是从美国传来的。具体做法是，几个高年级学生，瞄准某个新生，半夜去了将其从床上拖起，折腾一番。此与康奈尔大学的"新鲜人大宴冲刺战"有同样的功效。

还得补一笔。

"新鲜人大宴冲刺战",并非"新鲜人"时期的结束,只能说快结束了。在一切都讲究仪式的西方大学里,真正的结束,是一个名为"焚帽日"的活动。只有将那个标志着稚嫩的新鲜人小帽烧掉,才算是成了真正的"康奈尔人"。

杨石先1918年入学,排序是1922级。这个级的"焚帽日",没有当事人的记载,江勇振《舍我其谁:胡适——璞玉成璧1891—1917》复原了1914级"焚帽日"的景况:"无论如何,1914级的'焚帽日'活动,号称是历年来最大的一次。5月27日晚上7点45分,1914级生戴着他们的'新鲜人帽'在西伯里圆顶楼前集合。在行过仪式以后,参与活动的学生就各自举着一把火炬,列队向图书馆斜坡前进。跳着蛇舞前行。抵达图书馆斜坡以后,就绕着巨大的营火围成一圈。大家先唱校歌,集体做各种康奈尔以及1914级的欢呼。然后,在一声枪响以后,大伙儿就把令人憎恶的灰色'新鲜人帽'一齐往营火里扔将进去。'焚帽'大典结束以后,大家就在鼓号队的带领下,列队向绮色佳市中心迈进。沿路上,大家一会儿唱歌,一会儿欢呼,沿途,越来越多的学生陆续加入,已经不再只是1914级的游行队伍,俨然成为全校学生的活动。"

请注意一下日期,"焚帽日"是5月27日。"新鲜人大宴冲刺战"是3月11日,也就是说,"焚帽日"是在新鲜人大宴之后的两个多月。只是个仪式,并不表示此前他们无所事事,干等着这一天的到来。

五年的康奈尔校园生活,对塑造杨石先的精神品格,其功效是无形的,也该是巨大的。

这是游乐,也是入学的一个仪式,正式的学业,至少一年的学农,从胡适这边,也能看出个大概。

且从《胡适日记》选几则,以见农科课程之大概。

　　　1911年　2月12日(星期)　读拉丁文十课。写颜字二纸,似稍有进境矣；自人日以来，辛未作辍，不知后此尚能如是否？

2月14日（星二）　上课。昨今两日皆每日七时，颇忙碌。

此次大考，生物学得九十五分，植物学得八十三分，殊满意矣。

2月27日（星一）　上课。下学期课虽未大增，然德文读本《虚馨传》，英文Henry IV，皆需时甚多；又实习之时间多在星一与星二两日，故颇觉忙迫。

4月12日（星三）　上课。今日习农事，初学洗马，加笼辔，驾车周游一周。

4月18日（星二）　上课。今日植物课为"花"，嫣红姹紫，堆积几案，对之极乐，久矣余之与花别也。"Begonia"名海棠，余多不知汉文何名。

4月25日（星二）　上课。今日植物课为野外实习，踏枯树以渡溪，攀野藤而上坂，亦殊有趣。

夜读倍根文。倍根有学而无行，小人也。其文如吾国战国纵横家流挟权任数而已。

4月27日（星四）　上课。作气象学报告，论空气之流动（Circulation of Atmosphere）。作倍根论文提要二篇。

5月15日（星一）　得君武一片。生物学课观试验脑部，以蛙数头，或去其头部，或去其视官，或全去之，视其影响如何，以定其功用。

从以上课程中可以知道，大学一年级农科，所学科目有植物学、生物学、气象学、农事课。外语则有英文、德文、拉丁文。

想来这些科目，杨石先该是都选了的。

然而，学了一年三个学期，杨石先坐不住了，要转系了。

第六章

转　系

　　由学农转到学应用化学，是因为学业的局限，也是因为兴趣的转变，有没有学习上的障碍呢？他没说我们也不便随意揣度。但是在他之前七八年，确实有个中国来的留学生，也是在康奈尔大学，也是在农科，因为学习上的障碍，转而选了其他学科。两人后来的经历业绩，没有可比性，但毕竟在20世纪第二个十年这个历史区段里，都在康奈尔大学农科班里学习过一年，而大学里的基础课程的教学不会有什么改变，说说那一位的情形，也就可以知道这一位的情形。

　　那一位是胡适。

　　他是清华庚款招收的第二批留学生，报的是农科，一到美国就来到了康奈尔大学。他可没有杨石先的好心情，很快就厌倦了，好在他对功课的记述也还真实有趣。

　　他说，在农科他学的课程，有一门叫"果树学"（pomology），专门研究果树的培育方法。除了上课，每周还要实习。就是这个实习，最终让他改行的。

实习时，每个学生大致分得30个或35个苹果。每个学生要根据一本培育学指南上所列举的项目，把这三十来个苹果加以分类。例如茎的长短，果脐的大小，果上棱角和圆形的特征，果皮的颜色，切开后所测出的果肉的韧度和酸甜的尝试、肥瘦的记录……这叫作苹果分类，而这种分类也实在很笼统。他们这些对苹果几无认识的外国学生，分起来甚为头痛。

没有对比就没有伤害，这是近年流行的网络语言，恰合了胡适当年班上的情形。这样的分类，美国学生做起来实在太容易了，他们对各种苹果早已胸有成竹；按表分类，一望而知。他们也无须把苹果切开，尝其滋味。他们只要翻开索引或指南表格，得心应手地把三十几个苹果的学名一一填进去，大约花二三十分钟的时间，实验便做完了。然后拣几个苹果，塞入大衣口袋，便离开实验室扬长而去。可是有的中国同学可就苦了。他们留在实验室里，各尽所能按表填果，结果还是错误百出，成绩甚差。

从后来的发展看，胡适不完全是做不来实验分类才放弃农学的，跟杨石先一样，也是由这件事，发现自己趣不在此，也志不在此。

胡适说，他那时很年轻，记忆力又好。考试前夕，努力学习，对这些苹果还是可以勉强分类和应付考试的；但他深知考试之后，不出两三天——至多一周，他还是会把四百多种苹果的分类，忘得一干二净。他知道在中国，实际没有这么多种苹果，由此他认为学农实在违背了他个人的兴趣。勉强去学，对他来说实在是浪费，甚至是愚蠢。因此，他跟留美学生监督处的官员说了，仍在康奈尔大学，转入文理学院改习文科。

杨石先说，他在农科念了一年，胡适说他在农学院学了三个学期。美国的大学，一学年三个学期，他们学农科的时间是一样的。我相信，兴趣志向不在农科，杨石先学习起来，成绩只会比胡适好，不会比胡适差。杨石先是理工男，赴美前，在清华已学了七年。

胡适后来成了大名人，不回避这类事，多次讲演都提到，说起来扬扬得意，意在告诫年轻人，"劝他们对他们自己的学习前途的选择，千万不要以社会时尚或社会国家之需要为标准。他们应该以他们自己的兴趣和禀赋，作为选科的标准才是正确的"。（唐德刚《胡适口述自传》，第47页，广西师范大学出版社2005年8月版）

杨石先是个不怎么爱说自己的人。像在美国检验苹果这类事，大庭广众之下定然不会提及。但是跟家里人饭后闲聊，吃苹果助消化，偶尔提及想来还是会的。可以想见，他那平和的脸上，该会闪过一丝自得自赏的笑意。

在康奈尔大学，由农科转到应用化学，在杨石先的一生中，是件大事，该着重说说。

前面我们说了，杨石先选择农科，多少有家庭经济方面的考虑。现在要转系了，就不考虑家庭经济了吗？

恰恰相反，正因为有了经济上的考虑，他才轻松地转了系的。

说到底，还是清华留美学生的待遇太优厚了，随便省下些钱，就可以补贴家里的日常费用。官费生治装费就是500大洋，月费80美金，后来降了，也有60美金。学业优异者，还可以得到美国的奖学金。

优渥的待遇，激活了留学生久蓄的心志。不必为百十美金委曲求全，尽可不管不顾，一展宏图。

于是胡适入学一年之后，于1911年转了系，由农学院的农科转为文理学院的哲学、文学。

于是杨石先入学一年之后，于1919年转了系，由农学院的农科转为工学院的应用化学专业。

这样的选择，还有志趣在里面，好笑的是，与胡适同年入学的赵元任，透露了胡适转系的一个不为人知的原因。晚年，赵元任在与美国记者施奈德谈话时，是这样说的：

赵元任：因为低年级学生也就是大一、大二的学生，住在校园的低处，每天两节课，中间得走多半个英里到农学院，那时候课间不是十分钟，而是七分钟，走这么远的路，可不容易啊！（笑）所以胡适就放弃了农学而选择了艺术学院。

施奈德：我认为你完全改变了中国现代史的解释！（笑）胡适决定致力于文化建设就是因为他住在了小山的另一面。（罗斯玛丽·列文森采访《赵元任传》，焦立为译，第54页，河北教育出版社2010年5月版）

绮色佳小城冬天非常寒冷。胡适是江南人，怕冷在情理中。杨石先出生在南方，少年起就在北方生活，尤其是来康奈尔之前，在北京西郊的清华园里度过了七个寒暑，康奈尔的气候再冷，他也能扛得住。也就是说，他的转系实实在在是因为志趣原本就在化学上，也即是休曼校长开学典礼上讲的众科学之一的"解析出物质世界的成分的化学"。

转入应用化学科学习，在修业期限上并未受影响，1922年1月，杨石先于化学科毕业，获应用化学科学士学位。

原本可以留校做研究生，杨石先想得长远一些，想先去化工类工厂实习一两年，再回来读书获得学位，因美国此类工厂用人上的一些限制，未能如愿，不得已又入康奈尔大学研究院读博士。拿下博士学位，需两年半到三年。清华公费尚有一年半，成绩好还可以延长一年。导师告诉他，可申请本校的研究生奖金或研究专款。虽说进工厂实习受阻，但杨石先并不沮丧，或许这样的安排才是留学读书的正途。

于是他愉快地投入读博的学程。

然而天有不测风云，正当他万事顺遂，再有一年或一年半就可拿到博士学位的时候，忽然接到一封家信，不得不中断学业，匆匆回国。事情的始末，他在《我的自传》里是这样说的：

工作一年，进行极为顺利，初步全面考试和德法文都已及格，实验结果亦完成计划一半。忽然接到母亲来信催促回国。因外叔祖去世，大家庭分家。二舅舅经济情况不好，母亲和妹妹不便继续寄居，父亲收入照顾自己都有困难，何况还须接济祖母（祖父已去世），弟弟虽已在三年前考取安徽省留德公费，但还要一年才能毕业，故目前只能要求我即日归国。(杨石先《我的自传》,《杨石先纪念文集》,第225页)

博士丢了吗？肯定是拿不到了。好在他的学业好，导师又体谅，让他以完成一半的博士学业，做篇论文，通过答辩，授予他化学硕士学位。

第七章

入职南开大学

前面说过不想发议论了，但禀性难改，由不得还要发一发。

前一章就想发，忍住了，是这么一件事。

一本杨石先传记里，说到杨石先在康奈尔留学期间，如何刻苦学习，立志为国争光时，有这么一段叙事：

有一次，杨石先与几名美国同学谈论起中国，一名美国同学问他："你们中国的土地比日本大多少倍，人口也比日本多好几亿，兵也有几百万，连年内战不休，为什么日本侵略你们却毫不抵抗，乖乖地把大片国土拱手让给人家？你们中国人自私自利，毫无爱国之心。"杨石先听了愤慨地说："侵略中国、瓜分中国的列强也有你们美国，你们美国不是跟在英国的炮舰后面高喊'利益均沾'吗？中国政府腐败，但人民是不会屈服的。再过20年、30年，你们看看中国还是不是这个样！"再过20年、30年中国会变成什么样，他不清楚，但他坚信中国人民一定会觉醒，中国总有一天会站起来的。过去他曾把美国当作理想的国家，从此这一幻想很快就破灭了。为了振兴祖国，为了长中国人的志气，他横下一条心，一定要刻苦学习，在学业上要超过美国学生。

先不说这位美国同学指责的"日本侵略你们却毫不抵抗，乖乖地把大片国土拱手让给人家"，在杨石先留学的1918年至1923年，根本就不存在，仅仅这种挑衅到侮辱的论调，就不是一个正常的同校同科的同学能够说出来的。作者为杨石先设计的中国变样的年限是再过20年、30年，这不过是作者心里计算出来的数字罢了。1949年新中国成立，对于说此话的杨石先来说，正是二三十年之后。再就是，一说到刻苦努力，一定要横下一条心，"在学业上要超过美国学生"，同学之间友好相处，非得争个我赢你输不可吗？

这种话语，只会是作者编出来强安在杨石先身上的。真的是那么厌恶美国，仇恨美国，他会归国之后又赴美读博进修吗？

这是上一章想说而未说的，这里补上。这一章一开头，就遇上一件事，也让我不吐不快。仍是这一本杨石先传记里，说杨石先回到上海，有这么一段：

在上海的电车上，杨石先见到一个外国人野蛮地横冲直撞，而车上的中国人唯恐躲避不及，敢怒而不敢言。杨石先见到这种情形，怒火中烧，用流利的英语对其进行了指责。杨石先的举止使车上的乘客感到惊讶。那个外国人在中途狼狈地窜下了电车。当杨石先下电车时，身后有人对他说："先生请留步。"杨石先停住脚步，见一位举止文雅的外国人站在面前。那人说："如果我没猜错的话，您是刚从美国归来的留学生。"杨石先点头称是。那人问是学什么的。杨石先回答说是学应用化学的。又问找到职业没有，他回答说还没有。那人说："鄙人是德国禅臣银行的，我们非常需要染料和药物方面的化学技师，报酬优厚，不知你能否屈就？"杨石先客气地拒绝说："谢谢您的美意，我是中国派出的留学生，回来是要为国家服务的，所以您还是另请别人吧。"

一身正气的杨石先，没有义正词严直斥对方痴心妄想，想用优厚的报酬来收买一个爱国青年，而是客气地拒绝了。但是，婉拒就婉拒，有什么必要表白自己"是中国派出的留学生"？

事实上，这个斥责外国不道德者、回拒德国经商者的事件与话语，全是作者因应时势，依凭自己的社会理念编出来的。在杨石先的《我的自传》里，根本没有什么斥责横冲直撞者，也根本没有随后就遇见了德国银行的经理级人员。《我的自传》里是这么说的，语气很是平和：

> 因此我不得不与导师商量将研究完成部分写作硕士论文进行答辩。于1923年夏束装回国。由于这是临时决定，未能早一年向国内接洽工作，只能在抵沪以后四处托人介绍。有德商征求我做银行的染料和药物的化学技师，有旧日同学推荐我到银行做业务技术员，同船归国的两位留美学生代浙江大学和南开大学邀请我教书。我终于选择了最后者，来到南开任教。因自己仍然忠于过去教育科学救国的信念，并拟终身致力于这两个事业。（杨石先《我的自传》，《杨石先纪念文集》，第225—226页）

于是在1923年9月21日出版的《南开周刊》第68期上，有了这样一行字的简单报道：

南开大学今年暑假所聘之教师有：化学教授杨绍曾先生。

第八章

南开大学的 1923 年

前一章末尾，说 1923 年 9 月 21 日《南开周刊》第 68 期刊载聘任杨石先为化学教授一事，并非笔者查阅了该周刊的原本。疫情期间写此书稿，我居北京，去天津不过半小时的车程，几次想去天津，到校史馆查阅资料，终因疫情忽紧忽松而搁置，只能利用手边现有的资料与藏书。

如果已出到 68 期的《南开周刊》，此前未脱期，此后又按周延续出版，那么在此前的某期上，该有李济任矿科教授的报道，此后某期上该有蒋廷黻任世界历史教授的报道。

不是瞎猜，是以精确的文字，做合理的推勘。

仍要由杨石先本人的记述说开。

前面引录过，杨石先在《我的自传》里说，他离美回国，事出突然，故而未能早一年向国内接洽工作，以致抵沪后才四处托人介绍，有德商请他去做化学技师，有旧日同学推荐他去银行做业务技术员，同船归国的两位留美学生，则分别代浙江大学和南卅大学邀他去教书，权衡之后，他选了"最后者"——来南开大学任教。

杨石先与李济是清华学堂首届招生的同班同学，李济的父亲在清华任教，杨石先的父亲在北京谋生，两人在北京相见，得知老同学谋事未着，南开正在延揽人才，介绍杨石先一同前往该是情理中事。

现在要厘清的是，李济在哈佛学的是人类学，旁涉考古学，获得的是哲学博士学位，何以会去刚刚设立大学部的南开任教。

什么看上去乖张的事体，理顺脉络，都是顺理而成章。

李济的儿子李光谟早先著有一本书，名为《锄头考古学家的足迹》，后经扩充，改名为《从清华园到史语所——李济治学生涯琐记》，2004年10月由清华大学出版社印行。书中说了李济来南开任教的经过，且提到杨石先的名字。

李济从1918年进入克拉克大学时起，就结识了一位名叫凌冰（字济东）的学长，当时凌冰已是教育学的研究生，后来是1920年的哲学博士；回国后，就在张伯苓手下教书，很快担任了南开的大学部主任（一说是教务长）。凌冰一直很关注李济这位小师弟的成长。李济获得博士学位（1923年）后，就被凌冰举荐给张校长，于是受聘回国到南开教书。怎么提到杨石先的呢？就在这段文字下面，接着说的：

> 李济在南开期间教课的内容有社会学、人类学，从第二年起（1924年夏季以后）还担任了文科主任。他在南开结交的朋友先后有杨石先、蒋廷黻、黄子坚、喻传鉴、伉乃如等。（李光谟《从清华园到史语所》，第63页，清华大学出版社2004年10月版）

书中又说，他（李光谟）1994年到台湾访学时，见到几位曾在南开上学的学者，方知他的父亲初到南开时担任的是矿科的教授。书中引用了一篇介绍矿物学者薛桂轮先生的文章，略谓：民国十年（1921年）以后，国内各大学鉴于社会需要，纷纷讲授矿科，以南开大学经李组绅捐款设立的矿科，由薛桂轮主持，李珠及李济等为教师，最为驰名。同期另一篇文章则说："（矿科）聘李珠、李济、孙克昌等同学为教授，誉满全国。"（李光谟《从清华园到史语所》，第63—64页）

以此之故，《南开周刊》刊载的李济的简讯，所写当是"8月某日，南开大学今年暑假所聘之教师有：矿物学教授李济先生"。

1923年是南开大学部首届学生毕业的一年，总共只有12名毕业生。本年也是南开扩大招生延揽名师的一年。这一年到职的还有一位后来成为著名学者的青年教授，就是前面说到的蒋廷黻。

此人是李济的朋友，想来也是杨石先的朋友，有必要多写几笔。

他的留学经历堪称传奇。

据《蒋廷黻回忆录》说，他老家在湖南邵阳乡下一个村子，从祖父起，就在一个名叫靖港的镇子上做生意。他的伯父很有见识，觉得在乡下私塾学不到新知识，便送他和哥哥去长沙一所教会学校念书。在那里，他开阔了眼界，有了去美国留学的愿望，得到教会学校主办人林格尔夫妇的帮助，独自一人，带着不多的川资，去了美国，入读一个叫派克维尔的学校，学习成绩极佳，很受学校教师职员的喜爱。原本想考取哈佛大学的，听从一个喜爱他的女护士的建议，进入欧柏林学院学习，理由是，哈佛太大，没人会关照你，一所小一点的学校，可以从老师那儿得到额外的照顾。这位小姐就是欧柏林学院出来的，因而推荐了她的母校。在欧柏林四年，果然获益甚多。第一次世界大战之后，蒋廷黻曾受美国政府征召，赴欧洲做中国劳工的管理工作。之后回到美国，入读哈佛大学，专攻世界史获哲学博士学位。1923年回国。

蒋廷黻留学期间，最不可思议的一件事是，原本自费留学、生活拮据的他，给家乡的省长写信申请奖学金，居然成功，让他得到丰厚的月供，顺利完成学业，还把哥哥接到美国一起学习。太奇葩了，还是看看原文，方可相信。

一九一三年初，二伯写信告诉我可以向湖南省长申请奖学金。我请校方给我一份成绩单，并请所有教过我的老师替我写推荐函。我将所有资料封入信封，附上申请函，寄给省长。我以为这实在是一个大胆的尝试，因为贵为省长的大人先生，如何会注意到一封远从美国寄上的小孩子的申请函。但，反过来一想，我又觉得此举不会有什么损害，不写白不写。一九一三年四月或五月间，我得到覆函，得到一份奖学金，数目十分可观，每月八十美金。我感到突然成了富翁。（《蒋廷黻回忆录》，第55—56页，东方出版社2011年3月版）

每月80美金，是清华庚款留学生最初的月供数额，辛亥革命后，已改为每月60元。也不能说蒋廷黻是有意哄骗，他留学的是个偏远的学校，信息不灵，只会依旧例行事。湖南省省长给的这份奖学金，从1913年1月发放。中国留学生监督处，第一次就寄给他400美金。一下得到这么一大笔钱，他写信到国内，将他的哥哥叫来一起在美国读书，还组织了一个俱乐部，用来开会与社交活动。

他是怎么去的南开的呢？《蒋廷黻回忆录》里说，他起初也有在上海谋生的想法，但回国后，上海予他的印象并不太好，太乱也不调和。街上有现代化的汽车、摩托车、电车，也有黄包车、牛车和手推车。我们可以看到妇女穿着巴黎、纽约人都嫉羡的服装遛街漫步，也可以看到妇女穿着最不合时尚的大口袋裤子。

有了这样的感觉，待了几天，他也就放弃了在上海做事的想法。

正好在离美回国前，他接到一份聘书，聘他到天津南开大学教西洋史。与他同时接到聘书的还有一位孙伦先生，也刚在美国完成研究工作，准备到南开去教商业经济，于是两人便从上海搭车赴天津。

一般而论，去国十一年回来，头一件事应当是回原籍看望父母和长辈。上海距邵阳不算远，蒋廷黻不做此想而匆匆北上，只能说是开学在即，时间难以容许。若9月1日开学，宽裕点，此时也该是8月下旬了。

是谁促成蒋廷黻来南开任教的呢？

没有确凿的资料不好随便猜测，但有一个人推荐是有可能的，那就是先一步已到了南开的李济。他在哈佛读的也是历史学系，获得的也是哲学博士学位，只是专业不同而已。

之所以对蒋廷黻的学历与经历做如此详细的介绍，无他，实在是因为此人在他的回忆录里，对初加拓展的南开大学有切实的介绍。由此可以窥知，杨石先初到南开，进入的是一个怎样的地理环境，又有着怎样的人文氛围。据此，对杨石先的性格和品质，也就有个大致的揣度。没办法，这也是因为杨石先是个深藏不露的人物，对他的功业，还多有资料介绍，对他的性情品质，翻检典籍，所知实在太少了。而一部传记，不在这上头下功夫，写得再多，跟履历表也没有多少差异。

实在是不得已而为之，只能用这种四面包抄的战法。

先看初拓展为大学，南开的校园是何等景象。

《南开大学校史》《张伯苓传》之类书里，都有记述。后世的综述，或许全面，却不免虚泛；当事者的回忆却能给人历历在目的质感。

推测下来，该是蒋廷黻、孙伦二位到校后，教务长凌冰领着他俩在新建成的校园里转转，同样的情形，李济、杨石先到校后也会发生。可是李、杨二位没有留下记述，这里只能借助蒋廷黻的笔墨了。

南大的房子原是一所中学。但在我到南大以前，张博士即决定迁校。他在天津郊区找到一大片空地，其中部分是沼泽，部分是农田。他和总务人员想出一套高明的办法，在那片筚路蓝缕的荒地上开辟了一个校区。他们挖了一条水沟，用挖出来的土填平了坑坑洼洼的地，再在平地上建起房子。每一栋大楼旁边都有一个水池，因为是用水池的土填补了楼基的关系。为求美化起见，池中再种上荷花。此一设计非但解决了建筑上的困难，而且也极方便，可以免掉许多土方工程。随着时间的推移，天津郊区竟出现了一片广阔的校区。此举相当了不起。了不起尽管了不起，但却一直无法除掉沼泽地区的霉味和附近猪、驴的骚臭气味。张博士对此情形毫不在意。（《蒋廷黻回忆录》，第93—94页）

请相信，你在当今包括今后的任何一部南开校史或张伯苓传记里，都不会读到新建成的南开大学校园里，有一种一直无法消除掉的沼泽地区的霉味和附近猪、驴的骚臭气味。

蒋廷黻的笔墨是有灵性的，他对于张伯苓的描写，虽寥寥几笔，却能见出中国近代史上这位伟大教育家的品质与性格特征。此人的性情，关系着杨石先的进退出处，在这里多作征引，绝不是闲情余事。

他先说了南开大学的来历：

> 南开大学是由南开中学发展来的，南开中学系由张伯苓博士创办。南开就是张伯苓，张伯苓就是南开。张氏曾任北洋政府海军军官。一八九四年张氏脱离海军，不久即在天津一家逊清官吏家中任家教。这位官吏不是别人，他就是逊清学部侍郎严修（范孙）。因为海军军官有相当教育水准，不仅对中国传统的学识，甚至对新知识如数学、物理、化学、生物学等也有相当根基，于是张氏就成为严家的全科教师。后来学生人数日增，严家的私塾就从严家搬出来，迁到他家一所独立的房子里，渐渐变成了张伯苓学校而不是严修私塾了。（《蒋廷黻回忆录》，第93页）

蒋廷黻总结张伯苓办学的四个特点，略言之，首先是教育的目的，主要是树立学生的品格；其次教育是求实的，当时包括北平，大学教育极为混乱，教师兼课极为普遍，"教育完全成了破坏道德的东西"，而张校长很严格，按规定付酬，也要老师全力授课，不得坏了规矩；第三，张校长极为重视"中国的旧伦理"，以中国旧道德来办学，自己以身作则，很多人都愿意捐款兴学；第四，张氏是一位杰出的教育实干家，事事务实，不尚空谈。正是在这一点上，显坝了张氏的优秀品质，也显露了他凡俗的一面。蒋廷黻举了两个例子，一个得到佳妙的效验，一个却生出意外的枝节。得到佳妙效验的，是与著名经济学家何廉的对话：

> 他所采取的实际做法很简单，遇到问题他就向同事及新从美国回国的博士们请教。例如：我记得某次经济学家何廉（淬廉）博士出席教授

会议，会中极力强调统计数字的功用，张氏问他："你用这些数字干什么？你想发现什么？"何回答说："我的统计研究可以帮助我们用科学方法复兴中国。"张氏说："你的方法常使像我这样的人用显微镜找象。如果你要想知道我们能在中国做什么，我觉得所有的事我们都可以做，而无需去精研这些数字。例如：我们欲想从城里修一条公路到校区，难道也需要统计调查吗？"（《蒋廷黻回忆录》，第94—95页）

看似驳难，实则张伯苓对何廉的学问很是敬佩。两人有极好的信任与合作，时局一度很混乱，其时何廉已到中枢任职，张伯苓仍举荐何廉做南开大学的校长。何廉在校几年，贡献甚大，现今南开大学经济系之著名，就是由何廉倡导数字统计肇其端的。

这是不耻下问、增进了解的一个好的例子。

同样的不耻下问，也有碰了钉子，导致不欢而散的例子。

有一天，张氏问另一位学者李济（济之）博士，李在美国是个杰出的人类学研究生，他一直想对全国人做头部测量。张问他："告诉我，人类学的好处是什么？"李感到不快，断然回答说："人类学什么好处也没有。"次年，李氏离开南开。（《蒋廷黻回忆录》，第95页）

李济在南开大学满共只待了两年。这里说"次年，李氏离开南开"，等于说，到校的当年，李、张两人就结下了梁子。

这事要做进一步的分析。

李济的学问没说的，后来去了清华大学，再后来去了史语所，成为有世界声誉的考古学家。张伯苓敬重李济也是没说的，先以矿科教授聘来，发现李氏的专长后，立即委以文科主任，等于文史学院的院长。然而两人性情不合，最终李济拂袖而去。

出走的责任，多半在李济一方。这也不是没有原因的。李济出身湖北钟祥一个富贵之家，他上清华学堂的时候，其父李权即是清华文科的教授。再者，从在史语所时与语言学家赵元任起纠纷一事上，也能看出他是个性情狷介之人，不是那么容易相处的。

再后来我们知道，1923年入聘的几位教授中，蒋廷黻继李济之后也去了清华。而同样在南开这样一个小型的私立大学，同样是面对张伯苓这样一个既有伟人气魄又不免俗气的校长，何以杨石先能不动声色，一直待着？

我的看法是，出身和经历，铸就了他的质地，便是：骨子里傲，性格里有种忍的东西，看似随和，却给人一种凛然不可侵犯的感觉。他和张伯苓并不亲近，但也绝无芥蒂，这样也就一直不即不离地相处下来。只有到了危难时分，张伯苓才想到此人是可以担当大任的，这就是后话了。

第九章

教大学，也教中学

来了，住下了。

住在哪里，这样具体而微的事体，《我的自传》未提一字，相关的资料里也一字未提。

我们这是写传，不能不勘定。住处不勘定，人就跟鬼魂似的，在校园里飘着没着没落，让人心里堵得慌。

神仙生造不出来的东西，有着史学训练的人，却能推勘出来。

《蒋廷黻回忆录》说："南开，就我一九二三年所知，有一所男中，学生约有一千人。大学部设在一所旧中学中，有两百名学生，十九位先生。后来，南开又设立一所女中。"又说："南大的房子原是一所中学。但在我到南大以前，张博士即决定迁校。他在天津郊区找到一大片空地。"

蒋廷黻是亲历亲述，不该有丝毫怀疑。按这里的说法，先有一个南开中学，很大，学生约有千人。而起初的南开大学呢，"设在一所旧中学中"，也就是，在另一所旧中学里办了南开大学，后来还设了南开女中。这样一来，南开中学，南开大学，南开女中，就在三个地方了。迁到新校址，若南开中学是男中，又设女中，仍是三个校址。

真是这样吗？

不是。至少起初不是。

张伯苓之子张锡祚写有《张伯苓传》，《天津文史资料选辑》曾选章节刊载，有篇名为《南开兴学，蒸蒸日上》，其中说：

> 民国3年（1914年），直隶省工业专门和北洋政法两校的附设中学班，同时并入了南开中学，于是学校经费又有增加，校舍又有扩建。是年，先生兼任北洋女子师范校长。民国6年（1917年），先生鉴于中学既已建立，并且逐渐有所发展，遂下定决心，创办大学教育。以前曾试办过专科学校和高等师范班，却因种种困难而暂时停办。先生为进一步研究大学教育，乃第二次去美国，入哥伦比亚大学师范班。同时，遍游美国各地，考察美国各私立大学的组织和设施。翌年冬，先生回国后，就开始筹备大学部。民国8年（1919年），北京各学校爱国师生，发起了五四运动，天津各校学生纷纷响应……
>
> 就在这年的秋天，南开中学校舍之旁建起了一座楼房，随即聘请教授，招收学生百余人，设文、理、商三科，是为南开大学的雏形。那时，江苏督军李纯（字秀山，天津人），久慕故乡南开学校之名，后因病笃，遗嘱以家产之四分之一（折合当时银币50万元）捐赠给南开大学。先生得此巨款，即在天津城南八里台附近购地400余亩，建造大学校舍，两年后落成，南开大学乃迁入八里台新校址。（张锡祚《南开兴学，蒸蒸日上》，《张伯苓：一人一校一国家》，第197—198页，中国文史出版社2019年3月版）

从此文中可知，1919年新办的南开大学，就在原南开中学里面。它的楼房，建在校舍之旁，而非校园之旁——校墙之外。若是之外，就得另外买地了。

可为什么《蒋廷黻回忆录》里要说最早的"大学部设在一所旧中学中","南大的房子原是一所中学"呢？翻看此书前面的译者序，方知此书原系蒋廷黻退休后应哥伦比亚大学之邀，依口述而整理成书的英文著作，蒋廷黻去世后由谢钟琏翻译在台湾出版。大陆是先由长沙岳麓书社出版，多年后再由东方出版社出版。这就知道了。书中所说的"一所旧中学"，就是南开中学，若要细作分辨，也还有些许差异。

曾在南开中学上过学的曹汉奇，晚年写有《回忆张伯苓先生》一文，其中说："不久，张伯苓把原来在南开中学西南门外道边只有一所小楼的南开大学迁到了八里台。"（曹汉奇《回忆张伯苓先生》，《张伯苓：一人一校一国家》，第192页）

这就明白了，最初的大学部是一个小楼，在南开中学西南门外道边，看上去跟中学连为一体，这也难怪蒋廷黻记忆里，大学部就在中学里，也难怪译者将之译为一所旧中学。只有一所旧中学里才会办大学，中学还在办着，里面怎么会有个大学呢？再说，1923年蒋廷黻到校时，新的大学校舍还未启用，他和新来的教授只能暂时栖身于原大学教师住的地方，也就不必责怪叙事不清了。

杨石先与蒋廷黻是同时到校任教的，他们会住在什么地方呢？

且看上过南开中学，留学美国，仅比杨、蒋二人迟两年回国到南开大学任教的黄钰生的回忆。

他说南开中学有个礼堂，是袁世凯捐了一万块钱给南开中学，南开中学用它建了个礼堂，名为"慰亭堂"，及至袁世凯称帝，才将匾额撤下，礼堂还是这么叫着。"礼堂周围向南的房子是教职员的宿舍，有的一人一间，有的两三人一间，校长张伯苓的宿舍是东南角的那一间。他的家当时在南马路，但他时常住在学校里，有几位国文老师在天津有家，也住在学校，星期六下课后才回家；家在外埠的老师，就长期住校了。"（黄钰生《移步换景逛南开》，《张伯苓：一人一校一国家》，第221页）

杨石先应聘到南开时尚未成家，只会住在校内一人一间的教师宿舍里。

张校长占了东南角的那一间，同排往西某一间，就是杨石先住的地方了。

住下了，开始工作了，不必专人介绍，捎带着也就熟悉了这个学校，认识了张伯苓校长这个人。除了张校长，杨石先最先接触的应是化学系主任邱宗岳。

这也是一位了不起的人物。

邱宗岳生于1890年，名崇彦，字宗岳，浙江诸暨人。书香门第，聪颖好学，1905年应清末最后一届秀才考试，列县榜首。1910年参加庚款留美考试，第二年赴美留学，为清末最早出国学习理工科的留学生之一。先在加利福尼亚大学学习，获学士学位后，曾在麻省理工学院等名校进修，最终在克拉克大学学习四年，于1920年获化学科学硕士、哲学博士。初回国在开封留学欧美预备学校执教，1920年南开大学部开设化学系，即应张伯苓校长之聘，来南开任化学系教授兼系主任。

毕竟在学校生活，离不开的还有一些杂役人员。不必揣度了，让黄钰生留下深刻印象的"号房"老人刘明，杨石先也不会不喜欢：

> 天津旧城西南角，有一条由北往南的街道。经过一段旧木器、木料的铺面，经过路西电车公司，再往南有一段围墙，墙内就是南开中学。铁栅栏门的右侧是"号房"，管号房的老人叫刘明。他以老家人管少主人的态度管我们，管得很严很认真，我们都有三分怕他。离号房西南角三四丈，有口井，井架横楣上刻着第一班毕业生的姓名：梅贻琦……这些"井上有名"的人，在社会上有地位，也受到后来同学的尊敬。（黄钰生《移步换景逛南开》，《张伯苓：一人一校一国家》，第219页）

杨石先住在中学教员宿舍的时候，南边不远，占地400亩的南开大学新校舍正在有条不紊地建设着。负责其事的是张伯苓校长的得力助手，有总务主任头衔的华午晴。

新建的楼房宿舍，不是多么雄伟，但色彩之亮丽，让杨石先见了很是新奇，甚至惊异。毕竟他在康奈尔这些年，无论是教学楼还是实验楼，都灰扑扑的，显得坚固而雄伟。想来相遇之下，两人会有这样的对话。先是杨石先拱手抱拳，先问：

"敢问华主任，教学房舍颜色，何以如此鲜亮？"

华午晴自然知道放洋归来的教授，问得和气，实则不以为然，但他是奉命行事，也就坦然答道：

"这是张校长的老规矩，盖中学的楼时就这样，盖大学的楼也不能改。按他老的说法，咱南开盖楼房要达到三个目的：一是适用，二是好看，三是省钱。鲜亮了才好看，像外国那种灰扑扑的石头颜色，他不喜欢。"

时间久了，还真觉得就该这么着。

以上是从杨肖彭的文章里摘录转述又略有生发。文章名为《南开精神：干、干、干》，收入《张伯苓：一人一校一国家》。对华午晴才华品行的记述，黄钰生的笔下更传神：

> 我之所以絮絮叨叨说校舍，是为了：（1）说明学校发展之快，1912年初，我入学之初，全校只有200多人，及至1916年我离开南开时，学生人数已达1000。张校长打比喻说："孩子长得快，去年缝的袄，今年穿不得了，又得要添新的。"（2）说明校行政的匠心——不是建筑技术的匠心，而是教育措施的匠心，每一个建筑物都有它教育的用意。（3）我怀念华午晴这个人……南开中学、南开大学、南开女中、南开小学的校舍，都是华午晴经手盖的。这个人诚实、正直、廉洁、能干而才华不外露。他是南开起家的大功臣，是南开的建筑师、会计师又是财务管理员。南开行政廉洁的风气和行政效率之高，是和他的作风和操守分不开的。我和南开的老同学，都非常尊敬华先生，其尊敬的程度，仅仅亚于张校长。
> （黄钰生《移步换景逛南开》，《张伯苓：一人一校一国家》，第222页）

黄钰生是南开中学毕业，又考上清华学堂，1919年赴美留学，获芝加哥大学教育学与心理学硕士学位，1925年回国，任南开大学哲学系教授、文科主任，长期任南大秘书长，是个学问好、行政能力强的学者。黄钰生有南开中学的经历，对任人上格外谨慎的张伯苓来说，该是最信得过的人。

杨石先与黄钰生关系甚是融洽，一个安分守己，一个礼让有加。

知道自己不是南开出身，学历上也不尽如人意，杨石先对张伯苓的态度，可说是不即不离，不冷不热，恪尽职守，不存非分之想。当然，对张伯苓的为人行事、言论进退，又不能不多加留意。南开有个《南开周刊》，每周一期，不多几页，类同朝廷的"邸报"。每期上面，除了学校的事项，多有张校长的言论刊载。杨石先是9月1日开学前几天报到的，刚住下来，新出版的《南开周刊》到了，上面有张伯苓的一篇文章，名为《任教育者当注重人格感化》。内中言：

> 吾人平日所任之职务虽不同，但吾人之目的则一。目的维何？就是要造就新人才，去改造旧中国。因为吾人抱同一之目的，无论吾人所任者为各课之职务，或各科之功课，随时随地都宜往同一方向走。力合则效力大，力散则效果微。望同人其共体斯意。任教育者当注重人格感化。人格感化之功效，较课堂讲授之力，相去不可道里计。

起初以为不过是陈词滥调，用西方心理学演绎王阳明心学那一套，读罢却不由得颔首称是，同时近几日纠结于心的一个念头，也明确了，坚定了。

这念头，不是怎样教书，这上头，不用细想，更不用费什么心计，有康奈尔五年间良师的表率，尽够他借鉴与享用了。他纠结的是做一个怎样的人，给世人留下怎样一个印象。那几年留学回来的人不多，但也不能说少，比如清华第一批、第二批从社会上招的留学生，此时大都学成归国，在不同的部门做事了。他们回来，论做派，不外两类，一类着装做事仍洋派十足，令人羡慕也令人嫉恨；一类甫归国，便抛弃西装革履，换上长袍马褂，授课演讲，出口洋文，看去全然一旧时名士，风流自赏，好不得意。这两样，他都做得来，但来到南开，该如何行事，一时还真定不来。

已入秋季，行箧中有长袍，也有布鞋，要做名士，取出来便是。身上原是西装，脚上原是革履，要做洋派人物，不换即是。这些都是从自己身体上着眼，考虑别人，也只是个印象如何的推测。然而，张伯苓此文中的一句话，让他吃了个定心丸。这话便是："任教育者当注重人格感化。"是的，教育学生，就是要让他们成为现代的人，科学的人，那么当教授的，就得做个"洋派"的表率。

不必多说了，可以想见，杨石先在校园里，什么时候都是头发中分，一丝不乱，西服西裤，一天一换，皮鞋的尖头，什么时候都是光可鉴人。

南大新校园与南开中学的距离，杨光伟的《杨石先传》说是相距六七里，位置是在天津城的西南。《何廉回忆录》中说，大学校园在天津南郊，离南开中学有三英里左右。两相参照，该有八华里。

南开大学虽是新建，也吸收了一些新的办学观念。别的大学是名教授给一、二年级学生上课，他们更进一步，大学教师给中学生上课。杨石先不例外，大学的课程之外，也兼了南开中学的化学课。两处相距较远，为了不耽误课时，每逢中学这边有课，他就在前一天傍晚过到中学这边，住上一晚，第二天准时上课。

这样在南开中学学生上化学课看到的，也是一位相貌堂堂、衣着整洁的大学教授，由不得对自己的大学增添了信仰。南开中学的优秀学生，好些毕业后报考南开大学，这也是南开大学越办越好的一个重要原因。

第十章

结　婚

该着说结婚了，毕竟婚姻是人生之大事，写传是避不开的。可是我的心里，总觉得前一章有话没有说完，还想接着说下去。

那就将要说的话说了，再说结婚的事。

要说没说的是什么呢？就是写着杨石先刚到南开那几件事的时候，让我想起近代文化史上的一个人，就是丁文江。两人太像了，怎么看杨石先都像个活了大岁数的丁文江。

先看看丁文江的简历。《胡适全集》里有《丁文江的传记》一篇长文，起初是作为一本书出版的。撮述如下：

丁文江，字在君，江苏泰兴人，1887年生于绅士之家。16岁赴日本留学，两年后转赴英国留学，先入中学，后考上剑桥大学，因经费困难转入苏格兰格拉斯哥工科学院学习，继而考上格拉斯哥大学，获得动物学和地质学双学士。1911年回国后曾任工商部矿政司地质科长，之后又创办农商部地质研究所。1914年辞去所长，赴云南做地质考察，旋又与翁文灏等人组建农商部地质调查所，为首任所长。1918年曾随梁启超赴欧洲考察。1921年任热河北票煤矿总经理。1922年与胡适等人创办《独立评论》。1923年当选中国地质学会会长。1926年应孙传芳之邀出任淞沪商埠督办。1931年任北京大学地质学讲座教授。1933年任中央研究院总干事。1936年1月5日去世，年仅49岁。

虽说列了丁文江的经历，我这里要比较的，不是功业，而是生活习性和个人品质。胡适除了写有《丁文江的传记》，在丁文江去世之初，还写过一篇文章，对丁文江的这两个方面，有简括也还具体的介绍。

> 我常说，在君是个欧化最深的中国人，是一个科学化最深的中国人。在这一点根本立场上，眼中人物真没有一个能比得上他。这也许是因为他十五岁就出洋，很早就受了英国人生活习惯的影响的缘故。他的生活最有规则：睡眠必须八小时，起居饮食最讲究卫生，在外面饭馆里吃饭必须用开水洗杯筷；他不喝酒，常用酒来洗筷子；夏天家中吃无外皮的水果，必须先在滚水里浸二十秒钟。他最恨奢侈，但他最注意生活的舒适和休息的重要；差不多每年总要寻一个歇夏的地方，很费事地布置他全家去避暑；这是大半为他的多病的夫人安排的，但自己也必须去住一个月以上；他的弟弟、侄儿、内侄女，都往往同去，有时还邀朋友去同住。他绝对服从医生的劝告：他早年有脚痒病，医生说赤脚最有效，他就终身穿有多孔的皮鞋，在家常赤脚，在熟朋友家中也常脱袜子，光着脚谈天，所以他自称"赤脚大仙"。他吸雪茄烟有二十年了，前年他脚趾有点发麻，医生劝他戒烟，他立刻就戒绝了。这种习惯都是科学化的习惯；别人偶一为之，不久就感觉不方便，或怕人讥笑，就抛弃了。在君终身奉行，从不顾社会的骇怪。（胡适《丁在君这个人》，《丁文江先生学行录》，第4页，中华书局2008年1月版）

傅斯年是个眼睛长在额头上的人，对丁文江却很是敬佩。他在丁文江去世后很快写出的一篇悼文中说：

> 我以为在君确是新时代最良善最有用的中国人之代表；他是欧化中国过程中产生的最高的菁华，他是用科学知识做燃料的大马力机器；他是抹杀主观，为学术为社会为国家服务者，为公众之进步及幸福而服务者。（傅斯年《我所认识的丁文江先生》，《丁文江先生学行录》，第11页）

1921年以后几年，丁文江任北票煤矿总经理，煤矿在北票，属热河省地面，业务主要在天津这边展开。这样，尚在南开大学任教的蒋廷黻就有了与之会面的机会。丁文江去世后，蒋廷黻在悼念文章一起首，就说了跟丁文江是怎样相识的：

> 我初次与在君见面好像是民国十四年的冬天，地点是天津的一个饭馆。那天请客的主人是南开大学矿科创办人李组绅，或是矿科主任薛桂轮。在君是主客，陪客者尽是南开的教授。见面的印象，照我现今所记得的，第一是他的胡子，第二是他的配有貂皮领子的皮大衣，第三是他那尖视的眼光。朋友们普通见面时那套客气的话，他说得很少。（蒋廷黻《我所记得的丁在君》，《丁文江先生学行录》，第206页）

接下来他说了席上的一个细节。入座后在君第一件事就是用绍酒洗杯筷。他不喝酒，更不闹酒，好像也不喜欢同席的人闹酒。他吃得不过多，也不过少。他的吃法不是一个讲究吃的人的吃法，是个讲究卫生和营养的人的吃法。对主人点的菜，他没有称赞过一口，也没有批评过一口，对饮食，他是不大在乎的。

注意，蒋廷黻这里说，矿科创办者或矿科主任请客，陪客者尽是南开的教授，而矿科新办，教授极少，李济已去了清华，能请来作陪的只会是还沾点边的名教授。历史系的蒋廷黻都来了，该来的还有谁呢？以我之见，教化学的杨石先是极有可能的一个。

如此一来，杨石先该与蒋廷黻有同样的观感。

上文中，蒋廷黻接下来就说了他长期以来对丁文江的观感：

> 我记下来在君这些生活小节，不是没有原故的。以后我和他往来多了，发现他是我一生一世所遇见的最讲究科学的一个人。我所认识的人当中，有些人在他们的专门学问范围之内很遵守科学方法，保持科学态度，出了这个范围，他们与一般人的思想方法及生活方式并无差别。还有些人在学问上面是很科学的，在生活上面则随便了。在君不但在研究地质地理的时候务求合乎科学的方法，就是讨论政治经济的时候，或批评当代人物的时候，或是在起居饮食上，他也力求维持科学的态度。他不随便骂人，也不随便作主张，写政治文章的时候，他不放大炮。这不是说，他的意见都是对的，或都是我所赞成的，对所不知道的或未加研究的问题，他拒绝表示意见。他表示的意见是有根据的，而且是有分寸的。（蒋廷黻《我所记得的丁在君》，《丁文江先生学行录》，第206页）

写了这么多，要说明什么呢？只是想说，欧洲生活方式，美国生活方式，都是一种西化的生活方式。丁文江是个在大庭广众之下从不回避自己的西化习惯的人，杨石先也是个在大庭广众之下从不回避自己西化习惯的人。

习惯是由认同与遵从做基础的，在这上头，杨石先较丁文江有着更为坚实的根基。

胡适说丁文江所以能如此以科学的态度律己，是他15岁就出洋，很早就受了英国生活习惯的影响所致。事实上，丁文江先去的是日本，两年之后才去的英国，而杨石先14岁就进入清华学堂，接受的完全是美式教育。从熏染的时效上说，一点儿也不次于丁氏。

从杨石先上课，一天换一身整洁的西装，背心小口袋里揣着一只金壳怀表，表链垂出连在纽扣上，链上还悬着一枚美国上学时获得的金钥匙，可以判定，杨石先对西化生活方式的认同，当不在丁文江之下，而展现的力度，即俗话说的派头上，还在丁文江之上。

蒋廷黻所以在文章中说丁在君是他一生一世所遇见的最讲科学的一个人，无论在工作上学问上，还是饮食起居上，都遵从科学的方法，那是因为他初回国的几年，在南开大学与杨石先虽有同事之谊，毕竟杨石先彼时的学术成就、社会声望，跟丁文江都不在一个档次上，纵然优秀，也只能忽略不计了。

好了，说清了杨石先是个怎样的人，该着说他的婚姻了。

《杨石先图传》第151页上，有一幅杨石先携新婚妻子健步走来的图片，下面的文字标明是1927年在北京举办的婚礼。据此可以说，杨石先回国之初，一应了天津南开大学的聘，就将母亲和妹妹接到北京，一家人团聚，父亲也不必住会馆，该是在某街上或某胡同租了处院子安顿下来。

杨石先的妻子名刘崇瑜，是他的同学刘崇铉的妹妹，两人的成婚及婚后的生活安排，杨光伟的《杨石先传》里有详细的记载，不敢掠人之美，抄录如下：

> 杨石先的父母对孩子的婚事比较开明，他们不主张孩子们早婚，也不主张由父母包办。杨石先又潜心学业，所以他到二十六七岁时还没有成家。杨石先在清华学校的同班同学刘崇铉见他还孑然一身，便将妹妹刘崇瑜介绍给他。刘崇瑜的父亲原在湖北做官，因为为官清正，办事很有才干，很受洋务派首领湖广总督张之洞的赏识。张之洞将侄女许配给他为妻。刘崇瑜几岁时，她的母亲去世，姥姥（张之洞的弟妹）疼爱她，将她接去，她的童年是在张之洞的公署中度过的。她在少年时，随父亲到了福建。她父亲特意请了一位老秀才来教她。刘崇瑜从小受到良好的家庭教育，长大后毕业于华南女子学校，在福建教会学校教书。杨石先不仅爱她那端庄的容貌和贤慧的性格，也爱她那满腹的文采和一手娟秀的字迹与能诗善画、精于女红。婚后他们心心相印，相敬如宾。刘崇瑜为了支持杨石先的事业，主动承担了全部家务，负担起教育子女的工作。他们的儿子杨耆荀说过："爸爸的成就与母亲的支持是分不开的。"杨石先婚后为了能集中精力搞好教学工作，为了将来出国完成未就的博士学业，便将家安在北京，自己则单身在天津生活了6年，直到1931年杨石

先从美国第二次学习归来时才将家搬到天津。(杨光伟《杨石先传》,第 27页)

1927年杨石先与刘崇瑜在北京结为伉俪

　　杨石先回国几年了还未找下对象,他的清华同学刘崇铉便将妹妹介绍给他。其时刘崇瑜已经从福州华南女子学校毕业,在福建教会学校教书。这个华南女子学校不会是大学,只会是个中学。他们这样的人家,又是在福州这样开化的地方,定规到了上学的年纪就上学的,中学毕业,也就十六七岁,再教几年的书,也就二十一二岁,而1927年,杨石先已是实足的30岁了。再往宽里说，刘崇瑜成婚时，当在24岁，小了杨石先6岁。

长相如何呢，看《杨石先图传》上两人携手行走时，刘崇瑜的模样，端庄是肯定的，身材还可以，至少不矮，跟杨先生走在一起挺般配的。

既已结婚，该会有子嗣的。

翻看《杨石先纪念文集》，在杨石先百年诞辰纪念会上讲话的，有杨耆苏女士，页下注说"为杨石先长女"。同书中还收有署名杨耆荀的纪念文章，排在杨耆苏女士文章之后，外甥李守忠文章之前，那杨耆荀该是杨石先的儿子了。我在拟去天津不成，又想得知杨家一些基本情况时，谢泳介绍了他的一个研究南开的朋友给我，叫胡海龙。通话中，胡海龙告诉我，可与杨耆苏联系，不难解决，且说杨耆荀已91岁高龄，住在养老院里，脑子还清楚。我不愿意为些许小事打扰一个高龄老人，电话也就未打，可我记住了，2022年杨耆荀91岁。也就是说，他是1931年出生的。杨石先、刘崇瑜1927年结婚，他们的长女只会在1927年至1931年间出生，取个中间值，且定为1929年吧。

《杨石先纪念文集》中收有杨耆苏怀念父亲的文章，说她11岁去重庆上南开中学时，因昆明经常受日机轰炸，父亲将祖父母送往重庆乡下居住，当是1939年。又说抗战胜利，她正由南开中学毕业，回家报考西南联大，17岁正是上大学的年龄。文中还说，她从清华大学化学系毕业后，一直在美国居住，在工业界服务。

之所以由结婚说到生下子女，又说到长女的学业与海外经历，是因为我的心仍纠结在杨石先是一个怎样的人上。这个问题所以重要，是因为一旦确定，对他此后的为人行事、进退出处，都会有个明亮的观察，不至于随从流俗，胡乱定义。注意，前面我用了"进退出处"一语，"进退"好说，比如遇到危难，是进取还是退缩，最能见出一个人的品质；"出处"，怕就不好理解了。现在一说出处，是当一个偏正结构的词来解析的，出之处也，俗点说，就是来路的意思。实则这一词语，在旧时代说起来，是并列结构，出是动，处是静，出处意即走出去还是待着不动。用在官场上，就是出仕还是守身。

且看在海外生活了大半辈子的杨耆苏，是怎么看他老爸的。

纪念文集里的文章名为《追忆父亲》，文中叙事，散于几处，且将之整合为两三段：

父亲是一位科学工作者，个人生活俭朴但极有规律，对自己的衣、食、住都很注意。在对待儿女教育上，"严父慈母"是我家最确切的写照。他主张培养我们独立的性格，内务必须整洁有条理，准时赴约，对事则需冷静分析得失，发表自己的意见，然后再采取行动。

父亲是内向的，从不说废话，但处事仔细，考虑周密，公正无私，绝不苟且马虎，严肃少笑，事事认真。在联大时学生和助教背后戏称他作"杨阎王"。他虽然冷面，感情含蓄不露，但为人热诚喜助人，而且无微不至，他在联大任中曾为无数女学生在婚礼中代表家长讲话，但在婚宴之后，及早离开，让大家有机会闹房，尽兴而散。

最让女儿感念的是这样的事。假期回到天津，她常常出游，有时乐而忘返，很晚回家。因当时治安不是太好，南大所在的八里台地区比较偏僻，她很快就发现素有规律、习惯早睡的父亲每次都借故掌灯等候，总是等她回家才去睡，但在言语中从未禁止或责备女儿晚回一次。

还是女儿的自述，听起来亲切些：

　　我们全家团聚的时光并不是太多。我最怀念的就是在每顿饭后大家围桌谈谈当天发生的事情、个人的感想、对其他家人的要求或建议的情景，都是一个彼此交换意见的好机会。同时父亲以最熟练的手法剥、切各种水果，给全家分尝。他经常鼓励我们多发表自己的意见，但同时应该尊重别人的看法。也许因我多在外，两代看法很有出入，所以在家辩论的时候很不少。当我们犯了错误的时候，父亲在怒中也从不提高声音，只是慢慢地理智地分析事实，解释应当纠正的办法。复员之后，父亲由美返津，任南大教务长，代理校长之职。我在清华大学化学系攻读，功课极忙，北京天津之间距离虽短，除了寒暑假，也不大回家。但每次回津，朋友来访的很多，母亲又是很好客的，所以我家总是高朋满座谈笑风生。父亲往往一书在手，偶然插上几句幽默感很高的话而已。（杨耆苏《追忆父亲》，《杨石先纪念文集》，第207—208页）

好了，不少了，完全可以从日常生活中，对待学生、对待孩子上，看出杨石先的表现。生活极有规律，严格自律，言语极少，从不发火，都有留学的影子。甚至熟练地剥切水果，也会让我们想到他在康奈尔曾有农科一年的经历与训练。

这些不正是丁文江身上欧化的特征吗？

故而我说，跟丁文江一样，杨石先也当得起胡适、傅斯年评价赞扬丁文江的那些话。

是很像，但也有他独异的地方。

毕竟祖父是有功名的人，父亲又擅长诗文书法，杨石先身上，自少年时起，受中国传统文化的熏染更多些，而且这个兴趣一直保持下来。女儿的文章里就说他"年轻时几乎无书不读，对中国古诗词特有偏爱"。这些习性，已难做精确的考证，但有一事，却让我坚定了原有的认知。

一是《杨石先图传》上影印了杨先生早年论文的手稿，笔画之工整，甚至可说是娟秀，不能不令人赞叹。再就是有好几个同事和学生回忆文章里，都说了杨先生给他们写信的事。

不必多事引证，且举一例。

叶挺镐是南开大学陈天池教授的研究生，毕业分配工作时，他去找杨石先校长。杨石先沉思良久，提笔给叶挺镐写了两封推荐信，一封给中国农科院王君奎先生，一封给上海农药研究所徐义宽所长。拿着杨石先的信，叶挺镐去了北京和上海，可惜在"文化大革命"中，两位也都成了"泥菩萨"，帮不了忙，最后叶挺镐被"塞"到了中国农科院杭州茶叶研究所。粉碎"四人帮"后，杨石先重主校政，还想着叶挺镐工作不顺的事，写信给他，可调他回南开从事化学研究工作。惜乎这么多年过去，叶同学已娶妻生子，在家乡温州安顿下来，不便北上了。叶挺镐在回忆文章里说，他在温州时，曾给杨校长写信问候，很快便收到复信。这段文字很感人，抄录如下：

1976年7月，唐山大地震波及京津。我挂念杨老和其他老师及同学的安全，当即疾书问候。不久接到了杨校长长达4页的复信。信中他介绍了这次地震对学校及整个天津的惨重影响。当时他全家都住在帐篷里，天津正届雨季，大雨滂沱，帐篷内衣物全湿。他详细描述了当时的经历。我可以想象得到，他在那样的情况下，又患有白内障，写此长信是非常困难的。（叶挺镐《学海明灯照我行》，《杨石先纪念文集》，第174页）

《杨石先图传》上有杨石先给柳亚子的信，时间过了二十多年，一个是长辈，一个是学生，我们不必说杨石先这4页信会像那封信那样漂亮，但可以肯定的是，纵是给学生写信，纵是在防震的帐篷里，他的信仍是笔画清晰，看去让人舒畅的。

在这上头，丁文江就是另一副做派了。胡适在《丁在君这个人》文中说：他写信最勤，常怪我案上堆积无数未复的信。他说："我平均写一封信费三分钟，字是潦草的，但朋友接着我的回信了。你写信起码要半点钟，结果是没有工夫写信！"蔡孑民先生说在君"案无留牍"，这也是他的欧化的精神。（胡适《丁在君这个人》，《丁文江先生学行录》，第4页）

杨石先也是"案无留牍"，但他的信却是清清爽爽，绝不潦草，给人以舒适之感。

末后该订正一下，杨石先与刘崇瑜两人，共有几个子女。

没有准确材料，一切都要靠推勘。

钱华年上过南开女中，很早就去了昆明，是化学系的学生，毕业后又当过化学系的助教，跟杨石先夫妇都有交往。她在回忆文章里，说到在昆明的一些事，涉及刘崇瑜与杨家的孩子。

话说回头，我初到昆明时，就听人说杨先生是一个严肃正直、铁面无私的人，大家都十分怕他。那时我们都是没有家的人，常感到孤寂。杨太太对我们几个女中的学生特别照应，时常请我们去他们家，吃她亲手做的点心、菜肴，见到他们的两个儿子，一起谈笑，两个小弟弟称我为钱姐姐，我则称他们为小苟同小董，真犹如回到家一样。（钱华年《追

忆杨石先先生》，《杨石先纪念文集》，第50页）

姐姐叫杨耆荪，哥哥叫杨耆苟，这个弟弟小名叫小堇，学名该叫杨耆堇了。

多大呢？《杨石先图传》第154页上部，有杨石先与两个儿子在一起的照片，说明文字是：

杨石先与长子耆苟（左）、次子耆董（右）合影。

文中"董"字，显系"堇"字之误。

站在杨石先左边的耆堇穿军大衣，戴栽绒军帽，正中还有五星，当是在军职的人员。看岁数，比右边的哥哥，小不了几岁。哥哥出生于1931年，他小上3岁，当在1934年。奇怪的是，纪念文集中没有他的文章，这就不知是因何之故了。

第十一章

1929年的南开危机

○ ○

1929年，南开遇到一场危机。

过去的事，都是能过得去的。南开后来还在着，可见这场危机不久就过去了。但在当时，确是实实在在的危机，能不能过去，尚在两可之间。

张伯苓是个非凡之人，处此困境，镇定自若，以他超乎常人的智慧与魄力，费时不多，便化解了这场危机。

事后的效果看，受益最大的是杨石先。

这里我一说就是南开，连个引号也没加。是说南开中学呢，还是南开大学呢？

单独说哪个都不对，两个都算上也不对。

南开是个名号，是个品牌，也是个系统工程。

说南开，至少应包括三个元素，一是南开中学，二是张伯苓其人，三是南开大学。

这三个元素，或者说是三种力量，是相互支撑，共同壮大的。依因果律而言，是南开中学办响了，张伯苓个人的声望才大了；张伯苓个人的声望大了，才有可能办起南开大学。中学的基础，加上张伯苓个人的声望与魅力，南开大学才能办得那么好，一个私立大学，后来弄到跟北大、清华齐名的程度。

要厘清危机的起因，还得从南开中学的成功说起。起步的漫长与艰辛不必说了，只说成功后的声誉就行了。

海外知名度甚高的华人历史学家何炳棣，中学的八分之七是在南开中学度过的。八分之七这个数值，是这样推算出来的：中学学制是四年，四年八个学期，他在最后一个学期叫开除了，转到了另一个中学，故而得出这么个数值。何炳棣对自己出身南开中学很是自豪，对最后一个学期被开除也不以为羞耻，他写的回忆录叫《读史阅世六十年》，书中对他那个时代的南开多有嘉言。历史学家不尚空谈，全是用数字说话。

> 近十余年来，我与清华老同屋、第一流古藏文专家黄明信先生，曾不止一次地严肃回忆比较南开中学和北平师大附中的数学和科学教学（黄初中在师大附中，高中读南开），我们觉得后者的水准高些，可能是全国中学中最高的。我个人觉得30年代的扬州中学的数理化学教学水准比南开有高无低。事实上，30年代江浙若干省立中学的数理化教学都比南开严格。我清华1934级入学的状元李整武就是浙江金华省立七中毕业的；榜眼汪篯，"文化大革命"期间含冤而死，北大历史系柱石之一，就是扬州中学毕业的（入学考试数学100分）。总的来说，南开的语文、史地、数理化课程水平是很不错的，学校的传统注重学生全面的活动与发展，不专死"K"数学和理化。（何炳棣《读史阅世六十年》，第42页，广西师范大学出版社2005年7月版）

若光突出南开中学怎么个好，文中说到的金华省立七中、扬州中学的例子可以略去，可我觉得，何炳棣是南开出身，本意是要说南开多么好的，举了这么两个例子，才是持平之论，结论也才更为可信。

最为可信的，还是下面这组数据。

　　以清华1934年入学考试为例，南开和扬中毕业生各占22名，同居首位。师大附中14名，居第三；北平汇文12名，居第四；通州潞河中学8名，居第五。但这统计未包括南开女中（与男中同校异舍）毕业生3人——出自巨富之家的名作家韦君宜（原名魏蓁一），已故北大校长张龙翔夫人刘友锵，和曾任东北数市市长和哈尔滨副市长的彭克（原名彭克谨）。更未包括像我这样基本受的是南开教育，而混的是北平弘达中学的文凭的人。和我情况相似，还有两位女中同班同时被开除的——为中共尽瘁的毛掬和现任全国政协副主席钱伟长夫人孔祥瑛（不幸于2000年病故）。此外，在南中受教育，最后一两年才转学他校考入清华的尚无法估计。这只能反映狭义的南开教学水平是合理的高，却远远不能反映南开中学在其他方面的卓越。（何炳棣《读史阅世六十年》，第42页）

　　已确认了狭义上教学水平合理的高，还有其他方面的卓越没有说，南开中学是个怎样的明星中学就不必再絮叨了。

　　办起这样一所私立中学的张伯苓，会得到社会上怎样的敬重，也就不言而喻了。何炳棣此书中说了这么一件事，可以窥一斑而见全豹。

　　民国初年曾任哈佛大学校长40年（1869—1909）之久的伊利奥（Charles W.Eliot，1834—1926）博士参观南开中学时，高度赞扬张氏的办学精神及已有的成果，以致南开的声名不久即远播大洋彼岸，引起美国教育界、教会以及罗氏基金团等的注意。在20世纪二三十年代胡适等人的言论中，南开经常被认为是首屈一指的中学。（何炳棣《读史阅世六十年》，第39—40页）

　　有这么好的办中学的基础，又是这样一个有魄力、有声望的人来操持，办一所小型的大学，还会有什么含糊的吗？

　　起初确也顺顺当当，甚至一度也曾红红火火，谁都以为往后前程不可限量。然而到了1929年，确实遇上了危机。不好说是致命的伤害，少说也是沉重的打击。

　　1926年以留美博士身份应聘到南开大学任经济学教授，后来在国民党政府做了高官的何廉，是 1929 年南开危机的亲历者，也是为张伯苓出主意的危机化解者。他在回忆录中，详细地说了此事的前因后果。

何廉（1895—1975），湖南邵阳人，又名何淬廉。1918 年长沙雅礼中学毕业后赴美留学，1922 年入耶鲁大学读硕士研究生，主修经济学，兼修社会学，1926 年获哲学博士学位，随即回国。对此后就业，他有两个选择，一是船到日本横滨时，天津南开大学商学院有函给他，聘请他担任财政学与统计学教授，月薪现洋 180 元；再就是还在耶鲁时，上海暨南大学欲聘他为教授，月薪 300 元。权衡之下，他选择了南开，理由是，京津地区系中国文化中心，教育水准较全国其他地方均胜一筹。于是他便在神户上岸，取道朝鲜，经沈阳直奔天津。

一来他就喜欢上了南开大学的校园。1923 年，杨石先来南开时，新的大学校园尚在建设中，此时已完全就绪。何廉到校时，看到的是：校园位于天津南郊，离南开中学有三英里左右。建校地点原先是一大片水洼地带。校园风景美丽，点缀着几座新建的教学大楼、学生宿舍以及全校员工的生活区。虽然处于中国北方最大的通商口岸的近郊地区，校园倒是一派田园风光。

更喜欢甚至崇拜的，则是校长张伯苓先生。

说到初见张伯苓的这一节文字，太真实了，还是将之抄录如下：

1926 年 7 月中旬，我刚到达天津不久就去校长办公室拜见张伯苓校长。他十分热情恳挚地接待了我，而我立即被他的堂堂仪表所吸引。他比一般的中国人要高大魁梧得多。当时他五十岁左右，神采奕奕，生气勃勃。多年来我与他的交往发展到十分亲密的程度，我对他的为人也了解得越来越多了，张伯苓成为我工作的动力。他的语言质朴、真诚、恳挚，是个著名的有感染力的演说家。然而在和人交谈中他总是全神贯注地倾听，很少开口，该他说话的时候，他就直截了当地表明自己的观点，回答别人的提问非常认真仔细。他把权力下放给各系教师与行政人员，可是从不逃避自己的责任。尽管他极其节俭，但为了学校花钱他绝不怕超过预算允许的范围。凡是为扩展学校而进行新的筹划的时候，资金的匮乏绝不会妨碍他把规模设想得更宏大一些，对未来他总是乐观的。（何廉《何廉回忆录》，第35页，中国文史出版社2012年2月版）

危机之前，让何廉最为感念的是这么一件事。

1927年春末，北京的中华教育文化基金会社会研究部需要一名研究导师，北京大学社会学系主任陶孟和邀请何廉担任此职，两人私谊颇深，何廉很难一口拒绝。陶孟和还是南开早期的学生，现在的校董之一。犹豫不定中，何廉去找张校长征求意见。而张伯苓呢，又是中华教育文化基金会董事会的成员，早已知道了这一邀请，且知道那边会给何廉的薪金有多高。见了面，张伯苓像往常一样诚挚地接待，可是一直沉默不语，然而，当何廉将他对此邀请的直接反应以及难以做出决定的情况说出后，张伯苓站起身来，极其热切而真诚地说："你应当留在南开，因为南开比中华教育文化基金会更需要你。"同时答应，由他向陶孟和说明情况，并提出从大学经费预算里拨出一部分款项供何廉下一学年研究之用，还建议减少何廉的授课时间。

何廉说，对张校长的诚意挽留，他深受感动，当即决定留在南开。他向张伯苓建议在南开成立一个研究机构，张伯苓同意了，叫他很快准备一份书面建议，交大学董事会决定。

正因为张伯苓对何廉如此器重，1929年的危机来临时，何廉才会挺身而出，帮张伯苓从容应对，最终化险为夷，转危为安。

仍是转述何廉回忆录的叙事，考虑到篇幅，尽量简练些。

到1929年，南开又面临新问题了。何廉不说是危机，用了"新问题"这个提法。起因是北伐成功，1928年南京政府成立后，立即着手整顿大学教育。最显著的一个举措是委派罗家伦出任国立清华大学校长，同时所有国立大学开始接受国库的正常拨款。应当说，这是好事，中国的高等教育的情况，日趋正规。

由于有庚子赔款这一得天独厚的资金来源，清华在学院建制上拟定了一系列发展规划，为教授们提供了充裕的资金，兴办图书馆，大量购置实验设备。教学任务减轻了，薪金提高了，最重要的是为教授们提供每七年出国休假一年的带薪休假制度。

处于"世外桃源"的南开蓬勃发展了十年，如今在全国比较和平稳定的局面中，就不能再指望在与世隔绝的状况下继续发展下去了。在1929年夏季，许多工作多年的教师包括萧遽、蒋廷黻、萧公权和李继侗诸人，一起离开南开，去了清华。这对南开的教学工作和学校的声名都造成了不可挽回的损失。由于南开拿不出那么多的薪金，让他们复职简直是不可能的。

这种情况让张伯苓大为生气，也大伤脑筋。

1928年罗家伦出任清华校长时，只有34岁，看看这个青年才俊当了清华校长之后改革的力度有多大，就知道张伯苓为何生气了。

苏云峰在《从清华学堂到清华大学（1928—1937）》一书中说：

> 1929年夏季，除法律系遵从部令暂缓设立外，其余14个学系均招生开学。另外，由各系分别筹设研究院（所），已成立了10部（所），也于夏季招生。
>
> 罗就任年余，清华教师阵容大为改观，计从各大学延聘著名教授41人（含来自剑桥、芝加哥、哥伦比亚、普林斯顿、东京帝大之客座教授多人），讲师21人，而原教授仅留下23人。教授之待遇普遍提高。[苏云峰《从清华学堂到清华大学（1928—1937）》，第29页，生活·读书·新知三联书店2001年8月版]

何廉了解张伯苓的困难处境，对于离去的同事也深感同情，他们曾忠诚地为南开工作过，薪水刚够维持温饱，很难有积蓄，而他们的家庭规模越来越大，开支日益增加，去其他有关机构就任报酬丰厚的职务也是理所当然的。他本人呢，未必没有这样的想法，只能说张校长待他不薄，不愿凑这个热闹。眼下只能尽力而为，为南开的继续生存而尽心尽力。

1929年南开教师中发生的危机，激烈地反映在对当前事务的重新评价与对于发展计划的重新设计上。那些日子，张伯苓常常把何廉叫到办公室商讨学校的问题。清华重金招聘教师，大大激怒了张伯苓，何廉要冷静得多。他告诉校长，在招聘教师上竞相增加工资是不可避免的，而我们在这方面一贯的道德准则，必须重新考虑，重新评价。

经过交谈，张伯苓校长一面坚信，像南开这样的私立大学在中国的高等教育事业中应占一席之地，一面也承认，在出高薪金聘任教师上，南开竞争不过清华、北大这样的国立大学。

何廉毕竟见多识广，又长于规划，引导张校长思考，面对如此现实，我们有必要去竞争吗？南开坐落在商业都市天津，天津还有个成为华北大工业中心的前景。南开应当把重点放在培养企业人才和工程技术人才上，而当时的国立清华和国立北大尚未包括这两个领域。

何廉在他的回忆录中说："在我们讨论中产生的这个想法，促使张伯苓校长千方百计地加强商学院，并且一旦有可能就建立工学院。"（何廉《何廉回忆录》，第41—42页）

到了第二年真正实施起来的时候，张校长将原来的设想又做了扩大，干脆将文学院里的经济系和大学里的社会经济研究委员会合并，成立南开经济学院这么一个新的机构，承担起教学与研究双重任务。毋庸置疑，院长人选非何廉莫属。很长一个历史时期，南开大学在全国经济学的教学与研究中独占鳌头，肇始于此，该是共识。

一场危机就这样化解了。

缓步轻移，新的一年，南开又是一个新开之局。

清华聘请教授薪水高，已然是一个大诱因；更诱人的是，每七年还给一年的带薪休假。这是什么待遇呢，假定月薪三百大洋，这个制度实施就等于每过七年，休假一年还白送三千六百大洋。

张伯苓是个明白人，知道清华这样做了，南开也得这样做。几个履职年限长的教授，数来数去，还数杨石先即将满七年。那好吧，就从这个年轻人开始。

事有凑巧，恰在这时，杨石先也向学校提出请假两年出国完成博士学业的申请，张伯苓满口应允，并答应出国期间，薪金照发。

杨光伟的《杨石先传》里，对这件事是这样记述的：

1929 年夏，杨石先争取到出国进修 2 年的机会，去攻读没有完成的博士学位。张伯苓校长向他抱怨说："南开大学是个私立的小学校，待遇低，有才华的人留不住。"杨石先非常敬佩张伯苓教育救国的精神，也理解他的艰难处境。张伯苓见杨石先把家一直安在北京，怕他进修后不再回到南开大学任教，便向杨石先询问说："你进修的费用怎样解决？"杨石先说："清华的公费留学还有一年，剩下的一年可以申请奖学金。"张伯苓说："美国罗氏基金团曾答应负责南开大学进修教师的费用，如果你用这个费用的话，不仅解决了你学习和生活上的需要，也解决了你家中生活的困难。"杨石先明白张伯苓的苦心，便接受了张伯苓的意见，作为南开大学的进修教师出国。张伯苓校长对他说："你是南开享受教师学术休假的第一个人。出国期间工资照发。"（杨光伟《杨石先传》，第 31—32 页）

这年夏天，与杨石先同时赴美研修的，南开大学还有两位教授，一位是英文教授司徒月兰，一位是商科教授何廉。此事在春天就定下来了。1929 年 3 月 27 日《大公报》上有专题报道，题为《南大三教授将赴美》：

文科司徒月兰女士，理科杨绍曾主任，商科何廉博士。迩来国内教育领袖及学术专家出国研究更资深造者，时有所闻，诚学术界之好现象也。闻南开大学教授何廉博士及杨绍曾、司徒月兰又将于今夏连翩赴美。兹将各人专长及预备研究工作，略述梗概如下。司徒月兰女士为文科英文教授，近得 Ratber 之奖学金，转到密西根大学，专攻英文文学。理科主任兼代化学系主任杨绍曾为有机化学专家，现被罗氏基金团选派至美作有机化学及食品化学之特别研究。商科统计学教授何廉博士因南大与美国斯坦福大学食品研究院合作之结果，被派至美一年，筹划研究远东食品问题之手续云。

这个报道里称杨石先为"理科主任",而此前不闻杨石先有理科主任之头衔,莫非是张伯苓为了笼络人才,在杨石先赴美之前,就先给安排了理科主任这样一个虚衔?且存疑。

第十二章

在耶鲁大学研究院

杨石先申请赴美完成博士学业，是在 1929 年夏天，以情理论，当在中国大学第一学期末，这样可以让校方有时间聘任教师，安排下学期的课程。从他这方面说，应当是已跟美国的大学取得了联系，一旦校方应允，可以从容准备，在秋季开学前赶到美国，办好相关手续，按时进校读书。

这次赴美，他就读的学校，是康涅狄格州的耶鲁大学研究院，进行杂环有机化合物的研究。因他在含氮杂环化合物研究方面有成就，1931 年被推选为美国"科学研究工作者荣誉学会"会员。1931 年 6 月，通过了博士论文《从乙酰基二硫代碳酸酰胺和乙酰基异硫脲合成 α、β-呋二唑》，获得有机化学博士学位。这篇论文于 1932 年发表在美国《化学学会杂志》上。

优秀的人才，在哪儿都会遇上挽留的事。杨石先这次出国，也不例外。

恰在此时，德国著名化学家、诺贝尔奖获得者、明兴大学魏兰德教授应邀到耶鲁大学讲学，参加了杨石先的博士论文答辩。魏兰德教授发现杨石先才思敏捷，基础理论扎实，热爱科学，工作勤奋，是个难得的科学人才，对这位中国来的青年很是器重。他以询问的口气对杨石先说：

"你将来做何打算？"

"准备先到欧洲考察一下，然后回国任教。"

杨石先如实回答。魏兰德教授听后向他邀请说：

"能否到我的研究室作为客籍研究员工作一两年？"

这是个难得的科学研究的机会，杨石先很高兴，答应做一年的研究工作。随即，他写信与南开大学商量，准备于1932年秋返校。他以为把道理讲清楚了，校方会答应的，后来收到张伯苓校长的复信，信中说，杨石先出国时，他在清华大学聘请了一位教授，代杨石先教有机化学，原定两年，可是这位教授在南开工作不到一年的时间，便去了南方，学校已经一年多无人教有机化学了，希望杨石先能立即回国执教。

这让杨石先作难，但他很快做出决定。

他知道去魏兰德教授的实验室做研究，机会固然难得，但在南开大学化学系的学生学不了有机化学就无法毕业，孰轻孰重，不言自明。何况"教育救国"是他的夙愿，出国两年，拿下博士，是他早先对张校长的承诺。于是他回复张校长说，即日启程，经欧洲回国。

说来实在可惜。如果他当时不考虑南开大学的需要，按自己原先的安排，去魏兰德教授的实验室工作，也许会像魏兰德的助手（魏兰德的女婿）芦内一样，在科学研究方面取得更高的成就，也成为诺贝尔化学奖的获得者。

回国途中过欧洲，杨石先用两个月的时间，去许多著名学府访问和考察，了解欧洲这些学府的办学特长及学术发展。还特意去德国明兴大学，拜访魏兰德教授，并向他表达深深的歉意。魏兰德教授很是理解，宽慰他说：

"两三年内随时欢迎你来。"

然后是苏联，途经西伯利亚，终于在1931年九一八事变的前一天回到南开大学。

以上情况，系据杨光伟的《杨石先传》中提供的情节改写。

后来的事情，无须多说。一是教学紧张，根本抽不出身来，再则抗战全面爆发，南开大学的教授带薪休假制度自动停止，也就未能再有出国的机会。

此章为《在耶鲁大学研究院》，能搜集到的资料实在不多。幸喜在纪念杨石先100周年诞辰时，组委会约到了柳无忌的一篇文章，文内有一段，说到了杨石先在耶鲁大学获得博士学位的情形。文中还说到他回国后受到杨石先关照的情形，为叙事集中计，且抄在这里吧：

> 在南开时石先任理学院院长，我在文学院任英文系教授兼系主任，在校务及工作方面我们很少接触，但在私人事务与生活方面却时时得到石先的照顾及帮忙。我与妻初到南开，人地生疏，石先协助我们去天津市内购置家具杂物，并送给我一张大书桌。某次暑假，我们去北戴河避暑，回校后发现为我们看家的一个年轻仆人偷偷地把我们的家具卖去，人也逃之夭夭。石先知道了，就叫曾在他父母亲家里工作的一个可靠的老仆来临时帮忙，等到我们的生活安定后方始离去。（柳无忌《缅怀好友杨石先校长》，《杨石先纪念文集》，第40页）

这一件事告诉我们，在政治及公众事务上的表现或许有迷惑性，在朋友间私人事情的应对上，方显示出一个人真正的优秀品质。

第十三章

"三表"教授

杨石先如期回来，本该是有言在先的君子之行，仍让张伯苓有种意外的惊喜。洋学者的话，固然诚信为重，学术上的名气，跟社会上的责任，不同时际会有不同的考量。跟一个得过诺贝尔奖的学者学上一年，即是门里出身、得意门生，这诱惑力可不能算小。前几天接到张校长的信应承了的事，过几天魏兰德教授劝说两句，也不是不能反悔。

真人站在面前，站在校长办公室的水磨石地上，除了欢喜，只能起座相迎了。

过去，杨石先只是化学系的普通教授，系主任是有博士学位的邱宗岳。经过此番交往，也可说是一种考验，杨石先品质上的优秀、学问上的才华（两年轻松拿下博士学位），得到张伯苓的认可。张伯苓当校长的用人之道，简括为两个字，一曰忠，二曰才。行政上要忠悫之士，教学上唯才是举。只有才，德上差点儿，亦可宽容；有才而有德行，那就另眼相待了。

化学系的老主任邱宗岳，有博士头衔，又恪尽职守，自然动弹不得。其时南开正在实行一个扩张计划，在何廉的擘画下，文学院的经济系已与大学的社会经济研究委员会合并为经济学院，文学院原先就有，数理化各系原本也想合为理学院，各系主任、教授差不多全是博士学位，资历有深浅，学术上无甚差别，谁当院长难以定夺，合为一院之事，也就延宕下来。

现在好了，杨石先获得耶鲁大学研究院的博士学位，在本校又有差不多十年的教授经历，理学院院长，舍此君而谁何！

对这一教学资历上的变化，《杨石先生平记事》上，1931年项下是这样记载的：

> 6月　以《从乙酰基二硫代碳酸酰胺和乙酰基异硫脲合成α、β-呋二唑》博士论文，获耶鲁大学有机化学博士学位。被推选为美国"科学研究工作者荣誉学会"会员。后对欧洲各著名大学、化学研究机构进行了两个多月的访察，经西伯利亚回国。
>
> 9月　17日　由东北乘车返回南开大学任教授。
>
> 10月　兼任学院院长。不久将家属由北京接到天津。
>
> （《杨石先生平记事》《杨石先纪念文集》，第232—233）

上引文中，有一处用词失范，即"后对欧洲各著名大学、化学研究机构进行了两个多月的访察"一语中的"各著名大学"。欧洲是个很大的区域，国家甚多，著名大学不在少数，杨石先以一己之身，时仅两个月，如何能遍访欧洲各著名大学？

之所以引用这段话，是因为我注意到了文中一语："由东北乘车返回南开大学任教授"一语。初看此语，脑子里闪过的一个念头是：杨先生此前不是教授吗？

不必查别的书，《杨石先生平记事》文中就有明确的记载。

1923年项下记着：9月21日，《南开周刊》第68期报道，南开大学今年暑假所聘之教师有：化学教授杨绍曾先生。

这下就明白了。初聘时是教授，八年后成为博士，载誉归来，还是教授。

这个教授，跟此前的教授，除了汉字完全一样，就没有什么不同吗？

既然没有正副（教授）的差别，没有级别的区分，那就必然有薪资上的不同。这是无须论证、不言自明的事情。

薪资和名头，什么时代，都是关于体面的事。高了面子大，心情好；低了，有时能想得开，有时要想得开，就得费些力气。同一行当，同一职责，薪资上的差异，给人的感觉更微妙些。有些能说得出口，有些纵使苦涩，也只有顺着唾沫咽了。

在这上头，最残酷，也最无奈的是比较。

在这上头，杨石先一开始是个什么心情，现在又是个什么心情，都得比较一下。

一开始的心情，只能是跟刚入职的教授比较。你刚入职，人家也是刚入职，人家一月拿多少钱，你一月拿多少钱，不用别人说，你心里知道是个什么滋味。可以宽慰，可以化解，但差别总是差别。

跟谁比呢？手头现成的资料，有何廉的自述。回忆录里他说：回国途中，还在日本横滨的时候，收到南开大学商学院院长的来函，聘请他担任财政学与统计学教授，月薪现洋180元，接下来说，于是取道朝鲜前往天津就职。

杨石先1923年入职南开大学化学教授时的薪资是多少呢？《杨石先图传》中收入一图，名为《南开学校大学部教员录》，字迹甚小，仔细辨认，能看出从1923年入职到19××年，几年间薪水的基数与递增的状况。画格子列表太费事，且一行一行录下来：

1923年9月17日	薪金130元	每周钟点6
1924年2月12日	薪金130元	每周钟点6
1924年9月16日	薪金220元	每周钟点7.5
1925年2月3日	薪金220元	每周钟点6
1925年9月15日	薪金170元	每周钟点5
1926年2月22日	薪金170元	每周钟点5

1926年9月16日	薪金235元	每周钟点6
1927年2月14日	薪金235元	每周钟点6
1927年9月15日	薪金235元	每周钟点13.5

需要说明的是，表中的年份用的是民国年份，比如1923年9月17日，表中写作"12.9.17"。每周钟点的7.5，表中用 $7\frac{1}{2}$ 表示。

何廉初入职时的月薪是180块大洋，时间是1926年。

再看1926年，杨石先的月薪，已是三年的教授了，任课6个钟点薪金还高点，5个钟点时也才170元。

如果只是自己智力不行，念到硕士学位念不动了，他会甘拜下风。可自己是清华庚款公费生，有五年的学费支持，仅仅因为家庭的变故，遂将即将完成的博士论文折半变现，拿了个硕士学位，便匆匆离美返国，想想，他能甘心吗？

此情此景，隐忍数年，直到1929年，实在是心有未甘，杨石先才向张伯苓提出请假两年，赴美研修，拿回原来就可以拿下的博士学位。回溯往事，我们只能说他隐忍的功夫太强了。

现在呢，不说博士衔的教授该是多少大洋的月薪了，理学院院长这一头衔，他的月薪就该跟何廉的经济学院院长齐平了。

还是先前的西装革履，还是先前的仪表堂堂，走在南开校园里，不管怎样步履如常，心情定规是不一样了。

杨石先去世后，百年诞辰的时候，南开大学要搞个隆重的纪念活动，其中之一是征集文稿，编本《杨石先纪念文集》。这时是1997年，入选的四十多篇文章中，写西南联大的最多，写抗战中南开生活的甚少，且写作者大都老迈，所写文章概括叙事多，具体叙事少。纵然如此，还是要摘录几段，以见二次留美回来，杨石先的风度神采。

刘诉年的文章名为《缅怀著名化学家、教育家杨石先先生》。此老是学理化的，雅爱文史，长于吟诵，文章开头，先是一首36句的长律，开头几句写的是一个甲子前在南开上学的情景：

> 荏苒韶光不我留，
>
> 甲子重周忆我游。
>
> 负笈南开研数理，
>
> 杨师亲诲一春秋。
>
> 阶梯教室传化学，
>
> 预习朝朝临课桌。
>
> 一生受用在此时，
>
> 严师精神最绝卓。

这几句诗，若用散文写下来，该是有画面感的。"阶梯教室传化学，预习朝朝临课桌。"前一句说的是上课，后一句说的是早上预习功课时，杨石先每次走进教室，总要在他的课桌边停一停，多生动，又多亲切。刘先生的文笔颇佳，下面的叙事虽说简略仍极传神：

> 1933 至 1934 年我一年级时，在思源堂阶梯教室听先生讲授《普通化学》课，他虽然只是教过我一年，但以后我同他仍保持着联系。他的言传身教，使我永记在心，终身受益。
>
> 杨先生对学生要求十分严格，绝不允许他们有半点懈怠。他特别强调学生要进行课前预习，认为这是提高教学效果最有效的途径。为此，他每节课必布置课外作业，其中就包括预习，并用讲课前三分钟进行随堂测验，以督促检查。这使学生普遍提高了听课效果和考试成绩，增加了学习化学的兴趣，增强了学好化学的信心。我走上数学教学岗位后，也一直采用这种方法，收到了很好的效果。（刘诉年《缅怀著名化学家、教育家杨石先先生》，《杨石先纪念文集》，第 106—107 页）

刘诉年还说了件与他个人有关的事。

他说，杨先生对学生严而不厉，十分关心他们的成长，生活上也经常给予帮助。他毕业前夕，杨先生为他申请到了美国巴巴拉奖学金，后因故未能成行。杨先生是斐陶斐名誉学会的创立会员。在1937届毕业典礼上，杨先生亲手给他颁发了毕业证书和斐陶斐会员证书，事后还勉励他继续深造，不断充实自己。

上文中说到的斐陶斐名誉学会，正确写法应是斐陶斐荣誉学会，是民国时期重要的学术团体之一。

这一时期，杨石先仍坚持出国前的做法，还给南开中学上了几节化学课。学生彭善承记述了他出国前去中学上课时的情形，这种事情上，出国前后，该是一样的。

> 高中理科，功课极重，由于高一化学溶解一章，聋子郭先生（已忘其名）没有把我教懂，后来高二、高三上杨石先先生的高等化学时，使我非常吃力，成绩总不太好。但是，无论课堂或者实验室，我还是努力回应，毫不懈怠。记得有一次，快毕业之前，杨先生在课堂间询问每个同学的志愿，同班二十余人，不是学化学，就是学电机，或者物理，或者土木，都在理科范围，只有我说学政治和钱思亮同学说学经济不同而已。杨石先极为诧异，下午到实验室，又召我一人到他的房间询问："你既然要学政治，为何不入文科，而如此困难地来学理科？"我立即回答："我在理科，只有你这门高等化学成绩差点，其他科目，我都很好。文科的西洋史、伦理学等等，现在不学，将来也看得懂，而理科的大代数、微积分、解析几何、高等化学、物理学等等，此时不学，将来终身不懂，岂非憾事！我为着能够多知道一点科学知识，所以我选理科。"杨石先颇以为然。殊不知我的高等化学竟因此而无条件通过，顺利地理科毕业。
> （转引自杨光伟《杨石先传》，第28—29页）

彭善承的经历不详。钱思亮1908—1983年在世，1922—1927年在南开中学上学，著名化学家，也是一位了不起的大人物。文中说，南开中学有理科文科之分，而理科课目中竟有大代数、微积分、高等化学，于此可知南开中学学生程度之高。

南开中学只招男生，另有女中。杨石先既给男中这边代课，女中那边该也不会不代，可惜不见回忆文章，幸好《杨石先传》里收有一段文字，是杨石先1935年在南开女中的演讲。抄录如下，以见其风采。

现代的文化是科学的，是科学所改造成的，已属不容置辩的事实了……

我们中国文化是没有科学的，所以落后。所以当中西文化接触时，我们常常失败。失败之后，亦自知不如人，而思取人之长以补我之短。但当时未认清科学之真面目，而以为西方之优点在于机器军械，有了机器军械就可以强国，所以设江南制造局与马尾船厂，又送学生出国学习机械制造，其错误是以科学只为技术。等到甲午之役失败后，才知道徒有枪炮之无用。又以为西方之优点在于政治制度，所以提倡立宪及民主，其错误是以科学只为组织，故终未能收富强之效。近20年来科学之真面目始渐显著，然而仍没有握着科学的中心而忽略了两点，就是科学方法应用的普遍性，与提倡科学研究之重要。

我们要知道，第一，科学的方法，不独可以应用于科学本身，而可以应用于一切事物。第二，科学是不断发展的，必须提倡研究而后可以发展……（原载《南开女中校刊》第4卷第1期，1935年出版，转引自杨光伟《杨石先传》，第29—30页）

想来杨石先面对大教室里众多的女中学生演讲时，定然是满面春风，神采飞扬，与出国前的举止神态，会有些微的不同。这不同，学生，尤其是女学生或许察觉不到，觉得还是那个相貌端正、青春健壮的杨教授——杨先生。

心情的不同，只有他自己知晓。

以孟郊的《登科后》作譬，明显不妥。此番未出国前，他并非落第的士子，已然是学成归来的康奈尔的化学硕士。硕士、博士甚至本科的学士，在未留洋的人看来，都可以视为非常人可得的荣誉，但在留洋的这个群体里，学士不过是秀才，硕士勉强算个举人，只有博士，才是真正的进士及第，科举的顶端。

心情的变化，会表现在言谈举止上，也会表现在衣饰佩戴上。

这情形，后世的怀念文章里，只有他的得意弟子申泮文记录了下来。申泮文早年在南开大学化学系教书，后来长期在山西大学工作，"文化大革命"前与"文化大革命"中有五年的时间，我是山西大学的学生，虽不相识，在校园里也该是遇见过的。

申泮文是20世纪50年代后期，支援内地高校，由南开大学化学系调到山西大学化学系的，在山西大学受了不少苦，"文化大革命"后很快就调回南开大学，并成为中国科学院院士。杨石先去世后，他写了悼念文章，名为《缅怀恩师，自强不息》。其中有一段云：

> 我家境贫寒，在旧社会本无上大学的条件，由于得到中学老师的帮助，又获得南开大学每年免交90元学宿费的奖学金，才勉强在1936年秋考入南开大学化工系。杨石先教授是我步入高校化学大门的启蒙老师，他给我们理工学院一年级学生讲授基础课普通化学。那时石先师正在年华正茂的四十岁上，因早年是足球运动健将，身体极强健魁伟，挺胸直背，健步胜人。石先师容貌堂堂，器宇轩昂，光彩照人。石先师最讲究仪容，每天都是衣冠楚楚，面容严肃，使我们学生总怀有敬畏之感。他每次来上课都换穿不同的笔挺整洁的西装，背心的小口袋里揣着一只金壳怀表，表链垂出连在纽扣上，链上悬挂着他在国外学习时获得的荣誉纪念物——一枚金钥匙，同时手腕上还戴着一只手表。上课时为掌握讲课节奏，他不时看表，有时看怀表，有时伸长手臂看手表，奇怪的是有时又从西服裤的小口袋里拿出一只无链怀表摆在讲桌上看时间，学生都很惊异，说杨先生一身带了好几只表，一时传为美谈。（申泮文《缅怀恩师，自强不息》，《杨石先纪念文集》，第77—78页）

奇怪的是，这是1936年南开大学在天津时的事。从1923年开始上课，至此已13年，教过的学生至少也以百计，而后世的回忆文章里只有申泮文写了此事。《杨石先纪念文集》里收文数十篇，有两篇还是综述性质的长文，却无一人无一篇提及这"三只表"的轶事，推想不会是见过的人忘了，只是不像申泮文所言，将之"一时传为美谈"，而是"长时传为笑谈"，也就依普通中国文化人最爱挂在嘴上的"为尊者讳"的原则，视若无睹，笑在心里，避而不谈了。

申泮文真是个好学生，对老师感情深，观察细，文笔也好，在他的文章里，还记下了杨老师上课"偏爱"女生的事。

石先师在授课时十分认真负责，第一次上课就跟学生约法三章，规定女生坐第一二排，男生坐在后排，把学生坐的扶手椅按行列编号，每人的座位固定，不许更动，这样谁不到课座位就空了下来。石先师从讲台上一眼望去就可以看出某排某座的学生缺课。所以他一步入课堂，学生起立敬礼坐定后，他便拿出点名册给缺课同学划旷课记号，花费时间不多，只两三分钟便点完了名。学生迟到超过十分钟的不准进入课堂，记为旷课。这些微细的地方都显示出石先师对学生严格要求和追求课堂效率，给我留下了难以磨灭的印象。讲课的教室就是今日经重建的南开大学第二教学楼211阶梯教室。（申泮文《缅怀恩师，自强不息》，《杨石先纪念文集》，第78页）

申泮文毕竟成就大，年龄也大，他能从积极的方面理解他的杨先生，也就无挂无碍地写了出来。

想想真是后怕，若申泮文也存了一丝世俗的念头，只说杨先生上课如何准确掌握时间，不说身佩三表，轮番观看，各尽其用，杨先生如此见性情又见高标的轶事，岂不湮没无闻，不为后世所知了？

第十四章

危难时刻

◌◌

前面的章节里说，1931年九一八事变的前夜，杨石先平安回到了天津，随即将家眷接到天津居住。以时间推测，此时他仅有女儿杨耆荪，当在两三岁，儿子杨耆荀的出生，还在之后。

来了住哪儿呢？

不会在天津城内。

当初婚后，没有将妻子带到天津，有书上说是为了专注学业，再度出国考取博士学位，就算是真的，也只能算是原因之一。之二呢，怕是学校在城外安置家眷不易，且家眷在北京，与父母住在一起，相互照料，省事得多。

此番留学归来，短期内不会外出，自然要做长久之计。

住哪儿呢？还是不会住在天津城内，只能住在学校近旁。好在此时的南开大学，非数年前的初创阶段，已建起了成规模的教职工宿舍。

杨肖彭有文《复校之志弥坚》，其中说到南开被日军炮火轰炸，随后说道："到了下午，住在同仁里的喻传鉴、伉乃如、孟琴襄、傅恩龄、俞霭青诸先生和我一家四口，考虑到情况严重，不如趁着天色未晚的时机，离开同仁里，以免在夜里行动更加困难。"

这段话里，两次提到同仁里这一地名。

南开大学新址，原本是天津城南一大片湿地，不会有村庄，有村庄也不会起"同仁里"这么儒雅的名字。只会是南开大学主体建成后，在附近专为教职员工建的宿舍群，原本都是同事，用了"同仁里"再恰切不过。

化学系教授，随后的理学院院长，和他的妻子女儿，只会住在同仁里的某一个小院里。

可这篇文章里，说到众人撤退时，未提及杨石先呀。

看下文你会明白，这一天杨石先和黄钰生二位，忙着转移校产的事呢。他的家眷，应当是在此前就送回北京父母家中了。这样他才能心无旁骛，一心处理学校的事。

现在要说一下日军为何要炮轰南开大学。

有几种读物上，说到此事，义愤填膺：南开大学从它诞生的那天起，马千里、周恩来、于方舟等爱国师生，就坚定地站在天津人民抗日斗争的前列。日本人对南开大学恨得咬牙切齿，必欲毁之而后快。

对吗？

肯定是对的。但总觉得少了些什么。就是为了坐实日军的残暴，也还该再说点什么。

不避烦冗，且将几件不起眼的事情罗列如下。

王斗瞻有文《先生兴学，势如春笋，展拓蒸蒸》，内中说到九一八事变后，张伯苓校长领导全校的抗日义举：

> 先生知东北四省，矿产至富，而日人谋我至急，不可不谋抵制之方，于是有东北研究会之组织。先生身历东北各地，亲自考察，所至深受当地人士之欢迎，乃引起日人之注意；后复派南大教授，组织东北视察团，对于东北经济，专做实际之调查与研究；并将重要材料编为东北地理，

以做中学之教本。于是南开学校，遂更受日本人之歧视。（王斗瞻《先生兴学，势如春笋，展拓蒸蒸》，《张伯苓：一人一校一国家》，第217页）

将重要材料编为东北地理，这一句太概括了，实则这是一件彪炳史册的大事。何炳棣应《天津文史资料》之请，专就此事写过一文，详细说了事情的原委。

九一八事件爆发之后，不久就发生了土肥原一手制造的"津变"。南开中学的校舍遭到侵扰，学校不得不停课数周。但至迟在1932年年初，学校已经印好了一本新教材，开了一门新的必修课。这本大约20万言的南开独有的教材是《东北经济地理》，它的编者是校长张伯苓先生的秘书傅恩龄（锡永）先生（傅先生当时在南开大学担任东北研究会主任干事）。傅先生眉浓目秀，灰发中分，和蔼可亲，可惜我从来未曾和他交谈过。他精通日文，从当时的"南满铁路株式会社"研究部的大量出版物中，取精摘华，有系统地介绍了东三省的自然和人文地理，特别是各种自然资源。这本教材毫无疑问的是当时国内有关东北地理有限著作之中最好的一部。举国上下悲愤之际，都知道东北地旷人稀、资源丰富，对祖国将来的建设极为重要，但只有南开中学才能以扼要的科学知识和大量的统计数字，教导学生加深了解何以东北对祖国是那样重要、神圣。（何炳棣《东北沦陷，印〈东北经济地理〉》，《张伯苓：一人一校一国家》，第236页）

何炳棣在《读史阅世六十年》中，对《东北经济地理》这一教本，有非常高的评价，认为有此一事，南开中学当之无愧地可称为"世界上第一爱国的学校"。下此断语时，他唯一担心的是，都德《最后的一课》里写的那个法国学校若是真的，南开中学表现再优秀，以知名度而论，就不能说第一了。结果呢——

我内心一直不敢绝对地以南开中学作为世界上第一爱国的学校，原因就是《最后的一课》故事的简单而动人，叙述手法的高妙，实在令人感动倾服。迟迟到六七年前我才感到这个故事及其背景有稍事研究的必要。首先一查作者都德的传记就既惊又喜，因他生于1840年，普法战争结束时他已31岁，绝不可能是故事中作第一人称的学童！事实上他从16岁起即长期定居巴黎，壮中年在教育部工作之外从事文学创作。仅仅在英译的都德短篇小说选里，就有四篇背景不同的有关普法战争的故事，内中最成功的就是《最后的一课》。(何炳棣《读史阅世六十年》，第50页)

纵然有这样重要的揭露日本侵略东三省行经、弘扬爱国情怀的举措，说日本军人如何仇恨南开大学，仍有蹈虚之嫌，因为日军轰炸南开，只是为了震慑天津军民的抗日意志，也不是没有可能。然而，下面一件事，就无可辩驳地说明日本人是如何仇视南开大学了。

我在24岁时到南开大学教书。某天早上我正对学生讲班固《汉书·艺文志》的时候，抬头看见张伯苓校长和学校高级职员陪同日本驻天津的总领事吉田茂等五六个日本人来参观。张校长在以前是不认识我的，经教务主任黄子坚说明，才知道我是梁启超先生所推荐来的。随后张氏在校园中看见我，便约往散步，告诉我说那天日本总领事来参观，是因为外传南大开办一个日本问题研究室，由一位留学东瀛的傅先生负责主持，日本总领事放心不下，所以前来借口参观，实为调查。对此，张伯苓很愤慨地说道："日本样样都好，足资我们中国模仿取法，只有一桩事最不好，便是动不动便想欺负中国。"(杨鸿烈《私立学校如南开者，不可多得》，《张伯苓：一人一校一国家》，第252页。)

日军轰炸南开校园的情景，杨肖彭见了，在《我对张伯苓校长与南开学校的回忆》一文中，说了其时看到的情景：

1937年7月29日南开被日军轰炸时，张校长没有在天津，我住在南开同仁里孟琴襄先生的小楼内，看得十分清楚。那天上午伉乃如先生等人到我家，目睹炸弹落到南开大学的木斋图书馆上，顿时浓烟腾空，全楼付之一炬。伉先生说："南大完了！"下午敌机又来轰炸中学部，投炸小学的一枚炸弹落到平地没爆炸，而落在南楼与九间房的那两枚，把我们同仁里的部分玻璃窗都震碎了。沉重的飞机声在天空盘旋了一下午，人们都躲在屋内一筹莫展地等待着。（杨肖彭《复校之志弥坚》，《张伯苓：一人一校一国家》，第250页）

现在该说到学校遭此厄难之际，杨石先当时在哪儿、在做什么了。

应当说张伯苓真是一个有远见的教育家，早在之前的华北危机中，他已看出华北迟早会处于战乱之中，就开始筹划南开迁校事宜。最早做的打算，不是迁南开大学，而是先迁南开中学；或许是后来有了三校合办联大，才专办中学。到1937年春天，便着手实施迁校之事，先看中的地方是成都，最终选定的地方是重庆郊区的一片地。如何运作，很想听听专家意见，于是在学校放暑假前，便将杨石先等三人召去筹划迁校事宜。上过南开大学历史系、后来一个时期专做校史研究的梁吉生有文章谈到这个情况：

他回国后，担任了南开大学理学院院长，他与同仁一起把南开教育推向辉煌。1937年上半年，伯苓校长派绍曾先生等三人赴成都为南开大学选觅新的校址，预做南迁准备。几个月后，他刚回到天津，便经历了日军轰炸南开的劫难。（梁吉生《绍曾先生百龄追思》，《杨石先纪念文集》，第159页）

杨石先一回到天津，就投身应对危机、抢救校产的行动中。

杨光伟的《杨石先传》对此事有详述。

杨石先7月24日从南方赶回天津。7月27日下午，有一辆日本军车满载日寇，自海光寺兵营驶到南开大学校门前停下，从车上跳下十几个日本兵，把校门外悬挂的抗日标语牌用军刀砍下拿走。有个日寇还往南开大学校园内扔下一支枪，然后嗥叫着离去。

当时张伯苓校长正在南京开会。学校里主持工作的只有杨石先和黄钰生两人。他们见日本侵略军来意不善，知道形势危急。时值暑假期间，校内有师生工友一百多人，还有部分教职员工的家属。学校紧急通知，限他们在当晚前离开学校，迁往安全住处。学校把学生疏散走，把家眷搬到了当时的英租界。

学校虽早已迁移，当时还有部分图书、仪器正在装箱，未及迁出，于是开始紧急转移。但是，开始搬运时，驻扎在海光寺的日本兵不让通过，以后只得趁着天没亮搬运东西。从7月24日到29日，共装了百分之九十的东西，但运出去的只不过百分之五六十。（杨光伟《杨石先传》，第35—36页）

7月29日南开遭轰炸的当天，杨石先不在别处，就在校园里。不是他在凌晨听闻轰炸赶去的，是前一晚组织抢运图书仪器，就没有离开校园，凌晨的轰炸也就难以躲避。

7月28日夜间，杨石先和黄钰生带着几位职工留守在学校。29日凌晨1时，南开大学附近的枪声把他们惊醒。拂晓，驻在海光寺的日军开炮了，第一炮打河北省政府，第二炮打南开大学。接着，就是对南开大学的建筑物进行连续炮击。杨石先往海光寺日本兵营打电话，指责他们为什么向南开大学开炮。日寇以李七庄有大股匪徒准备向日军兵营进攻为名，进行诡辩。杨石先看清了日本军国主义分子的狼子野心。为了在校职工的安全，杨石先指挥大家乘学校的运水船撤离学校，驶向学校南面的青龙潭（现在的水上公园）。不料，附近陆地上有几架日本飞机停留，发现有人乘船前来，便起飞进行跟踪监视。为了防止遭到日本飞机的扫射，船上的人不得不分散开，隐蔽在芦苇塘边的稻田里。天亮后，他们返回了学校，又有日军的飞机跟着飞来，在校园上空盘旋。当人们回校后，在检点校舍各处的损失时，飞机上又丢下来一面红旗，海光寺的炮火又重新开始轰击。上午9时，大家商请杨石先先走。杨石先离开学校时，除身上一套单衣和一架照相机，其他财物后来荡然无存。（杨光伟《杨石先传》，第36页）

这里的叙事，大致不错，需要补充的是，杨石先组织在校人员疏散的工作，是和秘书长黄钰生一起进行的，从名分与责任上说，还应当是以黄钰生为主进行的。

上午11时，黄钰生等最后一批人员，也撤离了南开大学校园。据说黄钰生临走时，带了南大各个教室、实验室、仓库的钥匙，到了南京，将这一大串钥匙交到张伯苓校长手里，说了句极为沉痛的话："张校长，学校是没了，钥匙我全给你带来了！"

南大校园里的人员全部撤走后，就看出日本军对南开大学的仇恨了。

当天下午，从海光寺兵营里开来几辆小型的日本坦克，还有载着汽油的卡车；进入校园后，先是抢掠，又用煤油泼进图书馆，随即燃烧起熊熊烈焰。抢劫之后，日军再继以炮轰；炮轰还不够，竟继以纵火焚烧。刹那间南开大学成了一片火海。经过两天的炮轰，整个校园变成了一片焦土。秀山堂、木斋图书馆、学生宿舍全都夷为平地。南开大学有一口大钟，为天津大中寺所赠，重达一万三千斤，钟面刻有金刚经全文，是罕见的历史文物，经此劫难，也不见踪影。据传为日军掠去，送到兵工厂融化之后，做了枪炮子弹。

据说杨石先站在马场道一栋五层高楼上，南开大学里烈火惨景全都看在眼里，心情之悲愤，不难想见。

这一惨案，当时国内各大报纸均有报道。

南京《中央日报》的报道称：

两日来日机在天津投弹，惨炸各处，而全城视线，尤注意于八里台南开大学之烟火。缘日方因二十九日之轰炸，仅及三两处大楼，为全部毁灭计，乃于三十日下午三时许，日方派出骑兵百余名，汽车数辆，满载汽油到处放火，秀山堂、思源堂（以上二大厦均系该校之课堂）、图书馆、教授宿舍及邻近民房，尽在烟火中。烟火十余处，红黑相接，黑白相间，烟火蔽天，翘首观火者，皆嗟叹不已。（《南开大学校史资料选》，第82页，南开大学出版社1989年10月版）

轰炸过后，《申报》发表一则消息，名为《日方发表轰炸天津经过》：

东京三十日午，日外务省发言人接见外国记者，书面发表二十九日空炸天津情形：大意谓，空炸前，日本驻天津总领事曾发表声明谓，中国保安队以市政府、公安局、宁园、八里台等为根据，攻击日租界。日军（应）对急迫舍空炸无他法。又谓，爆炸北宁总局及南开大学，因中国军独立二十六旅以南开大学为根据，三十八师以路局为根据，攻击日租界云。或问空炸前曾通知市民否？答：未得详报……（三十日中央社电）

此消息原载1937年7月31日上海《申报》，转录自天津人民出版社1998年10月出版的《老新闻——民国旧事（1935—1937）》。

这一则消息，至少说明，轰炸南开大学不是一个孤立的事件，天津已处于抗日的前线，南开大学更是前线的前沿。

当晚，黄钰生和少数留守的学生及校工决定离开校园。第二天，有个愤怒的日本指挥官在记者招待会上宣布："今天，我们要摧毁南开大学，这是一个反日基地。中国所有的大学都是反日基地。"

日军暴行，很快引起了全国民众的极度愤慨。著名民主人士黄炎培，曾发表一文，名为《吊南开大学》：

民国二十六年七月二十九日下午，我拥有四十年文化先驱历史的南开大学，竟牺牲于"九一八"撒下的"不抵抗"种子所发荣长养出来的、凶恶的敌方飞机大炮之下。我敢正告敌人，尽管你们的凶狠，能毁灭我有形的南开大学的校舍，而不能毁灭我无形的南开大学所造成的万千青年的抗敌精神，更不能毁灭爱护南开大学的中华全国亿万民众的爱国心理。（原载天津《大公报》，转引自杨光伟《杨石先传》，第37—38页）

事物的前行，往往是多种力量的推动。南开大学由首届只有12名毕业生的小型大学，区区20年间，就发展成为驰名全国的名校，抗战期间又能与清华、北大鼎足而三，其推动的力量也是多方面的。有正当的，有非正当的，也有邪恶的。1937年7月29日惨遭日军轰炸炮击，该是最邪恶的一次。但也因了这次的毁灭性的打击，南开大学浴火重生，受到教育界和全国民众的爱戴，这也才能顺理成章地与清华、北大组成临时大学，先长沙，后昆明，并肩而行，共历艰巨。

第十五章

南 下

南下，不仅仅说离开天津往南边去。这里的南下，包含着去了什么地方，做了什么事情。

对杨石先来说，此番的南下，先去了长沙，参加北大、清华、南开三校组成的长沙临时大学的筹建。不久之后，由于时局的变化，又随校西迁，最后的落脚地是云南的昆明。至此，在长沙组建的临时大学，正式命名为西南联合大学。

此番南下，在《杨石先生平记事》中 1937 年有如下表述：

8月　杨石先与经济学教授方显庭化装成商人到秦皇岛乘外国运煤船，辗转到长沙，参加北京大学、清华大学、南开大学三校联合成立长沙临时大学的筹备工作，任学校课程委员会委员、理工设备设计委员会召集人及国防工作介绍委员会委员，三校化学系合成一个化学系，杨石先为化学系教授会主席（后改称系主任）。

（《杨石先生平记事》，《杨石先纪念文集》，第233页）

南下途中，最有趣的一件事，发生在从天津开往塘沽的火车上。王文俊文中有记述：

> 1937年8月28日，北大、清华、南开在南京筹组长沙临时大学。他与南开经济研究所方显庭教授闻讯辗转南下。在火车上，由于他执意不改寻常装束，化装成商人模样的方显庭一路上像老头子般喃喃抱怨，结果反倒遭到了日军盘查。到了秦皇岛，他们搭上一艘挪威籍运煤船南航厦门，再经陆路到长沙，立即投入临大筹组工作。（王文俊《杨石先光辉的一生》，《杨石先纪念文集》，第27页）

既然抄了原文，就得有所辨正。

筹组临时大学，是个复杂的过程，姑且按下不论，只说杨石先的南下。同行的方显庭，文中说他"像老头子般喃喃抱怨"，给人的印象，以为他比杨石先大了许多。

经查询，方知此人的名字，该写作"方显廷"，浙江宁波人，著名经济学家，1903年生，比杨石先还小了6岁。学历也相当显赫。1921年留美，先入威斯康星大学，后转纽约大学获经济学学士学位。复入耶鲁大学攻读经济学，得博士学位。论起来，跟杨石先是浙江老乡，又是耶鲁大学的校友，虽小几岁，得博士学位比杨石先还早了一两年。何廉离校从政，此后的南开大学经济研究所，可说是方显廷独自支撑着的。

上面的引文中，说他俩搭运煤船，先到厦门，再经陆路到长沙。不知所据为何。而有确凿的文字记载，杨石先是经香港到广州，再到长沙的。事见李卓敏文。

> 我返回广州老家去。他和另一位同事路过广州，特约我见面，邀我

115

同赴长沙，在长沙临时大学任教（西南联大的前身）。不久，西南联大在云南建立；他在昆明；我先在蒙自，越年即迁往昆明。直至1943年我再出国的时候，我们过往的机会增加了，为此我得缘拜晤他的父母和夫人及女儿，使我对他治家为人的认真、事无大小、考虑周详、绝不苟且，有更深的认识。（李卓敏《怀念杨石先先生》，《杨石先纪念文集》，第46页）

这儿的另一位同事，当是方显廷。

去昆明的路还很长，且趁这个空当，说说杨石先耶鲁归来，在南开大学境遇上的变化。

初任理学院院长，前面已说了。

南开是个私立大学，仅仅教学职务上的提升，说明不了，更难以全面说明境遇上的变化。

张伯苓是个有大作为、大境界的人，在用人上有他一套顽固的观念，说得直白点儿，就是要有大本事，还得有大忠诚。

看看他身边的三员大将，就知晓他的用人方略了。

前面已提过，编《东北经济地理》的傅恩龄，河北顺义人，1898年生，1917年南开中学毕业，随后去日本留学，1925年归国后，即来南开大学做事。九一八事变，张伯苓出任东北研究会会长，他因留学日本，精通日本事务，便出任这个研究会的主任干事，成了张校长事实上的秘书。再后来一直是南开大学经济系的教授。

南开大学是在南开中学的基础上发展而来，中学一直是南开的品牌和强项，主持中学全套事务的是中学部主任喻传鉴。喻传鉴，浙江嵊县（今嵊州）人，1888年出生，南开中学第一届学生。1912年考入北京大学法学院，攻读经济学，毕业后回到南开工作，一直主持中学事务。南开中学办得那么好，与此人的严谨治学、一丝不苟不无关系。1936年华北局势危殆，是他奉张校长之命，赴重庆考察选址，办起南开中学分校，初名渝南中学，后改名重庆南开中学。七七事变后，天津局势紧张，又是他，奉张校长之命，回津组织南开员工和家属，从容地撤到重庆，既保障了人员的安全，又扩充了中学的阵容。正因为有这样的安排，杨石先和黄钰生等人，才能一面驻守空校，与敌周旋，一面在危殆时际，又能从容撤退毫发无伤。

不能不提的，该是南开大学秘书长黄钰生。黄钰生是湖北沔阳（今仙桃市）人，1898 年生，字子坚。1915 年天津南开中学毕业，随即考入清华学堂，1919 年毕业后赴美留学，入芝加哥大学，获教育学与心理学双科硕士。1925 年回国即来南开大学任教授，先任文科主任，后任学校秘书长，统管全校行政事务。

这三个人，可说是学校的三根支柱，也可说是张伯苓手下的三员心腹干将。

看出这三员大将的共同点了吗？

不同的地域，不同的大学出身，但是都有一个共同的中学学历——南开中学。以毕业年限说，还都是早期的南开中学（南开学堂）。也就是说，都是嫡亲的张伯苓的门生弟子。

我翻过的资料里，有两三个南开的老学生，都说"南开是个大家庭"，用意主要在，学校待学生之好，如同父母对待子女。但是，是否也隐含着，南开的学校管理，用的是一种"家长制"的模式？

不必回避，我认为是有这个意思的。

这样的管理模式，与化学教授杨石先何干呢？

大有干系。

不要忘了，在杨石先的学历中，未考取清华学堂前，有在南开中学待过两个月的经历。也就是说，他有南开中学学生的经历。中国人讲究"一日为师，终身为父"，不管杨石先在不在意这个经历，张伯苓一旦知道了，就将其视同门生弟子了。

有此经历，亲热些也就行了，对一个留洋回来的教授，又会怎样的青眼有加？

这就要说到南开大学教授的构成了。何廉在他的回忆录里有一句话，我忘了前面说到 1929 年的南开危机时引了没引，权当引了，在这里重复一下，也是强调一下。他在书中说，南开大学的教授，除了文科各系有少数国内学校出来的学者，数理化及矿产各系，全都是美国名校出来的博士生。全都是，杨石先先前不是，后来也是了。

要管理这些人，必须有个能起表率作用的人。

可以想见，自从杨石先放弃去德国做一年研究，如期回国，张伯苓就打上了杨石先的主意，要培养他成为理科教授里的领军人物。

所以选择杨石先作为这样的人物，还与张伯苓的办学理念相关。

南开大学宣称，实行精英教育，培养各行各业的领袖人才。这在北大、清华这类国立大学，心里敢想，嘴上是不敢说的。就是燕京、辅仁之类有教会背景的大学，也不敢如此公开宣扬。南开是私立学校，张校长觉得怎么有号召力，能募到捐款，能招到优秀学生，引来优秀教授，想到了，就敢怎么说出口，不是说出口，而是大喊大叫，让全中国都能听到。

要实施精英教育，选出的这个教授里的领军人物，也必须是科学研究上的高手，能孚众望，能起表率。

杨石先恰好符合这个标准。

博士论文在美国的化学杂志上发表，尽人皆知，就不必说了。关键是回国不几年，又有新的有益于国计民生的成果让人信服。

《杨石先纪念文集》后面附有《杨石先科学论著目录》，"论文与著作"第一篇是他的硕士论文，第二篇是他的博士论文，第三篇是：

杨石先，谢秉仁. 2，3—菲环麻黄素的合成[J]. 中国化学会会志，1937（5）：35.

这样的数字，外行人看不明白，说开了就是，一篇研究麻黄素的论文，刊登在中国化学会的会志刊物上，期数是1937年第5期，页面是第35页起。

这是最后的成果，研制只会在此之前。

麻黄素是什么，这样的论文意义何在，我也说不清楚，幸喜杨光伟《杨石先传》上有文字介绍。

在回国的第二年，他在任教的同时开始进行药物化学方面的研究工作。在私立的学校进行科学研究，不仅教学任务重，缺少助教，就是仪器、设备和化学药品也非常缺乏，经费更是紧张，真是困难重重。但是，杨石先对科学研究充满了信心，寄托着很大的希望。他要在国内艰苦的条件下去开拓一条研究之路。当时，在世界上被气管炎患者视为灵丹妙药的麻黄素，是杨石先在清华的同班同学陈克恢从中药麻黄中提取出来，测定出它的结构后，进行化学合成而生产的。杨石先为了提高麻黄素的药效，研究化学结构与生理活性之间的关系，选择了改变麻黄素结构这一研究课题。开始时只是他一个人利用课外时间搞，九一八事变后，有位叫谢秉仁的东北大学化学系学生流亡到南开大学，在毕业实习中参加了这项研究工作。他们合成了一系列新的化合物，成功地得到了含菲环的麻黄素。这篇论文后来发表在1937年的中国化学会会志上，受到了化学界的好评。（杨光伟《杨石先传》，第33—34页）

看了这段文字，也就知道论文的第二作者谢秉仁是何许人了。

在化学研究上，有这样的成果，杨石先的学术水准是让人钦敬的。美国名校博士，又有这样的学术成就，当理学院院长，该是稀松平常之事，何以硬要说是张伯苓校长如何青眼有加，倚以重托呢？

你说得对，当理学院院长，确实不能算分外的倚重。

你未必做过研究，我也未做过研究，可我看书多，感悟深，像张伯苓这样声威赫赫，又是以"家长观念"治校的大人物，他们倚重的人，不会是正常的职分，而是能"为君分忧，代君行事"的人。给的职分不一定多么显赫，但一定是心腹之人才会委任的差事。像东北研究会这样体现爱国情怀的组织，张伯苓自己出任会长，而让他的秘书傅恩龄当主任干事，就是最典型的处置。该会的事务，张校长不必操心，有傅恩龄主持，什么麻烦事全办得妥妥帖帖。

对在南开中学念过书，又有耶鲁博士名头的杨石先，张伯苓用的也是这种方法。在《杨石先生平记事》里，1934年项下有这样的记载：

4月　20日　《南大副刊》报导，斐陶斐励学会南开大学分会选举张伯苓为会长、杨石先为书记兼会计及出席全国大会代表。

7月　12日　出席在天津召开的斐陶斐励学会第三次全国代表大会。

斐陶斐励学会，是那个时代一个全国性的资助优秀学生完成学业的组织。这样的组织的运作，最符合南开大学精英教育的办学宗旨。让杨石先具体负责此事，等于是为全校师生树立了一个优秀人才的榜样。

这，才是张伯苓校长，对杨石先最大的倚重。

这一点，越到后来，看得越是清楚。

前面一章，在引录《杨石先传》中南开遭炸的文字中，作者在说到杨石先和黄钰生时，常是"杨石先和黄钰生"如何如何。有时明明黄钰生在场，只说杨石先如何如何，初读我生疑，明明黄钰生是学校的秘书长，像这种撤退教职员工的事，有黄钰生一人就办了，用得着一个理学院院长、大教授指手画脚吗？觉得这是作者为了突出杨石先的作用而越俎代庖多此一举。后来我看到此时张伯苓在南京开会，而文中说，"杨石先7月24日从南方赶回天津"，又看到事件平息后，黄钰生等人劝杨石先先行离开，由不得就想到，极有可能是张伯苓在南京正在参加当局召集的会议，不能分身，而天津方面，局势又日趋恶化，张伯苓只有召杨石先到南京，当面叮嘱应对方略，于是才有杨石先衔主帅之命匆匆赶回之举。而事件发展太快，他与黄钰生刚安排完撤退之事，校园大体清空，便遭遇日寇轰炸的暴行。大事已遵主帅之命圆满完成，剩余的事务，自有秘书长等一干行政人员处置，他们劝杨石先快快离开，也就成了情理中事。

杨石先在南开"大家庭"中的地位确定了，接着说南下的事。

长沙原本是清华大学的后撤基地，前一年已在经营中。北大对撤到后方，一直在疑虑中，直到教育部发布组建临时大学的命令，才匆忙应对。南开，按张伯苓的安排，中学已在重庆买地800亩，校舍已落成，情势危急，大学部撤过来即是。教育部发布南开与北大、清华组建临时大学之令，张伯苓应当是又惊又喜，全力配合，自在意料之中。三个大学，三种心态，这从长沙临时大学师生人数多少上，也可看出个大概。

《国立西南联合大学校史》上，对学生与教师的人数，有较为详细的统计，可资参考。

> 截至10月底，全校共有教师148人，其中北大55人，清华73人，南开20人。
>
> 学生之收纳以北大、清华、南开三校学生为主。9月28日第二次常务会议决定，三校旧生于10月18日开始报到，24日截止，25日开学注册选课，11月1日上课。之后，即在京、沪、汉、粤、浙、湘、鲁、豫各地登报公告，同时通过电台广播、私人通信等多种方式传出限期报到的消息，三校学生纷纷来到长沙。沦陷区的学生，更是历尽艰险，想方设法通过封锁线，如期到达。有的地方交通阻断，学生必须步行并自担行李，艰苦之情况可见。截至11月20日，旧生报到者1120人，其中北大342人，清华631人，南开147人。此外，又遵照教育部规定，酌收若干借读生。凡在教育部立案、性质相当，而现已停办之学校，其学生皆可来临大借读，计接纳借读生218人。另北大和清华在武昌联合招收的新生和南开中学毕业后直升大学的新生114人，当时学生总数为1496人。至于因交通梗阻留平或在途未到者，限于11月底到齐。据长沙临大于1938年1月底铅印学生名册，新旧学生共有1500多人。（西南联合大学北京校友会编《国立西南联合大学校史》，第21页，北京大学出版社1996年10月版）

谁都知道，随着武汉、广州的失守，身处长沙的三校临时大学亦岌岌可危，当局又下发命令，三校迁往云南昆明，且正式定名为西南联合大学。三校合组，不设校长，而由三校原校长组成常委会，总理校政。三校常委分别是北大的蒋梦麟、清华的梅贻琦、南开的张伯苓。张伯苓一直住在重庆，经营重庆的南开中学，但有关南开的大事，一切都在他的掌握中。长沙临时大学往昆明迁移的过程中，张伯苓手下的两员大将都起了非同寻常的作用。

一是黄钰生代表校方，全程管理湘黔滇旅行团相关事务。长沙临大西迁，分两路进行，一路乘车船经越南至昆明；另有200多名学生，组成"湘黔滇旅行团"，步行入滇。军事委员会特派中将参议黄师岳担任团长，率部属护送。联大方面，则组织11名参加旅行团的教员，组成辅导团，另由黄钰生、曾昭抡、袁复礼、李继侗组成湘黔滇旅行团指导委员会，由黄钰生任主席，负责日常具体的领导工作。

一是杨石先作为南开的代表，先期入滇，筹划校舍等事宜。当时的决策是，三校各抽一重要干部，先期抵达昆明，为即将开学的西南联大选择校址，建筑校舍。北大派出的是经济学教授秦瓒，清华派出的是建筑学教授王明之，南开则是理学院院长杨石先。如何抵达，如何展开工作，杨光伟《杨石先传》有较为详细的记载。

> 杨石先与北京大学经济学教授秦瓒和清华大学建筑学教授王明之，分别代表三校并文理工三科，先行入滇安排一切有关事宜。当时，由长沙到昆明没有铁路，很多去昆明的人都是从香港坐船到越南海防，再由海防坐火车经河内到昆明，交通十分不便。
>
> 考虑到到昆明后还需要用汽车，杨石先便坐上一辆小轿车，另带两辆卡车载上行李等物资，由长沙出发，翻山越岭，栉风沐雨，在沙土公路上颠簸了十几天。一次，他们的坐车在悬崖边曾一轮悬空，很危险。他们率车横穿湖南、贵州两省，抵达云南昆明。（杨光伟《杨石先传》，第38—39页）

下来接着说，到昆明后，他们立即开始勘察校址，做迎接三校师生的准备工作。

> 昆明市虽然很大，但是要安置三校师生员工还是非常困难的。最后选定，将工学院设在昆明城外西南的拓东路迤西会馆，将理学院和文学院设在与云南大学仅一墙之隔的昆明城北门外。商学院在昆明市周围没

有找到合适的院址，最后设在距昆明市较远、靠近滇越铁路的蒙自。因经费短缺，时间紧迫，只得建以泥坯为墙、稻草做顶的教室。还有一种铁皮顶的教室，夏天泥地长草，雨天铁皮顶叮叮当当地乱响。条件虽然艰苦，设施虽然简陋，但三校师生是怀着光复中华的决心，中兴祖国的大志走到一起来的。清华、北大和南开三校都有自己的传统和特点，在合作中互相交流，互相学习，融为一体。（杨光伟《杨石先传》，第39页）

仍须辨正。这里各学院的分布，简略了些，也混乱了些。有些地方，不能说错，只是时间上提前了许多。既是一部信史，在这些地方，还是信实些好。

这里说，文学院在与云南大学仅一墙之隔的昆明城北门外，这是后来从蒙自迁回的地方，非文学院一到昆明就待着的地方。又说商学院在昆明市周围没有找到合适的地方，最后设在距昆明市较远、靠近滇越铁路的蒙自，也不确。还是看看《国立西南联合大学校史》上是怎么说的。

临大迁昆，改名国立西南联合大学。在昆明租借的校舍仍不敷分配，决定将文、法两学院设在蒙自，成立分校，由两学院院长及两学院教授会推选代表4人组成分校校务委员会，负责分校各项工作，并推定樊际昌为主席，5月4日开始上课。文学院院长胡适仍未到校，请冯友兰代理。这一决定曾引起北大一些教师的议论。他们认为胡适原是北大文学院院长，代他担任院长职务的人选理当从北大教授中遴选。当蒋梦麟常委到蒙自分校举行座谈会时，这一意见在会上提了出来。北大教授钱穆当即严肃地指出……应以大局为重，不宜因院长人选问题影响学校的团结。大家同意了他的看法。10月，胡适出任驻美大使，文学院院长即由冯友兰担任。

1938年8月，蒙自分校结束，文、法学院迁回昆明，在大西门借昆华农校校舍上课。1939年夏，新校舍建成后，迁至新校舍。（《国立西南联合大学校史》，第104页）

　　杨石先等三人走后不久，长沙临大的师生，也开始向昆明转移。分两路前往。前面说了，一路是经香港，渡海到越南海防，再由河内换乘火车去昆明；一路是组成湘黔滇旅行团，全程步行，偶尔坐船，由黄师岳任团长护送到昆明。临大这边带队的是南开大学秘书长黄钰生。1938年4月28日，旅行团抵达昆明时，欢迎的人群里就有杨石先。

　　杨石先等三人，先期到达，所做的勘察校址工作，说起来是一句话，做起来则是两件事。先做的是找下一个地方，有足够的房舍，让师生先安顿下来，还要有宽裕的地面，以便接下来建教学楼，扩充操场。现在最后一批学生也到了，该着做第二件事，建教学楼和学生宿舍了。

　　做大事要请大人物。规划校园，建筑教学楼，他们请的是先期到达昆明的著名建筑学家梁思成。谁去联系的呢？不必甄别，会见梁启超大公子这样的名人，三人该是联袂前往的。营造学社的事，梁思成操持，夫人林徽因该是与闻其事的。

　　感谢这位用笔甚勤的才女，从另一个侧面，为我们留下了杨石先等人筹划校舍时的窘迫与无奈。

　　梁、林夫妇设计联大教学楼的事，在我的《碧海蓝天林徽因》一文中，有概括的叙述。文中还引用了《西南联大纪实》一书中的一段话："夫妇俩花了一个月时间，拿出了第一套方案，一个中国第一流的现代化的大学赫然纸上。然而设计方案很快否定了，理由是西南联大拿不出那么多的经费建造一所中国一流的高等学府。此后两个月，梁思成夫妇把设计方案改了一稿又一稿，高楼变成了矮楼，矮楼变成了平房，砖墙变成了土墙，几乎每改一稿，林徽因都要落一次泪。"

　　有一件往事，可以印证杨石先曾参加过西南联大校园的建设，且对其有很深的情感。

　　王文俊《杨石先光辉的一生》文中说，1982年，杨石先以望九之年重访故地。在昆明，那么多已近退休年龄的联大校友簇拥在他的身边，兴奋地回忆说："记得注册那天，杨先生一一指点我们如何选好课。"置身于西南联大旧址——昆明师范学院（现为云南师范大学）校园，使杨石先感到惊异的是，他已无法寻找留在记忆中的昔日生活痕迹。当来到一椽茅舍前，他许久打量着这唯一保留下来的以泥坯为墙、稻草为顶的联大教室，风趣地说："记得当时还有一种铁皮顶的教室。夏天泥地上长草，雨天铁皮顶奏乐，讲课要大声喊叫才行。"

以情理推测，杨石先该是身临其境，回想起在这样的教室里上课，才会发出这样的感慨。再一个缘由，只能是他老人家说这话，定然想到他参与规划联大校园时，因经费支绌，怎样由高楼改为矮楼，又改为平房，平房怎样由砖墙改为土墙的曲折过程。

在西南联大建校初期，作为早期的规划者，杨石先还随郑天挺一起筹建了蒙自分校，将文、法学院迁了过去。（事见《郑天挺西南联大日记》，中华书局 2018 年 1 月版）

前面引用的文学院的情况里，多引了几句，就是胡适没有到任，由清华大学文学院教授冯友兰代理院长一事，竟在北大教授中引起不满的议论。于此可知，在三校的联合上，不是那么平平稳稳、无风无浪的。这里说了郑天挺与杨石先一起赴蒙自，筹建蒙自分校，一则可知此事重大，非郑天挺一人可以独自完成；再则可知杨石先在南开、在联大的地位，仍在不断攀升中。张伯苓受命为联大三常委之一，本当坐镇昆明，事实上，张伯苓的心思全放在重庆南开中学的经营上。但他又是个事事在心的人，联大这边，并不放手，而是全部交给他的三个心腹之人代为办理。这三个人，依次是黄钰生、陈序经和杨石先。起初的职务，黄、陈在杨石先之上，黄、陈均为院长一级的人物，杨石先好几年了，一直是联大化学系主任。从他与郑天挺一起前往蒙自，筹办文、法学院，可知他已然到了代校方行事的份儿上了。

杨石先初来昆明，及西南联大初迁昆明的境况，由杨石先回复老友李书田一函，可见详情。起因是李书田在西北联合大学，正在为工学院招聘英文教授，且须是留学英美者，知杨石先交友广且有识人之明，便致书求助。是老朋友，杨石先在介绍两位候选人的同时，也把他们初到昆明的境况诉说了一番。李书田，字耕砚，大致他们都是什么"社"的朋友，抬头便写作"耕砚社兄大鉴"。信的全文如下：

顷奉五月二十一日手书欣悉。前闻贵校由西安迁汉中时颇受辛苦，颇以为念。前晤令兄，问以消息，亦未悉，为言外间颇有谣言，说贵校已迁川者。西南联大迁滇，因无适当校舍，将文、法学院暂留蒙自，理学院则借用昆华师范学校及工业学校之一部，在昆明城外西北方。工学院则租用全蜀会馆及迤西会馆之全部，在城外东南方。食品用品，则于同人过港或返沪时购得一部分，其他则已分头向国外订购。惟因外汇暴涨，美金已合五元七八，英镑26.7元，购买力大减。现惟清华存津（已移川再运滇）及南开存津之小部分仪器书籍得以运抵此间，则一切尚可备普通大学之规模。校舍建筑决计在昆明郊外，今秋拟动工，一年后希望能完成。人事方面无大更动，惟由平津来者仍络绎不绝，尤以家眷及学生为多，人数仍在1000左右，而各地来函请求入学者甚多。惟因限于宿舍及课室设备一时无法收容，暑假后或酌收五六百人。理工研究工作决与滇省建设厅合作，在暑期内当组织各项调查团分往各地，然后再拟具体办法。永利办事处拟移往香港，设于□□旅馆内，赵文珉、林文彪前本在湖南湘潭为永利规划某项工厂，现闻已放弃此项工作计划，或已入川至重庆或自流井（黄海在重庆、永利前曾有在自流井设厂计划）。赵文珉君系清华大学毕业后往英国深造，专攻煤气及焦炭之制造；林文彪君南开大学矿科毕业，在美国多年，专攻橡胶（化学工程机械工程）等（得有本西文尼亚大学博士），其通讯处可由迁渝之南大应用化学研究所转。匆书即请教安。

落款为"弟杨石先上，六月十四日"。此信选自《西北联合大学档案资料选编》，张在军先生提供。

文中所说永利、黄海，均为天津企业家范旭东所创办的化工厂的厂名。

第十六章

教　书

建校初期的忙乱，很快就过去了。

学生安顿下来是学习，教授安顿下来是教书。

西南联大的体制，像个套盒。大盒子是西南联大，里面还套着许多小盒子。三个学校，各有各的文学院，上面还有个联大文学院。就是学生，有的是联大的学生，有的还是各自学校的学生。这样一来，教授的职责也有了不小的变化，在名教授身上体现得更明显些。比如杨石先，仍是南开大学化学系的主任、理学院的院长，同时还是联大化学系的主任，而联大理学院的院长则另有其人。

当此国难，要的是祛除私怨，精诚合作。

杨先生确实做到了。

杨光伟《杨石先传》上记载着这样一件事。

　　当时工学院设在昆明城外西南拓东路的迤西会馆，理学院设在城北门外，两个学院之间约有5公里之遥，没有交通工具，只能徒步，往返需要很长时间。住在理学院的化学系教师每周去工学院教四节化学课，要用去四个半天，如果做实验就不止这些了，因此许多教授不愿去工学院上课，而叫助教去教，学生们很有意见。杨石先看到这种情况，自己带头去工学院讲课。大家见主任亲自上课，张青莲等很多中年教授都抢着去接班，去工学院上课的问题很容易地解决了。大家都很敬佩杨石先这种以身作则的精神。（杨光伟《杨石先传》，第40—41页）

接班者，其时之教学术语也，意谓接下一个班的教学课时。

担任联大化学系主任，总有一些事务要处理，杨石先的安排是每天上午到办公室处理完事务后，便参加教学工作。至于时间如何调配，想来自有一套办法。

他不光讲有机化学、药物化学等高年级课程，还给低年级学生讲基础课。后来，黄钰生出任联大师范学院的院长，他又受聘担任了师院化学系的主任，还忙里偷闲，针对师院化学系的教学特点，编了一套《普通化学讲义》。

后来成了著名化学家的唐敖庆，当时是西南联大高年级的学生，对杨石先的讲课印象甚深。

那时我在西南联大化学系读书，毕业后留校任助教。石先师长教过我高等有机化学。我和我的同班同学都很爱听他的课。他的课备课认真，内容丰富，讲解清晰，富有启发性。从他的讲课中我们深受教益。当时教师分属北大、清华和南开三校。石先师长律己严，待人宽，以身作则，团结全系师生，努力办学，给我们留下了深刻的印象。（唐敖庆《我所敬重的师长》，《杨石先纪念文集》，第47页）

很想在这里插入一段杨先生授课时的具象叙事，翻遍了《杨石先纪念文集》里的文章，一篇也没有，一段也没有。想来杨光伟写《杨石先传》时，也跟我有相同的念头，他的办法是，将杨石先的一篇旧讲义与新中国成立后他的一篇文章糅合在一起，以说明杨石先讲课的生动与深刻。既已入传，也就可视为实有。虽说长了点儿，还是抄录下来为是。前面有句导语：他能把复杂抽象的化学课像讲故事那样讲给学生，引起学生的学习兴趣，给学生留下深刻的印象。如在讲有机化学时，结合芳香族化合物讲了煤的综合利用和对一个国家的经济发展所产生的影响。

1812年英国开始利用副产炉炼焦，将气体和液体收回作为炼焦的副产品。气体即是煤气，英国当时供给街道照明用，后来逐渐推广为家庭和工厂的燃料。液体为煤焦油，当时是一种废品，没有用途。英国煤气工厂对于煤焦油的处理感到十分苦恼，因为它是一种又黏又黑，气味很大，具有毒性而又容易着火的半流体，不能随便抛弃，否则会到处受到群众和公安机关的指责。最后只好将它运出港外投入海中。到19世纪50年代，德国基森大学一位青年化学讲师霍夫曼受英国政府的延聘，在伦敦皇家化学院讲学。他立即进行了煤焦油的研究工作。他的英国学生白尔金在从煤焦油内取得物质来合成金鸡纳霜的尝试中，无意地获得了一种紫色的染料。数年后霍夫曼被德国召回柏林任教，他将煤焦油的研究工作在德国大规模地开展起来。1868年德国化学家葛雷伯和李伯门找出了天然染料"火鸡红"的化学分子结构，又从而进行以煤焦油产品——蒽合成这种染料。英国白尔金同时也进行这项研究，与葛李二氏不谋而合，采取同样的方法将其制成，但至专利局登记时，发现迟了一日，专利权已为葛李二氏捷足先得矣。这一发明为德国带来了每年800万美元的收入，使许多欧洲国家历来栽培茜草的都不得不改种其他作物了。（转引自杨光伟《杨石先传》，第42页）

下面还有一个故事，也是讲煤焦油的。传上仍是摘引，长了，我们还是撮述为佳。尽量保持原文的口气就是。

课堂上，杨石先说，他再讲一个从煤焦油提取苯、萘等物质，从而制造蓝靛的故事。

蓝靛是中国人过去最喜用的染料，它是从靛草得来的，中国曾栽培过，但原产于印度。在1897年的时候，印度蓝靛的产量约为550万吨，产值为1800万美元左右，栽培面积达184万亩，几乎全部出口，所以在国家税收上是个大宗。但是在后来十七年中间发生了极大的变化，印度出口的蓝靛价值，贬落到30万美元，使农户和千百个蓝靛加工工厂都不得不改业，国家财政遭受到不可弥补的损失。而德国由输入蓝靛值500万美元，发展成为输出蓝靛值12600万美元。这个巨大变化的原因，只是由于德国化学家拜尔找出了它的分子结构，然后再从苯、萘等原料进行合成。但他的工作仍未完毕，因为合成方法的费用高，经济上不合算，必须再设法来降低。拜尔和他的同事们先后完成三种方法，使蓝靛的成本降到每磅十几美分（原来每磅售价4美元）。如此一来，使世界上最低廉的劳动力都无法与之竞争。同时产品的纯度是百分之百，而天然蓝靛则含有少量其他两种结构相似的杂质色素，一红一黄，三者之间没有固定的比例，因靛草的品种和产地而不同，那么在实际使用的时候，就会发生颜色前后不一致的现象。用合成的蓝靛就不会有这一困难。拜尔前后用了二十多年的时间，花去500万美元的研究费用，但为德国壮大了新生的合成染料工业，并奠定了全部有机合成工业的基础，所付出的代价还是很少的。这一生动的例子，教育了世界上许多国家的科学家、工商业者和行政领导。（杨光伟《杨石先传》，第42—43页）

这样的事例，多半会在新生入学最初的课上讲到，可以想见听了这样的事例，学化学的同学们会怎样的激动，怎样坚定了学好化学为国争光的壮志雄心。

申泮文在回忆文章里，曾说到杨石先讲课的情景，还有同学们对杨石先讲课的评论。

我读到化学系四年级时，系里开了高等有机化学选课，由曾昭抡、钱思亮、朱汝华和杨石先四位名教授分头主讲，各讲授自己专长的专题，每人一个学期，两年开完一轮。我限于时间只能听其中的一半，听了朱汝华教授讲授的甾体与激素化学专题和石先师的植物碱与天然产物专题。

石先师在这门高年级选课中更突出地显示出他的精湛学识和高超讲课才能。我深深地记得，在讲植物碱的结构判定工作中，因那时还没有今日测定物质结构的精密物理仪器手段，石先师讲授中外有机化学家如何运用分解与合成两个方面的化学手段，巧妙地确定了植物碱的精细结构，并最后如何用全合成的方法人工制得了天然产物的复制品，讲得由近及远，由此及彼，一气呵成，极为精彩，引人入胜。学生在课堂上的思想，追随着石先师的讲述路线前进，被引入化学科学大厦，如享美餐，陶醉在化学知识的海洋中。下得课来，同学们舍不得离开课堂，三三两两，在议论、在赞美，我记得我的同班同学、北大的唐敖庆就是最热衷于在课后盛赞石先师讲课精湛的一人。（申泮文《缅怀恩师，自强不息》，《杨石先纪念文集》，第81—82页）

李正名在他的怀念文章里，说到两个海外华人科学家对杨石先的评价，颇能说明杨石先在西南联大时期的声望之高。

杨老德高望重，在我国学术界享有崇高的声誉，是我国化学界受人尊敬的老前辈。即使在远隔重洋的美国，不时也能听到一些美籍华人对我国的著名教育家、化学家杨石先教授的热情赞扬。例如在美国医学研究中心举行的一次报告会上，遇见一位头发灰白的老化学家蔡麟博士，当他知道我来自南开大学时，就情不自禁地谈起杨老在西南联大时对学生的谆谆诱导、严格要求的一些往事，并一定要我向杨老转致亲切的问候。著名的物理学家任之恭教授在追忆当年创建西南联大过程中所遇到的种种艰难，详细地叙述了杨老任劳任怨、艰苦卓绝地为中华民族培养未来科技人才的动人情景。任教授还对我说过：杨石先先生是他一生中最为佩服的有数几个学者之一。杨老在工作中的光明磊落，谦虚谨慎，办事公正，遵法守纪的言行经常为全校师生所传诵。（李正名《杨老的教诲永记心头》，《杨石先纪念文集》，第90—91页）

杨石先讲课的名气太大了，连其时在联大物理系上学，后来得了诺贝尔奖的杨振宁都选过杨石先的高等化学课。有这层关系又心存敬仰，1978年杨振宁回国到了天津，特意去南开大学拜访了杨石先。《杨石先纪念文集》前面的图录中，有杨石先与杨振宁在南开大学校门前的合影。

知识渊博，讲述生动，只是杨教授讲课的一个重要特征。在对待学生的学习上，他还有一个同样重要的特征，那就是严厉，一丝不苟。

"中国航空发动机之父"吴大观先生，写有怀念杨石先的文章，名为《装三根火柴的火柴盒——怀念化学教师杨石先教授》。这位吴先生，不光学术成就高，也是个写文章的高手。全文主要写的只有一件事，且是自己做错了，受到杨石先严厉批评的一件事。只在文章的最后一段，自责之后，表达了对杨石先的感激与怀念。

这样的悼念文章是典范之作，值得推广与提倡，因此在这里我将吴大观的文章全文誊录。

晚上，我听外孙女给我念她的课文——《七根火柴》："那红红的党证里，端端正正地装着七根火柴……""装着七根火柴"，我听着这熟悉的词句，使我回忆起1938年在西南联大学习的一件事，瞬时充满我的头脑。那清晰的杨石先教授的庄严形象，也出现在我的眼前。

那时我刚刚从长沙到昆明踏进西南联大的校门，由于全国抗日战争烽火方炽，学校在那种情况下，开始教学，穷困的日子是难以想象的。不用说同学们生活艰苦吃饭难，就连那日常必需品——寸把长的几根火柴，也是十分珍贵的。

二年级第一学期上化学实验课，课堂上每两位同学为一组，火柴盒里仅给装三根火柴，实验做完以后，按规定要把火柴盒连同借用的仪器一起还回去。我在一次实验课上，做完实验以后拿起火柴盒摇了一摇，三根火柴已经用完，便将空盒毫不介意地顺手丢到靠门的垃圾堆里去。当实验保管员追查我火柴盒为什么没有归还时，我却回答说："一个破火柴盒还要它干吗！"

　　第二天下午，化学老师（化学系主任）杨石先教授把我叫到办公室。我走进屋子，一眼就看到那桌上放着那个火柴盒。哎呀！糟了，我心里一怔，知道坏事了，没有办法，只好挨训吧。说实在的，我还是第一次在大学里受老师的训斥。

　　杨先生真的生气了，他紧锁眉头，眼睛冒火，毫不原谅地指责我不知国家在抗日战争中的困难，办学不易。他一口气跟我讲了许多做人的道理，大多我已记不清。但是，有一句话，我却记得非常清楚，杨老师批评我说："你耍什么大爷脾气，我要停止你的化学实验……"老实说我那时并不懂得"大爷脾气"的含意。我心慌了，只是低头承认自己的错误。

　　是呀！耍什么大爷脾气，在抗日战争的那个艰苦岁月里，一根火柴都十分珍贵，何况一个空火柴盒？正是杨石先老师，他教育我如何爱惜公物，如何勤俭节约，如何过穷日子、苦日子。就从这个小小的火柴盒中，我悟出了一个当代中国人生活的真谛，使我在大学毕业后50年为祖国的航空事业工作和学习中，牢牢记住。这空火柴盒给我的教育和启迪，真是令我受益匪浅。现在来回忆起在昆明西南联大的一段学生生活，我要衷心感谢在大学里教过我的老师们，他们既教书又育人，同时，我也从心中涌起几丝对杨石先教授的怀念，几丝对杨老师的敬仰。（吴大观《装三根火柴的火柴盒——怀念化学教师杨石先教授》，《杨石先纪念文集》，第118—119页）

　　从措辞上能看出，杨石先只是他的代课老师，他不是化学系的学生。查了一下，果然吴大观在西南联大先读的是机械系，后转到航空系，都属于工学院。这也可证明，杨石先确是从设在昆明城北门外的理学院，几乎是穿过全城，前往设在城外西南的拓东路的迤西会馆，去给工学院的学生上化学实验课。

　　对杨石先教书之严，好些学生在回忆中都曾提及，不再一一列举，或许是太严了，有的学生和助教背后叫他"杨阎王"。

第十七章

"杨阎王"的另一面（上）

○○

"杨阎王"这个绰号，众多学生的怀念文章中，无人提及。就是真的说过的人，谁愿意在老师百年之后说这样的话呢？

是他的女儿杨耆荪女士在《追忆父亲》一文中说到的。原话前面似曾引用过，这里不妨温习一下：

> 父亲是内向的，从不说废话。但处事仔细，考虑周密，公正无私，绝不苟且马虎。严肃少笑，事事认真。在联大时学生和助教背后戏称他作"杨阎王"。（杨耆荪《追忆父亲》，《杨石先纪念文集》，第207页）

这说法，要么是她偶然听到的，或是跟母亲聊天时，母亲当笑话说给她的。

同样的意思，学生辈的人说起来要委婉得多。

申泮文的怀念文章里说了一件趣事，意在冲淡杨石先威严的形象，任谁看了，仍会觉得这是一个令人敬畏的严师。

　　石先师平时表情严肃，不苟言笑，所以学生在尊敬之余，都有些心怀畏惧，不敢轻易接近他。记得有一次在一年级上普通化学实验课，我们正做滴定实验，同学孙毓驯在用移液管吸取稀盐酸标准溶液。恰好此时石先师步入实验室巡视学生做实验情况，走到孙毓驯身旁，孙毓驯一紧张，一下子吸空，把盐酸吸入口中呛入喉咙。这应算是违反了操作规程，他心情更加紧张恐惧，手足失措。石先师看到这种尴尬局面，便莞尔一笑，说："吃一点稀盐酸到胃里没有什么害处，倒是可以帮助消化呢。"我们大家都笑了，局面转为活跃，解除了大家的紧张情绪。实际上石先师是平易近人的，很愿意与学生们交谈，只是他的严肃表情起了障碍作用。与老同学们谈起，大家都说怕他，到了我们都已老年仍然如此，所以我们把石先师看作一位敬畏的严师，但对他我们是永怀尊敬与热爱的。（申泮文《缅怀恩师，自强不息》，《杨石先纪念文集》，第78页）

　　"一位（令人）敬畏的严师"，亲切点，背后叫作"杨阎王"，至少没有逻辑上的错误。

　　女儿的文章里说，戏称其父为"杨阎王"的，有学生也有助教。接下来，我们要探究的是，杨石先对学生和助教除了一贯的威严、偶尔的风趣，还有什么别的表现。

　　且将这"别的表现"称为"'杨阎王'的另一面"。

　　考虑到这一部分内容多，又庞杂，且将之分为两章，一章为上，一章为下。为上的谈对助教，为下的谈对学生。

　　且看除了威严之外，他是怎么对待助教的。

　　对助教之好，还未来昆明，在天津南开即有一例。

　　我国著名的植物生理学家殷宏章教授，1925年到南开大学生物系读书。当时生物系的课程不多，而且化学又是生物系的基础课，因此殷宏章把化学作为主课来学习，那时他就与杨石先建立了深厚的师生之谊。1929年，殷宏章大学毕业，被留在学校做助教。殷宏章性情耿直，对学校提出了许多尖锐的批评意见，因而得罪了张伯苓校长。殷宏章在生物和化学等方面的基础很扎实，很有发展前途。杨石先见他做了三四年的助教，而学校又不可能送他出国深造，很是惋惜。于是杨石先就向殷宏章提出，要他去报考清华大学的研究生，清华大学每年都有许多出国名额，将来可以争取出国深造。殷宏章按照杨石先的建议，于1933年考取了北京清华大学的研究生，后来被选送到美国留学。1937年，殷宏章在美国加州大学获得了博士学位。（杨光伟《杨石先传》，第54页）

到了昆明，在西南联大，每听到选送研究生出国考试的消息，杨石先总是鼓励自己的助教，还有系里的青年教师，大胆参加考试，力争录取后出国深造。

蒋明谦在昆明时，是化学系的青年教师，后来成了我国著名的化学家。他的经历最能看出杨石先对年轻人的关心。

1935年北京大学化学系毕业后，蒋明谦留校做了北大化学系的助教，不久提升为讲师，到了昆明，就是联大化学系的青年教师了。看出蒋明谦有才学，作为系主任的杨石先对他很是关心。

还是看蒋明谦的自述吧。

1941年初，我考取了清华第五届公费留美生，学校指定了国内导师三人负责指导，其中一人就是杨先生。我给三位导师写信，只得到杨先生的回信，而且是十多页的长信。他非常认真、详细地对选择学校、导师、课程，甚至行装、旅途以及国外礼节等做了详尽的指导。这对我在留美期间每个阶段都能顺利地完成学习计划，起了决定性作用。其中最重要的是对我学习方面的指导，教我先到规模较小的大学学习一年，然后再到规模宏大的著名大学学习两年。杨先生说：先到较小的大学，接触导师的机会多，便于学好英文，熟悉美国大学教育风尚，打好深造的基础，但是这个阶段不能太长；然后必须到一所规模宏大的大学学习，那里著名的教授多，学术水平高，接触的人多，可以开阔眼界，对于提高业务水平很有帮助；如长期停留在比较小的大学，接触的人有限，眼光也受到限制，难于了解学术发展趋势及当代科学发展的主流。杨先生这种指导不仅在20世纪40年代，就是现在也是非常必要，而且是很有教益的。（蒋明谦《杨石先师为我指明进学之路》，《杨石先纪念文集》，第52页）

这些，只是概括的指点，最令蒋明谦感动的是，对选什么学校，跟什么导师，杨先生在长信中都有具体的点拨。

蒋明谦在怀念文章里说，杨先生将他在美国的学习分为两个阶段来安排。

前一阶段的学习，杨先生为他指定了两所大学：一是到马里兰大学药学院，跟哈同（W.H.Hantung）教授学习药物化学，二是到密西根大学药学院，跟布利克（F.F.Blicke）教授学习。可二选一，实则杨先生更倾向于他去马里兰大学师从哈同教授。他赞扬哈同教授是年轻有为的药物化学家，信上说："你能认识这样的人必将会获益匪浅。"

对第二阶段的学习，杨先生指定他到伊利诺伊大学化学系跟阿丹姆斯（R.Adams）教授学习。杨先生说："他无疑是当代美国化学界的泰斗，跟他学习必然大大地开阔眼界。"

蒋明谦说他到了美国之后，完全遵照杨先生的指示，先到哈同教授处学习药物化学。哈同教授学识渊博精湛，亲自动手做实验，每天都到实验室来指导他这个中国学生。哈同教授主张药物化学应以分子结构与药理作用的关系为中心内容，并主张化学家必须懂得药理学。这一指导思想对蒋明谦很有启发，他回国后在北京医学院讲授高等药物化学，就是以这种指导思想为基础的。后来去了伊利诺伊大学，在阿丹姆斯教授指导下学习有机化学，这位教授经常对他讲，必须把化学作为整体来看待，这对蒋明谦有很深的影响。当时他对伊利诺伊的传统——着重区别合成与非合成方法，辨别基团反应次序，注重特例与例外的主张——起初格格不入，但后来了解了这种教学方法的优越性，对阿丹姆斯创导的有机合成及有机反应两大丛书的指导思想有了新的认识。这使他在伊利诺伊大学学习时，对基团电负性发生了兴趣，启发他后来提出诱导效应指数。

可以说，蒋明谦能在国外学习期间，在化学研究上取得重大成果，杨石先悉心的指导起了不小的作用。

从对蒋明谦的指导上也能看出，1931 年回国，已经十年过去了，而杨石先对国外化学研究的进展、高等人才的分布，仍然烂熟于心，如数家珍。只有随时关注这一科学的前沿状况，才能给年轻人这样具体而准确的指点。这是一个大学者必须具备的品质和眼光。

抗战胜利后回到天津，一直在南开大学执教，成为名教授的何炳林，战时在昆明的联大，曾任杨石先的助教。他与其妻陈茹玉合写的怀念文章里，说了他去外地办事，临行杨石先殷殷叮嘱的情景：

> 炳林在化学系任助教时，当过一年多办公室秘书，协助老师处理系务和往来文牍，他从不下命令，要炳林办什么事情，一般只提要求，交代一些原则，至于具体如何办，由承办者自己决定，以发挥承办者的主观能动性，所以，炳林觉得在老师领导下工作，总是心情舒畅，能够开动脑筋想问题，敢于大胆负责。这种锻炼，对炳林后来担任领导工作，大有帮助。往事如烟，而老师的恩泽，我们终生难忘。为了搞中草药的研究，有一次炳林要到云南下关去弄一种医治疟疾的中草药——常山。那年月，行旅艰难，路上很不安全，土匪很多，老师十分关注一切准备情况。临行前又找炳林谈话，不仅就安全等问题娓娓叮咛，而且连车子也联系妥当，使炳林深受感动。（何炳林、陈茹玉《对先师杨石先的怀念》，《杨石先纪念文集》，第70页）

人生无常，并非得到杨石先关爱的助教，后来在事业上都有大的成就。关爱是仁慈，更是理解。钱华年曾在联大化学系学习四年，学习成绩甚佳。尚未毕业，杨石先就为她预留了化学系助教的位置。在怀念文章里她说到的一件事，更能见出杨石先儒雅慈爱的品质。

> 1942年夏末，我决定同化学系同学殷一明结婚，我鼓足了勇气，去请求杨先生两件事：一是请代表我的家长送我进教堂；另一是我将辞去助教职位，跟殷一明参加在昆明郊外的资源委员会化工厂工作，他都答应了。我明知他对我失望了，而他一点也没有露出他的感情来，并且在我们的结婚仪式上，增添了光辉，这些都是我毕生不能忘记的事。（钱华年《追忆杨石先先生》，《杨石先纪念文集》，第50页）

曾当过杨石先助教的陈汝馀，在写的一篇文章，提供的一组数字，最能说明杨石先对青年教师的关心。通过这篇文章，也能窥知杨先生的工作方式。否则，我们会想，担负那么多的职务，还要正常上课，如何应付得过来。大胸襟的人，往往有大智慧，寻常人犯愁的事，在他那儿不过是四个字，应付裕如也。

陈汝馀说，他是1940年接替姚玉林学兄应聘到昆明西南联大（南开加聘）担任杨石先的助教职务的。那时候化学系在昆华北院附近一带的简陋平房里。石先师曾任西南联大教务长、理学院院长及化学系主任，工作比较忙。化学系的日常行政工作，他基本上交给张为申先生和陈汝馀负责办理。他只抓重大决策及他所担任的教课任务。石先师的特点是一身正气，满腔热情，办事民主，肯放手让大家大胆工作，善于调动大家的积极性。石先师这样放手，陈汝馀和张为申两人就少了负担，按照石先师的原则指示，进行具体的工作。当时，西南联大化学系除石先师外，还有高崇熙、黄子卿、张青莲、邱宗岳、曾昭抡、朱汝华、苏国桢等著名化学、化工教授。助教层有张为申、陈光旭、高振衡、曹本熹、刘维勤、唐敖庆、钱人元、陆迪利、沈淑英、陈天池和陈汝馀等人。在那兵荒马乱、生活艰苦、思想苦闷的年代，石先师对大家在生活上关心照顾，同甘共苦；在工作上民主协商，求同存异，敬业互助。他以身作则，把大家团结成亲密无间、虽苦仍乐的坚强集体，人人愉快地工作，共同顺利而出色地完成全系的教学任务。杨石先还鼓励他们在做好教学工作之余，努力进修业务，争取将来出国深造。

上面这一段话是空疏了些，好在作者笔端带着感情，能让人感到他对杨石先其人是真的敬仰、真的佩服。下面说到具体的事，还是抄录原文为佳。

> 1942年秋天，当时的"教育部"公开招考留英公费研究生。我们化学系就有曹本熹、陆迪利和我3人在石先师的鼓励下报名应试。后来发榜共录取8名。其中经济学科1名，由西南联大经济系助教张自存夺冠录取。此外工程技术7个学科各录取1名计7名，除电机学科由上海交通大学毕业生孟庆元夺冠录取外，其余6名由西南联大理、工两学院助教全部囊括。曹本熹、陆迪利和我都被录取了。8名之中西南联大占了7名，化学系独占3名，足见当时西南联大学习风气之浓盛，由此可见在石先师领导下培育青年的卓越成效。（陈汝馀《永远的怀念》，《杨石先纪念文集》，第120—121页）

唐敖庆毕业后留校做了助教。在怀念文章里，说了杨石先对他生活上的关心。

> 石先师长不仅关心我们青年教师在业务和品德上的成长，也很关心我们的生活。1943年，我的爱人从家乡到昆明与我结婚。当时我们的生活很困难。石先师长知道后，先是介绍我当家庭教师，后来又介绍我到中学兼课。通过这些额外收入，免除了我一家的饥馁。石先师长不仅对我如此，对所有青年教师都是这样关怀备至。（唐敖庆《我所敬重的师长》，《杨石先纪念文集》，第47页）

王积涛的事例，更典型些。他是从已然沦陷的上海，辗转数千里来到昆明，成为杨石先的学生的，毕业后留校当助教，又经杨石先指导，考取留美公费生。可惜的是，他的叙事，在他已经很清晰了，在我们看来，还是太简略了。

　　记得57年前（1939年）……我从上海辗转前往昆明西南联合大学化学系插班，入学的第一天，在化学系办公室见到了系主任杨石先先生。他一见我就特别热情，详细地问我是从哪里转过来的，学过什么课程，当他知道我曾在"国立中央大学学过农科一年，东吴大学学过化学一年"，他连连点头说："你的英文基础和化学基础不错，可以插入联大化学系二年级。"他同时告诉我，他以前也学过农科，学一些生物学知识对化学的学习有好处。第一天他给我的印象，就像是可亲的师长。（王积涛《纪念杨石先老师百岁诞辰》，《杨石先纪念文集》，第87页）

　　文中，王积涛说，杨先生在讲高等有机化学、药物化学时，有时还介绍一些政治和历史知识。其时正是抗战期间，杨先生曾讲过，一个国家如没有科学技术就会受到帝国主义的欺侮，例如德国的药物研究，当时发明了"606"和"914"，曾作为治疗梅毒的特效药物，对世界上流行病起了抑制作用，但是也帮德国帝国主义在亚非地区扩张了势力。非洲地方流行一种睡眠症（由蚊虫叮咬传染的），除了德国保密的一种药物可治之外，其他国家都无法医治，德国利用这一先进技术到非洲去抢占市场甚至扩充政治势力。西方国家的科学技术不仅是造福于本国人民的工具，也是侵略别国的资本。他的这一思想和教导，对我们树立好好学习、救亡图存的思想，是起了激励作用的。

　　王积涛最感动的是杨先生留他在西南联大当助教，最终他赴美留学，在美期间杨先生仍给他帮助。

　　毕业后杨先生留我在西南联大当助教，帮他辅导药物化学课，并加入他研究抗疟疾药物的研究组。杨先生的爱国民主情，全部倾注于他的教学科研之中。我跟他在当时简陋的实验室里，做了几年的药物研究工作，深深地为他结合实际、寻找中国传统草药有效成分的努力所感动。1945年我被录取为留美公费生，学习药物化学，杨先生就是我的留美学习导师，他帮我选择美国学校，选修研究生课程，后来他到了美国，还亲自过问我的学习情况。在我获得博士学位后，他还介绍我到美国礼来药厂去找药理研究室主任——他的清华老同学陈克恢先生，安排我在那里实习药理研究。他对我的关心和培养，我永远忘不了。（王积涛《纪念杨石先老师百岁诞辰》，《杨石先纪念文集》，第88页）

一个人学业优秀，又有这样的老师帮衬，想没出息都难。

杨石先对青年教师的关爱与帮助有口皆碑，王积涛的文章里，有一段文字将杨石先的这一品德做了概括。

杨先生对学生的厚爱并不仅仅倾注于我一人身上，在抗日战争期间，他本人生活虽很清贫，还不时接济一些贫困的青年学生，凡是在联大学习过的学生，如唐敖庆、申泮文、陈天池等都异口同声称赞杨先生的爱才恩德。（王积涛《纪念杨石先老师百岁诞辰》，《杨石先纪念文集》，第88页）

第十八章

"杨阎王"的另一面（下）

这一章说对学生的。

前一章说到的要辞助教的钱华年，任教前是联大化学系的学生，更早则是天津南开女中的学生。

1937年秋天毕业后，她辗转到了重庆，想去的是迁到长沙的南开大学，一时去不了，便在重庆大学借读化学系一年。到了1938年秋天，西南联大在昆明站稳脚跟，钱华年便奔赴昆明，要注册入西南联大，读化学系二年级。杨石先是系主任，须先得到他的签字。老学生来了，杨先生自然高兴。谈起功课，钱华年有点犯愁。重庆大学化学系一年级所修课程跟联大的好些接不上。除了普通化学、定性分析化学、微积分为两校都必修之外，她读了画法几何等，却没有读大一英文、中国通史。看了她的成绩之后，杨先生和蔼地说，她所差的大一课程，不必忙着补修，而化学系本系每年必修的课是不能脱节的。于是钱华年便照此指导读下去，一直到四年级才读中国通史、大一英文。

这样是对的。化学系每一年都有本系很重的课，要重叠起来读，是特别重了些。

后来的学习中，有过误会，也都化解了。

大四上半年，杨石先开了一门新课，叫高等有机化学，钱华年选了。其时已是1941年，昆明也不安全，日本飞机常来轰炸，上课时间不是提前就是推后。上午10时到下午2时最宝贵的时间，多浪费在跑警报上。杨石先的高等有机化学安排在上午7时上课，钱华年上了一周之后，深感睡眠不足，课堂上困得睁不开眼，记笔记成了大问题，没办法，只好把课退了。她自己也没有在意。一天，杨石先的一个助教同她谈起，说杨先生对她退课的事很是在意，疑心是钱华年怕上他的课。

四年级下学期，杨石先开了药物化学，时间有调整，不是上午7时的课，钱华年对这门课兴趣很大，就选了，读得特别有劲儿。杨石先指定的参考书，她都仔细地读，结果成绩很好，得到杨石先特别的爱护，还没毕业，就给了她下一年留校助教的位置。（钱华年《追忆杨石先先生》，《杨石先纪念文集》，第59页）

学生们写的怀念文章里，夸赞杨石先的事例甚多，让我感慨的，还要数申泮文的事例。

申泮文的文章，不是应百年诞辰要塑像了才写的，写于1987年，杨石先谢世两年之后。

申泮文是南开中学的学生，家境贫寒，1936年毕业后，获得南开大学一笔奖学金，才考入南开大学化工系。1937年暑假期间，南开大学校园被炸，夷为废墟之后，他没有辗转去长沙读临大，而是离开天津，流亡去了南京，报国心切，投笔从戎，参加了中央军校教导总队，准备接受培训，去做防化工作。

离校后，他一直与杨石先保持通信联系。在南京受训期间，他写信给在长沙的杨石先，汇报了自己的情况，并请老师介绍他去国民政府军政部应用化学研究所去见郦堃厚所长。郦堃厚是南开校友，杨石先的学生。他很快收到杨石先的复信，信中对他的行为很是赞许，附了给郦堃厚的信，热情举荐。

这样申泮文就认识了郎埜厚所长，并得到允诺，可以到应用化学研究所图书馆借书，同意他到该所接受培训。

此后就热闹了。

时局瞬息万变，上海战事紧张，部队派他到溧水县接受紧急战斗训练两个月，于11月底奉命赴上海前线参加战斗。不幸的是，刚刚赶到淞沪前线，便遇日军在杭州湾登陆，对上海全线形成包抄之势，部队全线溃退。万分沮丧之际，申泮文照料着一批伤病兵员撤退回到南京，之后便申请脱离部队转途绕道前往长沙，回临时大学复学去了。

由长沙去昆明的湘黔滇旅行团，申泮文是参加了的。不是以临大学生的身份参加，是按自费随团旅行的资格参加的，因为久久不到校，他已被取消了学籍。可谁都知道，他确实是南大化学系1936级的学生。旅行团的领队是南大秘书长黄钰生。申泮文与黄钰生夫妇都认识，找了去，由黄钰生夫妇资助他旅费，以自费的身份随团去了昆明。

补充前文：申泮文所以失去学籍，不是因为参加战事，久久未到校，而是另有原因。据他说，由于迟到，又害了一场病，加上情绪低沉，没有好好上课，到次年（1938年）2月初，第一学期结束，好几门选课没有成绩，被学校布告退学。正好这时，要组建湘黔滇旅行团，他当然没有正式资格参加了。

到了昆明，不费什么事，学籍也就恢复了。他用两年的时间，完成了三年的课业，1940年，毕业于联大化学系。

所以能顺利完成学业，多亏了杨石先的倾情帮助。

在校的最后一年，我的经济状况又处于劣境。原来学校发给沦陷区学生每月生活补助费8元，刚到昆明生活费用很低，每月伙食费只6元钱，所以生活好过。但由于当时通货膨胀，国民政府滥发钞票，以至生活费不断上涨。我需要经常出去给昆明当地准备考大学的高中生教家馆，谋些收入补助生活用费。到了1939年下半年，生活费用上涨，每月需三十几元才能维持最低生活水平，距我实际可能收入尚有十几元的差额。

我的课业又相当重，最后一年必须坚持读满学分，不能更多地到外面去谋求收入。考虑再三，没有别的路，只有去求助石先师请他给予帮助。这本来是一桩难于启齿的事，加上固有的对石先师的敬畏心理，到石先师家里去拜访，确是一件要硬着头皮前去的事。战战兢兢地向石先师汇报了我当时的困难并说明请求帮助的来意之后，石先师便开口安慰了我，说"你有困难为什么早不来找我呢，南开大学办事处还有点儿钱，可以借给你"。这样我才心情平静下来，对未来增加了希望，石先师问"你估计每个月还需要多少钱呢"，我说"每个月再有10元钱就够了"。石先师又很关心地帮我计算了一下，说："这样不是太紧张了吗？"我说"紧缩一点儿是够了的"。于是石先师给我开了一张纸条，着我每月到南开大学驻昆明办事处支取10元补助费。这样，在石先师的如此关怀和帮助下，我得以顺利地完成大学的学习任务。（申泮文《缅怀恩师，自强不息》，《杨石先纪念文集》，第82页）

还有一事，不可不写，杨石先曾帮助两个女学生找下工作。这对于有"杨阎王"之雅号的大学者来说，可谓侠胆柔情。

事见何炳林、陈茹玉夫妇合写的文章，说的是陈茹玉的事。

老师性格内向，仪表端肃，抗日时期，祖国半壁山河沦陷，他忧心忡忡；教育工作艰难，使他极为苦闷，因此平日极少欢笑，态度总是那么严峻。同学们敬畏他，不敢为学业以外的事情轻易地去找他。那时大学毕业生找不到工作，毕业即失业，茹玉在联大化学系毕业，成绩不坏，却陷于失业的困境，便和另一女同学心情紧张地去求助老师，而老师极为和蔼可亲地接待她俩，思谋之后，告诉她俩说："我推荐你们到中央工业实验所去，路上不好走，你们结伴去吧。"他亲自为她们书写了推荐信。他对人是非常诚恳热忱的，对学生爱护备至，他看到辛辛苦苦培养出来的人才，无用武之地，找不到工作，不能学以致用，内心是十分痛苦的。同学们求助于他解决就业问题，他总是尽力而为。（何炳林、陈茹

玉《对先师杨石先的怀念》,《杨石先纪念文集》,第 70—71 页）

这位与陈茹玉同去找杨石先的女生,《杨石先传》上说了,叫于葆龙,想来该是传记作者采访陈茹玉得知的。

末后还要强调一点的是,杨石先对学生的培养,很看重一个人的品德。这一层,在何炳林、陈茹玉的文章中,曾着重提及。只是这种事上,难以举出具体的事例,且将何、陈文中的这个意思,摘出来抄录于此,算是这一章的一个收束吧。

> 他非常注意培养学生的品德,他认为品德不好,思想境界不高的人,在学术上不会有很高的成就,更不会真正地对祖国、人民、子孙后代做出贡献。(何炳林、陈茹玉《对先师杨石先的怀念》,《杨石先纪念文集》,第 69 页）

第十九章

轰炸中

○ ○

1941年，是西南联大最难熬的一个时期。

就在这一年年初，日本飞机对重庆、昆明的轰炸，明显升了级。重庆接连发生惨案；而在昆明，受轰炸损失最为惨重的，则是西南联大的校舍。连带的，受影响最大的，则是联大师生的生活和学业。

日机对联大校舍的轰炸，会不会也像天津日军对南开校园的轰炸与炮击，是发泄仇恨，有意为之呢？

我看不像，它要的是震慑，用的方式是狂轰滥炸。只能说联大那地方太"抢眼"，容易成为轰炸的目标。

前面说到大批师生还在长沙，尚未动身西迁，学校就派杨石先、秦瓒、王明之三人先行出发，去昆明安排建校事宜。起初的建校事宜，是寻找地方，让来了的师生能安顿下来，毕竟一千多学生、上百名教师不是好安顿的。于是便有了文、法学院去了蒙自的事。工学院与理学院，一在城之西南，一在城之正北。前面的章节里说，杨石先去给工学院上化学课，要从城北的理学院，步行好远，去城东南拓东路上的迤西会馆。这些，都是实情，初到昆明的一个时期的实际。两三年后，随着新校舍的落成，学院驻地、师生住宿，都有了不小的改变与改观。比如文、法学院就从蒙自搬回昆明，工学院也由城西南搬到了城正北。

各种记述中，还要数美国人易社强对校舍的叙述最为清晰。看了这个叙事就知道，联大这片地方，想不叫日本飞机轰炸都难。

联大学生住宿是免费的。在始料未及的漫长的战争岁月，简陋的住宿条件与其说归结为通货膨胀，不如承认是因为作为权宜之计的"临时"设施日渐老化朽坏。东北旧坟地边上的"新校舍"，却是"盛名之下，其实难副"。联大任命卓有声望的梁思成和林徽因担任建筑处顾问。但囿于经济形势，大名鼎鼎的建筑学家及其才华横溢的妻子，根本无从发挥他们的才能。联大校园占据了环城北路两侧；南区是理学院和几个学生服务机构，更广阔的北区则有男生宿舍、教室、食堂和图书馆。各个小区用粗糙的泥坯墙隔开。师生提到南大校园时，一般是指新校舍，而提到新校舍时，一般是指北区。（易社强《战争与革命中的西南联大》，第259页，九州出版社2012年3月版）

书中还说，北区有扇简单的大门，对着穿过南区和北区的土路。一直往前走，路右边有个日军炸弹爆炸后留下的大坑，下雨时就成了一个水洼。坑的北边，不远处是一块宽阔的空地，联大人称"草坪"。后面矗立着联大唯一一栋二层建筑，那就是图书馆。北区东边是一排排平房教室。教室后面是食堂。中间有条路，路西是排列整齐的男生宿舍，宿舍教室的墙壁和地面都是用泥坯筑成的。主要区别在于宿舍是茅草屋顶，教室是波浪纹的铁皮顶，两者都不理想。

《战争与革命中的西南联大》一书中，有图书馆的照片，确实是两层，也确实够宏大。也有城北新校茅草屋顶宿舍的照片，最为难得的是还有挂着牌匾的迤西会馆的照片，底下的说明文字是"昆明东南角的迤西会馆，是工学院的所在地"。这里说的方位，与杨光伟著《杨石先传》中所说不同，传中说"工学院设在城外西南拓东路的迤西会馆"。中国旧城大都方正，既叫"拓东路"，当是由中轴线上一点往东拓展，迤西会馆当在城的东南位置上。"迤西"该是地域名称，非此地之方位也。

不说图书馆如何高大醒目，光那种铁皮的屋顶，从天上看去，亮晃晃的，也该是指示敌机开始投弹的最佳标志。还不说敌机从东北方向来，这片区域正在昆明城的北边。

敌机的架次，轰炸的惨烈，地面上的应对，时为联大三常委之一，同时也是清华大学校长的梅贻琦，在他的日记里有详细的记录。且抄几则，以见实情。全是1941年的，就不写年份了。

　　1月7日　早九点将进早餐，忽又来警报，步行郊外，觉甚燥热。二点解除回家。祖彦患头痛发热，令睡下。下午四点半再赴冈头村，应缪夫妇之约。

　　1月29日　中午有敌机在市中投弹，西仓坡上下又各落一弹，翠湖小学被毁，西仓之米飞散甚多，寓中门窗及室中零物又有损毁，但不如上次之甚。幸已于前日移住乡间，否则虽自己无所畏惧，将使照看之人勉强留守，而又遭此一番震动，太觉抱歉矣。

　　2月26日　上午十点半至十一点半，在联大办公室。午饭后一点余，忽有警报，敌机来两批，各有二十七架。所炸为拓东路一带及城内绥靖路以南。闻人民死伤颇多，龙公馆亦落一弹。

　　4月8日　上午九点余有预行警报，初未介意。十点余赴校办公。十二点返家未久而警报来矣，家人幸皆已进午饭，余则携面包一块出门，与诸孩仍在苏家塘北山坡停留。12:45紧急警报，1:05敌机二十七架由南而北，炸弹声数批连续过后，而见城中起黑烟二三处，以后北方亦[有]炸声，闻为沙朗一带。2:45回至新校舍休息，趁便办公。4:45解除。五点余与诸孩至市中查看：翠湖东南西三面均落弹，一老人在桥边炸死，劝业场及大众电影场炸后延烧一空，武成路关岳庙对面烧数家，民生街炸二三处，光华街炸二三处，正义路马市口南炸……（原文有脱落）住均不至。乃绕道由民生街、福照街、武成路、洪化桥、钱局街经西仓返寓，因西仓坡东头以南有一未炸之弹，故行人不许经过。途中市民来往极拥挤，幸月色晴好，否则恐不免有意外发生。十一点电灯竟放光矣！[《梅贻琦日记（1941—1946）》，清华大学出版社2001年4月版]

好了，抄四天的就行了。

四天中，有两天的文字涉及西仓坡。

这是我有意挑选的，因为杨石先的家就在西仓坡。

杨光伟《杨石先传》中有言："杨石先住在昆明西仓坡住时，和他同住一排房子的是邱宗岳教授和闻一多先生。"杨光伟写此传在杨石先谢世后不久，说得这么确切，该是言之有据的。

住在西仓坡的梅贻琦先生，预行警报一来就往乡下山坡跑，且带着孩子一起行动，杨石先当时身边有夫人还有三个孩子，想来也不会例外。

哦，忘了，杨石先家中还有父母二位老人。

这种情况下，如何安置老人，看过几本书，有的是在乡下租房或建房，安排老人住下，省得跑警报了，再一种是将老人送到外地安全的地方。

杨石先采取的是后一种办法，即将父母送到重庆乡下租房居住。这层，未见专文叙及，是他女儿的怀念文章里带出来的，我们才知晓的。"当时因为昆明经常受到敌机的轰炸，祖父母年高不便'跑警报'，就迁去重庆乡下居住。"《追忆父亲》文中，杨耆荪是这么说的。看《梅贻琦日记（1941—1946）》，还有一个猜测，就是当时教育部有将西南联大迁至四川的动议，昆明城小，一有警报，就得躲避，否则有挨炸的危险。既然当局有联大迁川的动议，何不早走一步？免得到时候给老人造成困难。空口无凭，且看梅贻琦一则日记。仍是1941年的事，只是到6月了。

梅贻琦去四川叙永，考察设在这里的联大，路过重庆，得知教育部的拟议，写信给在昆明的北大校长蒋梦麟。

6月19日　天气甚热。午前午后作信四封，寄与珊、彬、光旦、孟邻。至蒋者为航快，详告叙永分校诸君对于取消分校之意见，正反各列五条，末附本人意见，以为昆明原议无须变更，还须看外在原因何如，倘教部如上周《大公报》所传，有令文到校，令全部迁川，或云南局势最近果有改变，则须更加考虑，总之无论如何以早决定为宜。如叙校迁回，同人及眷属旅费应酌予增加。

从此文看，教育部是想让联大迁川，而梅贻琦、蒋梦麟诸人，不光本校不迁川，已在四川叙永设立的分校还要撤回。对这一现象，《梅贻琦日记（1941—1946）》的整理者、清华大学校史研究专家黄延复，在该书的一处注文中是这样解释的。

分校，指联大叙永分校。1940年，日军侵入越南，重庆国民政府要联大迁往四川，联大当局采取了敷衍的办法，只在四川叙永暂设分校，一年级新生及先修班学生在叙永分校上课，联大校本部仍留昆明不动。次年夏，局势趋向稳定，叙永分校便告结束，一年级学生迁回昆明，租借昆华中学上课。[《梅贻琦日记（1941—1946）》，第9页注]

"次年夏，局势趋向稳定"，那是局势本身的事，非局势之外的人所可逆料。你可以像蒋百里那样，坚信只要守住三阳（洛阳、襄阳、衡阳），中国终将取得抗战的胜利，但谁也不敢说，日本人已占领越南、缅甸，就一定打不到昆明。因此，你不能说教育部要西南联大迁川，不是上上之策，不是为中华民族的再度复兴保存优秀人才，保存知识的火种。

梅贻琦诸人，不愿将联大迁往四川，固然有从容自若、处变不惊的一面，是否也有远离中枢、我行我素自在欢乐的一面？看看梅贻琦在昆明这样的偏远之地，是怎样的自在快活，当能启迪我们蠢笨的思索。毕竟不是写联大校史，也不是给梅贻琦写传，不必烦冗，两则而已。

1月4日　上午10:00—11:30在办公处。下午小睡后至太华浴室洗澡，盖又月余未曾入浴也。5:30 p.m与郁文（其妻——韩注）及章川岛（联大常委会秘书——韩注）赴冈头村小住。晚饭后与樊太太及章、饶八圈，小负。十一点睡。

这是打牌，再看喝酒。

1月11日　上午十一点自新校舍出，乘人力车往梨烟村。午后三点在大普吉研究所新造储库开同人家属茶话会，到者男女老幼约六十人，城中去者较少，实路太远也。晚六点仍在研究所约建厅张厅长夫妇、黄日光夫妇、汪国舆夫妇、汪厂长夫妇、李科长等及李司长、惠老师饭聚所中，陪客合共三桌。是晚，大家酒兴颇好，共饮三十斤，多数皆有醉意。余返梨烟村后，亦即睡下矣。

这样的酒宴，全是为西南联大的发展而设。但饮酒的惬意，非自家难以言说。我绝不是说没了这样的酒就怎样，喝他个微醺就怎样，我只是想说，梅贻琦等人觉得西南联大，远在鄙邑，自有他的胜人之处，而迁往四川（重庆附近），身处肘腋之下，怕就没有这份旷达了。此处没有是非，只是关乎性情，而以性情处置公事，多有出人意料而美不胜收之处，我虽愚陋，亦不敢说不知此中轻重。

然而，正是他们的决不迁川，差点毁了刚刚复苏的西南联大。

再看看日军的狂轰滥炸。仍是《梅贻琦日记（1941—1946)》中的记载。

5月11日　上午八点半与彤、彦、芬往梨烟村，余乘洋车先去，三孩步行至十点一刻始到。因郁文在潘家，遂同往，留午饭。饭前约十二点敌机来，炸市区。后入城，知为近日楼一带及东门外。饭后至惠老师院看新房，尚须三数日始修好。四点与三孩同步行返城内，六点到家。

> 5月12日 十点一刻警报，与诸孩至尹家大坟疏散，较苏家塘一带又远二三里矣。十一点敌机十五架入市空，炸声颇近，二点解除后入城，则西北区又遭一次，情形与十月十三日大致相同，西仓坡住寓又幸而免耳。

此后因教育部有公事，梅贻琦也要考察迁川文化机构的情形，于5月16日乘飞机离开昆明前往重庆。一则会晤教育总长陈立夫等人，二则去了几处，为联大迁川选校址。又腾出时间，去了叙永分校，去了李庄史语所驻地，溯金沙江而上，去泸州看了乐山大佛。8月22日才乘飞机回到昆明。

这三个多月，日本飞机并未停止对昆明的狂轰滥炸。梅贻琦不在昆明，日记上不会有记载。然而他回来没几天，召开联大常委会会议时，从讨论的议题上，即可知联大校舍损坏之惨重。

> 8月27日 6:00起，窗外朝阳可爱……6:30至才盛巷开联大常委会，新校舍被炸后似无修复之计议，乃有提议延期开学者，心中大不谓然。决赶快筹备，设法如期开学。

已经残破到了难以如期开学的地步，其毁损可想而知。再就是，开会的地点，也说明新校舍里的联大行政房屋已难以做开会之用。日记的整理者黄延复在前面的注中曾言，联大办公处在新校舍北区。后文提及清华办公处在西仓坡，联大及清华不少会议均在西仓坡大客厅举行，有时会议也在才盛巷北大办事处举行。

还是梅贻琦有魄力有办法，北区的校舍很快得到修复，果然如期开学。《申报》曾就此事做过专题报道。前后共两次，一次题为《西南联大被炸校舍已修复》，一次题为《西南联大被日机狂炸后秋季如期开学》。

杨石先是个寡言少语的人，联大的这一切变化，他看在眼里，记在心里，同时也思谋着南开大学的事。以规模、资历、师生人数而论，南开不能跟北大比，更不能跟清华比。但在西南联大，南开毕竟是与清华、北大鼎足而三，教育部任命的建校三常委里，梅贻琦、蒋梦麟都常年驻校，只有年龄最大的张伯苓常年住在重庆，专意经营设在重庆的南开中学。他也知道，老校长人是没来，不等于心也没来。黄钰生和他，乃老校长布在联大的两枚棋子。前两年有黄钰生参与校务，他乐得全力经营他的化学系，搞得好好的，是为南开大学争光，老校长脸上也有光。然而，事情又有变化。一直参与校务，为校务常委会委员的黄钰生，就任了新成立的联大师范学院院长，教育部委任的"三常委"中少了张伯苓的代言人，接下来会有什么变数呢？

西南联大有迁川的可能，申泮文在他的怀念文章里也曾叙及。他说的是与杨石先的一次交往，为杨石先办事，办的事关系到联大有可能迁川。也可以说，此前迁川之事不是拟议中，而是箭搭弦上，不得不发了。

　　1940年夏，大学毕业后，经杨石先和朱汝华两位老师的介绍，我到航空委员会油料研究室去做助理员。这是一所航空油料的应用研究单位，有三位研究员，只聘用了我一位助理员。由于是老师介绍去的，我极努力工作，谁指派的活儿都干，把全部油料的分析检验工作都包揽下来，而且还把实验室大小杂务也都承担下来。谁料工作三个月后出现了两件新情况。一是这个研究室属于军事编制，而且是新建单位，需要建立国民党组织，要求全部人员集体宣誓参加国民党。当时我还不知深浅，借口聘我来时并没有提出这种要求，另外我认为学自然科学的没有必要参加党派活动，拒绝了参加他们举行的集体宣誓入党仪式。第二件事是日寇侵入越南，云南告警，油料研究室奉命内迁成都。在离开昆明前，我去向石先师辞行并向他汇报了几个月来的工作情况。石先师当即告我，西南联大也有迁川的准备，目前先在四川叙永办一年级，恐怕将来形势严峻时也要走。他提出就我们研究室公物迁川运输之便，托我把他的一箱贵重图书运去四川，到泸州交给军政部应用化学研究所所长郦堃厚。我当然很高兴能为老师做这样一点微薄工作，次日就去石先师的家里把这一箱书取走，装在油料室的公物汽车上开赴四川了。此时是1940年12

月末。（申泮文《缅怀恩师，自强不息》，《杨石先纪念文集》，第82—
83页）

于此可知，联大迁川的事，前一年已几成定局。后来不了了之，有梅贻
琦等人的个人考虑，主要还是时局变化，大势使然也。

第二十章

有个贤内助

时局瞬息万变。1941年这一年，表现得尤为明显。

6月联大还为迁川事，争议纷扰，莫衷一是，进入7月，陈纳德率第一批"飞虎队"进驻昆明。几次空袭过后，日军飞机再也不敢随意侵扰昆明上空。地面宁静了，迁川一事也就搁置下来。又过一些时日，早先迁川的叙永分校也撤了回来。

联大进入一个新的发展时期。

趁这个空儿，我们说说杨夫人，刘崇瑜女士。

不说这个女人，杨石先就不能说是个"完人"，完整的男人。这是我们老家的说法，有了妻室的男人，才叫完人。推衍开来，有夫君有子女的女人，也才能撑得起这个"完"字。

刘崇瑜是个可称为"完"的女人。

这只是世俗的荣耀，品格上的事，还有待他人的认定。

这上头，两三种传记里，不多的几篇文章里，也曾星星点点地提到。且将之连缀在一起，看能不能勾勒出这个

157

女人品格的轮廓。

杨光伟的《杨石先传》上，说了一件事，正好还是在西南联大期间的。

> 杨石先的夫人刘崇瑜为了帮助杨石先度过那些艰难的岁月，经常典卖些衣物以贴补生活，到后来已经没有多少东西可卖了。有一次，她割爱，拿出了陪嫁的珍珠项链去卖。有位买主看中后，叫她跟着去取钱，她去了很长时间，家里和朋友们都很担心，怕她受骗。她卖完项链回来后，一数钱，里边有1/3是滇票，只好自认晦气，后来她又在手帕、围巾、睡衣上绣花，卖给在昆明的美国空军。有时她还给人家教家馆，通过这些微薄的收入帮助家中克服困难，免去了杨石先为生计而奔波。尽管这样，他们还慷慨地接济一些更为贫困的师生。（杨光伟《杨石先传》，第44—45页）

同一书中接下来说，杨石先的生活虽然很艰苦，但他每个学期总让他的夫人做些点心给青年教师。礼物虽不算太重，但代表了他们的一片心意，使大家感到温暖。

这种事，看怎么看。主意也许是杨石先出的，也许是刘崇瑜提议而得到丈夫首肯的。好处，肯定要记在杨石先名下，活儿肯定是夫人做的。这里是专说夫人，也就得有这么个小小的分辨。

杨耆荀在他的怀念文章里，写父亲的笔墨甚多，写母亲的只有一笔，还是在说到1978年，父亲在北京开会，母亲在苏州病重，匆匆赶去见了一面，返程尚未抵京，母亲便去世了。推测一下刘崇瑜去世时的年龄。若刘崇瑜比杨石先小6岁，则1978年杨石先81岁，刘崇瑜是75岁。

前面说到典当衣饰，可见教授夫人手头之拮据，理家之艰难，实则在那个时期，好多教授夫人都有想方设法以度时艰的经历，就不展开说了。《战争与革命中的西南联大》一书中，有段概述文字，移录于此，以见一斑。

> 联大教师排除万难维持生活的故事，一直感染着人们。费正清写道：

"（钱）端升把大衣卖掉之后，有一天在街上看到别人穿着自己的大衣。"著名哲学家冯友兰的妻子冯叔明（这是洋人的写法，实际上冯妻姓任名载坤字叔明——韩注）亲自做芝麻烧饼，卖给学生，以换取生活费。梅贻琦的夫人在家自制点心，用少女时代的名字做自我介绍，卖给当地老板。在如此拮据困窘的条件下，联大校长的妻子尽其所能维持体面的生活。（易社强《战争与革命中的西南联大》，第254页）

对刘崇瑜的评价，还数女儿来得贴切。

> 我的父母是因舅舅和父亲在清华同班介绍相识而结婚的。五十多年相爱互敬，母亲是父亲最有力的支柱。父亲在外，母亲在内，各当一面，互不干涉。"严父慈母"，是我家最确切的写照。但对于子女教育问题，他们虽然商量讨论，但父亲是负一大部分责任的。（杨耆荪《追忆父亲》，《杨石先纪念文集》，第206页）

这里，还要来个小小的考证，或者说是验证。

前面说过，写这样的传记，对传主家中人物的情况，应当有个基本的也是准确的了解。这样的事情，在写杨石先这样的人物时，本不是难事。他的儿子杨耆荀还健在，去一趟天津，找到这位杨先生，半个小时交谈，全都搞定。可是不行，疫情时时作祟，全无规律可循。因此，写此传，不能用通常的办法。我用的办法可称为"四面包抄法"，就是多找旁证，证了又证，使之清晰。这么做主要靠书多，还要不时检点，勇于试错。

比如此章说到刘崇瑜女士，在前面我已推测她比杨石先要小上6岁。也就是说，杨1927年结婚时是30岁，刘24岁，刘去世时是75岁，其时杨已81岁。

对不对呢，就要看这里跟女儿的话吻合不吻合。女儿说她的父母"五十多年相爱互敬"，也就是说婚后有五十多年在一起。1927年结婚时，刘是24岁，1978年75岁去世，共同生活了51年，在女儿笔下，写作五十多年是说得过去的。

"父亲在外,母亲在内",通常的说法是,"男主外,女主内",加上称谓,该是"父亲主外,母亲主内",杨耆荪女士几十年在美国,这类俗词用起来不免生硬。有一种情况,她说的该是对的,就是,"对于子女教育问题,他们虽然商量讨论,但父亲是负一大部分责任的"。毕竟父亲是大学教授,是著名的教育家。

我想,在下面这件事上,定然是杨石先跟夫人"商量讨论"了,丈夫要这么做,妻子也是完全赞同的。

不再饶舌,且看杨耆荪的叙事。

> 南开南迁到昆明和北大、清华合并成西南联合大学,我家也去昆明定居下来。当时因昆明经常受到敌机的轰炸,祖父母年高不便"跑警报",就迁去重庆乡下居住。我11岁时也被送去重庆沙坪坝南开中学住读。每月可去拜望祖父母及姑、叔。行前,父亲要我自己决定处理零用钱的问题,并给我几种选择:可以全部自己管理,开一银行户头,但一年零用钱总数有定,如果我愿意一天用光也可以,但不准再要;也可请姑姑、叔叔或学校代管,每月或每周去拿定数。我选了前者。但肯把这种责任放在一个11岁初次长途离家的女孩子手中的父亲恐怕不是太多!
> (杨耆荪《追忆父亲》,《杨石先纪念文集》,第206页)

杨石先对同事的关爱中,论理也该有夫人的一份温情。

柳无忌是杨石先在天津南开时的同事,南开南迁,他一家也到了昆明。他在天津时,遇到了家具被用人变卖一空的厄运,曾得到杨家的照拂,在昆明亦遭险情,同样是杨家施以援手。

> 我于20世纪30年代初在南开时遇到的这些困难,得到石先的协助解决,他更援助我在昆明西南联合大学任教时所遭遇的灾难。有一次,我们在城内文化巷的住宅被日本飞机炸成瓦砾一堆,女儿房内洋娃娃的头

被炸得粉散，使我们从郊外回家时看到了大吃一惊，手足无措。于是只好去石先家避难，暂住几天，等到找得安身之处后，方始十分感谢地告别离去。后来我携家自昆明赴重庆任教中央大学，与石先告别，结束了我们在南开及西南联合大学十年同事的交谊。（柳无忌《缅怀好友杨石先校长》，《杨石先纪念文集》，第40—41页）

有此贤妻，家庭和美，自然会得到同事的赞赏。

李卓敏与杨石先一家相识甚早。他是1937年正月聘到南开大学任教的。其时杨石先已将家眷搬到天津。之后李卓敏先回到广州老家，又应杨石先之邀回校任教，先在长沙，后来也去了昆明。晚年所写文章里，特意提到了杨夫人。

我返回广州老家去。他和另一同事路过广州，特约我见面，邀我同赴长沙，在长沙临时大学任教（西南联大的前身）。不久，西南联大在云南建立；他在昆明；我先在蒙自，越年即迁往昆明。直至1943年我再出国的时候，我们过往的机会增加了，为此我便得缘拜晤他的父母和夫人及女儿，使我对他治家为人的认真、事无大小、考虑周详、绝不苟且，有更深的认识。（李卓敏《怀念杨石先先生》，《杨石先纪念文集》，第46页）

这段文字，前面曾引用过，意在说明杨石先赴长沙，是经香港而去的。这里引用，意在说明杨石先家庭的和美。材料稀少，不同地方的引用，意在说明不同的侧面，无米之炊，只能是这么个煮法。

看到后面的章节，你会发现，杨夫人曾与黄钰生夫人联手主厨，在南开办事处设宴招待梅贻琦夫妇和蒋梦麟夫妇，其饭菜，梅直夸"颇精美"。

1945年7月，联大南院原宿舍委员辞职，杨夫人竟与吴大猷、陈友松一起被选为宿舍委员。仅此一点，就知杨夫人品行好，人缘好。

第二十一章

上　位

该着杨石先"上位"了。这词俗了些，想想，还就得是它。

不是他的本事大，是该着了。

联大这地方，都是凭本事吃饭的，而本事上难说谁比谁强。

推动这该着的，或者说这该着的主推动力，是时势。珍珠港事件后，美军参战，先是登陆北非，接下来酝酿开辟第二战场，第二次世界大战的结束，不再是遥遥无期，而是指日可待。

联大的事，还得从联大的根子上说。

这就要说到联大的规模和规矩。

先说规模。规矩是因规模而定的，有了规模才有规矩。

有三点，必须先厘清。

一、组建联大清华是基础。这基础，最初是表现在地头上。

早在1935年，华北受到日军的侵略，有变为第二个东北的危险，梅贻琦就做了南迁的准备，拨款数十万元，在长沙买地建起房舍，并迁去部分教学设备与图书，一旦华北有变，就南迁长沙。抗战期间，教育部组建临时大学，而将地址选在长沙，长沙在后方只是必备条件，切实的依靠则是，这儿已有清华打下的后撤的基础。

二、师生人数上，清华占了大头。前面所引《国立西南联合大学校史》中的数字，已经很能说明问题，这里就不再重复了。

三、办学经费上，清华占了绝对优势。《梅贻琦与清华大学》书中有具体数额。

> 长沙临大和昆明联大的经费，出自北大、清华、南开三校。清华的经费仍由中华教育文化基金会照例按月拨给。1937年9月起，政府因抗战缩减文教经费开支，把已经核定的全国各国立院校的经费都改按七成发给。当时三校各以所领经费的半数拨给临大，此半数经费尚须由三校各自扣除参加临大教工的工薪。自1937年9月起至1938年4月止，三校拨发经费额清华计为18.9万元，北大计为1.64万元，南开计为4.9千余元。平均每月只有3万余元，勉强维持学校。三校所剩余的一半经费各自保留作为校产保管和员生救济之用。（黄延复、马相武《梅贻琦与清华大学》，第45页，山西教育出版社1995年10月版）

注意，文中三校拨发经费额的计量单位不同，想来是作者给南开大学留了情面。计量单位应一致。若一致了，以万元为单位，则南开大学的经费为0.49万元。

这三点可说是规模，再来看看规矩。

大的规矩是教育部定下的，就三个大学校长，为联合大学的常委。也就是说，联合成一校后，不设校长，有事三个人商量着办。

这是大道理，实际上是做不到的。

比如张伯苓和梅贻琦，梅贻琦是南开中学第一届学生，什么时候见了张伯苓都毕恭毕敬，张伯苓也知道自己在跟前，梅贻琦总是缩手缩脚，来了几次，干脆不来，躲在重庆一心经营新办的南开中学，偶尔还参与中枢的国家大事。

再比如北大的蒋梦麟，当过教育总长，又是北大的老校长。清华招大学生是1925年的事，改大学是1928年的事，梅贻琦当校长是1931年的事，他比梅贻琦大了好几岁，两人共事，梅贻琦总尊他为兄长。最最重要的是，前些年，北大学生不停地闹事，让他烦透了，早就想脱身出来。正好中枢也有意借重他，让他担负起中国红十字会的责任，他也就乐得推开了。前几年蒋梦麟还住在昆明，后几年干脆躲在重庆，连人影也见不着了。

说来说去是，名为三校长通力合作，共管校务，实际上从临大起，就是梅贻琦独掌朝纲了。

这就要说到梅贻琦治校的规矩了。

梅贻琦治校的规矩，基本上沿袭了清华大学的规矩，有校务委员会，有教授会，另设总务长、教务长，后来还遵部令设了训导长。再下来就是尽量维护一个大的联合，又让各校能自行其是。

比如学院的设置，各校都有的，组成一个大的学院，文学院就是这样，各校的文学院还是各校的。早期教授各校仍是各校的。后来联大聘下的教授，代哪个学校的课，哪个学校再"加聘"就是了。举例说，工学院是清华的强项，施嘉炀是清华工学院的院长，也就成了联大工学院的院长，北大无工学院，南开只有化工系，并进来就是，系主任仍是南开的人。

在联大的院系负责人里，杨石先是南开大学化学系的主任、南开大学理学院的院长，但不是联大理学院院长，可又是联大理学院化学系的主任。联大理学院的院长是清华的吴有训。这，颇能见出梅贻琦校长用人上的智慧。说白了是，理学院是清华的强项，只能由清华的人当院长。实际上化学系，清华也很强，总不能全让清华的人当了。

智慧的底子是品格，是胸襟。

梅贻琦治理联大是有他的一套方略的，质言之便是公道、平和。公道是他一心为了联大，不存在任何私念；平和则是因为，他知道急躁于事无补，反而有害。

但是，待到1941年10月间，迁校事已废，学校一切均上了正轨，他还是遇到一个头痛的问题，且称之为"二长风波"。

此一事件，《梅贻琦日记（1941—1946）》上有明确的记载。

> 10月15日　（下午）六点在西仓坡开联大常委会，郑、樊各有函请辞，讨论许久不得解决。余坚谓常委主席、总务长、事务主任不宜由一校人担任，且总务长若再以沈继任，则常委会竟是清华校务会议矣（岱孙现代序经任法商院长）。

> 11月3日　上下午皆在联大，郑未复职樊又辞职，查病尚未愈，只好勉唱独角戏，尚不以为苦也。

> 11月8日　午饭后黄、陈序经、吴、岱孙同来谈二长问题。

看见了吧？11月8日日记里，梅贻琦自己就说是"二长问题"。

日记记事，往往简略，尤其是涉及人名，有的只有姓没有名，有的无名而是字。要说清事情的真相，这样云里雾里显然不行，且将日记中写到的诸人，姓甚名谁，身系何职，一一道明。

郑：郑天挺，字毅生，北大教授，北大课业长（相当于教务长），时任联大总务长。

樊：樊际昌，字达羽，北大教授，时任联大教务长。

沈：沈履，字茀斋，清华教授。

查：查良钊，字勉仲，南开教授，时任联大训导长。

黄：黄钰生，字子坚，南开大学秘书长，时任联大师范学院院长。

陈序经：字怀民，南开教授，时任联大法商学院院长。已辞。

吴：吴有训，字正之，清华教授，时任清华兼联大理学院院长。

岱孙：姓陈，名总，字岱孙，清华教授，时任联大法商学院代理院长。

再全面地看一下联大的主要职位。有五个学院（包括师范学院）、三个处，负责人分别是：文学院院长冯友兰，工学院院长施嘉炀，理学院院长吴有训，法商学院院长陈序经，师范学院院长黄钰生。总务长郑天挺，教务长樊际昌，训导长查良钊。

以上八人中，以学校分一下：

清华的：文学院院长冯友兰，工学院院长施嘉炀，理学院院长吴有训。

北大的：总务长郑天挺，教务长樊际昌。

南开的：训导长查良钊，法商学院院长陈序经，师范学院院长黄钰生。

有的地方，看起来蹊跷，实则有它内在的关联。比如北大的文学院很强，联大的文学院应当是北大的人出任院长，而偏偏是清华的冯友兰当了院长。这是你忽视了冯友兰的出身。冯友兰是老北大出身，担任联大文学院院长，可说是不二人选。再比如黄钰生在联大的地位一直很重要，除了他是张伯苓在联大的代理人之外，还与他是清华出身有相当关系。

从这个布局能看得出来，重要的学院，全掌握在清华教授手中。三长，在联大是没有实权而偏重事务性的，分别给了北大和南开。这还不是清华大权独揽吗？

梅贻琦主持联大校政，最怕人说的就是这个。

还得说一下，其时的大学教授，看重的是教书，是钻研学问。行政事务，气顺了可以做做，气不顺了没有不撂挑子的。千万别以为他们会恋权什么的。

梅贻琦是个平和的人，遇上"二长问题"这样的困难，会皱皱眉头，但绝不会发愁。他的办法是劝说，开会，商量，晓之以理，动之以情。

第一个办法出来了。日记上有记载。

11月10日　下午3:30—5:00偕查、毕、陈及三教官查看新校北区，与蒋谈二长问题历五分钟。

11月13日　下午三点联大常委会，蒋因汽车在途被阻未赶到。四点联大校务会议，报告数项外无要事。五点半再开常委会，通过改聘周枚荪为教务长，杨石先暂代；沈茀斋为总务长。

11月14日　上午视察师范学院及新昆中之一年级宿舍、教室，后至温德处稍坐。下午接沈辞信，赶（紧）再函郑促仍复职。

查：查良钊，南开教授，时任联大训导长。

毕、陈：不详。

蒋：蒋梦麟，北大校长，联大部定三常委之一。

周枚荪：周炳琳，北大教授，曾任教育部常务次长。

沈萉斋：沈履，清华教授，曾任浙江大学秘书长。

显然这次会议上的调整并不成功。改聘周炳琳（枚荪）为教务长，杨石先暂代还没什么，而定下沈履（萉斋）为总务长，沈履第二天就递上辞职信。这也要怪梅贻琦处置失当。北大的二长要辞职，你不说想法平复辞职者情绪，反而另委他人取而代之。取而代之的两个人中，还有一位是清华的。或许这正是梅贻琦的缓兵之计，那就另说了。

倒是杨石先，全不在乎，既然常委会定下他，他去做就是了。《梅贻琦日记（1941—1946）》上的记载是：

11月17日　上午石先到教务处，毅生来商须下星期复职。

11月17日是星期一。杨石先到任办公，郑天挺下星期可复职。这场危机，像是解决了。

料不到的是，又出了岔子。

12月5日　晚饭后周枚荪来谈，关于教务长周力推光旦继任。

樊际昌是北大的，要辞职，梅贻琦再委一个北大教授（周炳琳）接替，周炳琳一时不能到任，让杨石先暂代，应当说梅贻琦的这一招没有错。

为什么不直接委任杨石先为教务长呢？想来这场危机，系由"清华独揽联大大权"引起，梅贻琦的办法是尽量减弱权力部门的清华色彩，所以委了沈履接任总务长，也是知道郑天挺面子软，会复职的，让沈履接任不过是个"姿态"。按说教务长一职，完全可以直接委任杨石先，多半是考虑到杨石先虽是南开教授，身上的清华色彩太重了。周炳琳是北大的，又有行政经验，实在是教务长的恰当人选。

11月17日，杨石先已到任办公。12月5日，过了半个月了，周炳琳又找到梅贻琦，推荐潘光旦接任他的教务长。这又是为了什么呢？

查有关资料方知，原来，周炳琳被委了大差事。就在联大出了"二长风波"，梅贻琦考虑如何调配人手时，中枢发来公事，调周炳琳去重庆整顿中央政治学校。梅贻琦以为这不过是临时差遣，费不了多少时日，仍按他原来的考虑定了下来，只是在周炳琳外出时，由杨石先暂代而已。估计这期间，周炳琳去了一趟重庆，对去中央政治学校的事摸了底，知道绝非三两个月或是一年半载可以了断，这样自己就不能老是让人暂代，就得物色一个合适的人了。一想就想到了好朋友潘光旦。潘光旦其时正任着清华的教务长，款步轻移，兼上联大的教务长，该是顺理成章的事。推想梅贻琦听了这个建议，只会淡然一笑，将之记在日记上已是高抬了。"二长问题"要解决，只有淡化"清华包揽联大"的色彩，如何能让大名鼎鼎的清华名教授潘先生，再兼了联大的教务长呢？

这事也就搁了下来，杨石先也不能老是兼着，不久这个"兼"字，不去也去了。周炳琳去重庆整顿中央政治学校，一干就是两年多，回来已是1944年8月，正好联大法商学院院长陈序经奉派赴美，梅贻琦就让他接了院长之职。

有文章说，潘光旦曾任联大的教务长，既然杨石先之前没任过，那就必定是杨石先之后了。周炳琳重庆归来已是1944年8月，杨石先就是兼着也兼到了这个时间，潘光旦要当也只能在这个时间，若潘光旦真的当了，杨石先就不能说是联大最后一任教务长了。

这就要看潘光旦当没当过联大的教务长。

手边有《潘光旦文集》，北京大学出版社出版，共十四卷。第十一卷上有《潘光旦生平和著作年表》。细细查了一遍，算是明白了此中的原委。潘光旦确实当过西南联大的教务长，不是在杨石先之后，而是在这次递了辞呈的樊际昌之前。连当清华教务长一并昭示，则是：

1936年2月任清华大学教务长，至1946年7月。

1938年4月任昆明西南联合大学教授至1946年7月，兼任教务长至1938年7月。（《潘光旦文集》第11卷，第717、720页）

这个问题算是厘清了。

对杨石先来说，起初是暂代，待周炳琳的举荐落空，本人又一去不返，杨石先的暂代也就不成其为暂代，而成为实任了。在西南联大这样的文人机关，想来不会有什么程序，只消梅贻琦在常委会上轻轻说一句"枚荪当下不回来了，石先你就干着吧"就行了。

第二十二章

联大教务长的日常（上）

○○

杨石先做教授没说的，要资历有资历，要派头有派头，受其教者，莫不赞誉。

至于行政的能力，就不好说了。主要是自己没显露过，他人也就无从领教。天津南开时期的理学院院长，来到昆明任联大化学系主任，严格说，只能算教职。少有全校的规划，也少有场面上的应付。

如今当了教务长，不会有人看笑话，但有人会静观默察，看这位南开的人才，本事有多大。

梅贻琦选了北大的周炳琳当教务长，又让南开的杨石先代之，可说是一种政治家的智慧。北大的樊继昌递了辞呈，他也不把这个职务趁机给了清华的人，原本是北大的还是北大的。周炳琳有事不能到任，就让南开的杨石先暂代。等于是把一个馒头掰成两半，一下子笼络了两个人，既笼络了北大也笼络了南开。

启用杨石先，不是跟杨有多深的私谊、多大的了解，纯粹是觉得这个人看着还像回事儿，主要还是南开的。这从两人的交往上也能看得出来。《梅贻琦日记（1941—1946）》上载：

　　1941年　4月6日　天夕出访刘镇时家未遇，又至玉龙堆三号晤王赣愚、杨石先、刘觉民。住该处者尚有陈序经，因外出未遇。

品味这几句，像是梅贻琦首次造访杨石先家。前面说过，杨石先住西仓坡。西仓坡是一块大地方，似乎梅贻琦也住在这一带。

有的人，不敢教试，一试就知其身手不凡。

对杨石先，梅贻琦试了一下，就倚之为臂膀。

任联大教务长的作为如何，杨石先在他的自传里只简略地说：

　　1938—1945年参加西南联大教学和行政工作，前后六年有余。除在理学院化学系任主任而外，嗣又兼师范学院理化系主任，最后又兼教务长。（杨石先《我的自传》，《杨石先纪念文集》，第226页）

他是1938年初即来昆明，到1945年日本投降，才摆脱联大和南开的大小事务，径行赴美的。以年头计是八年，以时间计是七年零八个月。为何这里说是"前后六年有余呢"，哦，对了，他这样的人，心里是清楚的。三校是合并了，可你不能说做南开的工作和教学，就是做联大的工作和教学。南开是南开，联大是联大。在他的几个职务中，南开化学系主任，南开理学院院长，联大化学系主任，联大师范学院理化系主任，联大教务长，哪几个是联大的呢？

后三个。

厘清这三个的任职时间，就知道杨石先如此言说，所为何来了。

联大师范学院，最初是教育部敕令成立的。"云南的中学教师由联大负责培养。在北大教育学系、南开哲学心理教育学系的教育学组和云南大学教育学系的基础上，以现有师生为核心，组建联大的师范学院。"这是《战争与革命中的西南联大》中的文辞，几种联大校史类著作中也是这么说的。

这时的联大师范学院的规模甚小，地点也不相宜，纵是南开出身的黄钰生在办，也不会惊动孤傲的杨石先。到了1940年以后，可就不同了。前书中说，"1940年10月校舍被炸之后，便转移到大西门外龙翔桥的昆华工业学校"。杨石先的住址在西仓坡，学院的地址在大西门，各有一个西字，便知相距不远，借用一句古语可说是"移樽就教"了。此时不请杨石先兼任师范学院理化系主任，别说黄钰生良心上过不去，就是师院理化系学生也会不依不饶了。

1940年10月至1945年9月，虚数是五个年头，实数是四年零十一个月。

不符"前后六年有余"之说。

兼任联大教务长，从暂代算起，是有确切时间的，前面说了，是1941年11月13日校常委会上。算到1945年9月就更短了。用"排他法"，将不合之数一一排去，只能说兼任联大化学系主任在1939年春季开学之后，算到1945年9月离去，恰是"前后六年有余"。

服务联大的三个职务中，若将教学与工作分个轻重，只能说联大化学系主任和师范学院理化系主任偏重于教学，而联大教务长纯属行政工作。

时间厘清了，职责判明了，就看干得如何了。

杨石先没留下日记信息，他的顶头上司梅贻琦手勤，留下了一部联大后期任职的日记。内中有多处提到杨石先，且有对杨氏工作的总结式评价。

梅贻琦的日记颇为简略，提到身边的熟人，往往只说姓，有时怕混了，才会用名或字标明。就说杨石先，先前不熟悉时，说到此人，或称杨石先，或称石先，当上教务长之后，常一起开会或一起外出应酬，就只写一个杨字。偶尔也会提到别的杨姓之人，比如1942年10月6日提到杨振声，就称其字今甫，"今甫明日飞渝"。再比如1944年8月11日，记了一次"晤谈便饭"，参加者中有杨姓，便写作："晚吴、戴、杨（葆昌）在译训班约与汪世铭晤谈便饭"。

按说抄梅氏日记就是了。前面抄过，几乎每一则都得加注，这个"郑"

是谁，那个"樊"又是谁，反而使行文鸡零狗碎不堪入目。与其这样，倒不如将这样的注释直接写进"日记"中。只是这样一来，又不是梅氏日记的原文了。那就更彻底点，将梅氏日记的释文，改变叙事者的角度，换成一个改写了的"杨石先日记"摘抄。

还得补充一句，联大有三长，教务长、总务长、训导长，分别为杨石先、郑天挺、查良钊，梅氏日记多以其姓显示。另有国民党负责人陈雪屏，简称陈。梅贻琦开常委会，多有此四人参加，视察或应酬，也多有此四人或其中两三人陪伴。不一定很全，若郑、杨相连，则此杨必是杨石先无疑。改写的"杨石先日记"里，只能是姓名全写了。

试试吧，不管怎么说，这样的"杨石先日记"是有文献依据的。

1941年12月26日　四点参加联大校务会议。七点应梅贻琦君与蒋梦麟君之邀，郑毅生先生及各处处长、组主任聚餐。

1942年9月16日　学生注册问题甚多。晚联大常委会，应梅贻琦之约，与李继侗、沈履诸先生参加。李在会上作"本大学本学期排课及教室情形"之报告。

1942年11月24日　应梅贻琦先生之约，赴文化巷开会，梅贻琦先生谈云南留美预备班计划。到者有潘光旦、吴有训、陈雪屏、李轶祥诸君。

1943年1月26日　早十点至北校区，听美国来华Prof.Dodds教授演讲，题为"Silent Revolution of Education in England"。时在露天，颇晴朗，微有风。讲未久，贻琦先生咳嗽发作，下台去办公室稍息，待讲毕，梅约D.、H.二君及我等数人吸烟闲谈。数人者，查良钊、陈雪屏、黄钰生、杨石先也。

1943年2月24日　接校役通知，赴梅宅会晤顾一樵次长等渝地客人。盖赴印飞机因前方有警报，在昆停五六小时，顾次长偕吴俊升、吴文藻、沈宗濂、顾毓瑞数人，来联大看望。贻琦先生命我等前来晤聚，以示尊重也。我等者，郑天挺、查良钊、潘光旦、沈履、陈雪屏、杨石先也。贻琦先生煮咖啡，买包子，略作点心，招待贵客与我等。

1943年3月1日　上午十点，校方请来昆之英国科技史专家李约瑟Joseph Needham讲演，题为"科学在大战中之地位"。中午在西仓坡宴请N君及英领事休士。我等作陪，共二桌。我等者经利彬、张尔玉、崔之兰、吴有训、李继侗、汤用彤、曾昭抡、高某某、张某某、杨石先也。另有将赴英之学生四人袁随善、沈元、张自存、某某某。

1943年3月19日　践前议，与黄钰生、陈序经三人请贻琦先生南开办事处便饭小酌，菜还精致，为黄妻叶一帆、我妻刘崇瑜亲自下厨所做也。梅言菜颇精美。

1943年12月24日　晚，贻琦先生在寓请客，到者有陈雪屏、萧遽、周培源、钱端升、杨石先、张某某、王某某等九人。

1944年2月19日　上午，与查良钊、郑天挺等去看望贻琦先生。

1944年3月16日　行政院孔（祥熙）院长抵昆，住金碧别墅，下午孔约十余人谈经济问题，之后我与周炳琳、郑天挺三人往见。

1944年5月9日　教育部令赴渝一行，同行者有陈雪屏。晚七点在梅府小聚，应邀去者有杨振声、陈序经、罗常培、郑天挺、潘光旦、朱自清、周炳琳、张奚若夫妇。贻琦先生坦言，昨晚招待外宾剩此酒菜一桌，杨陈二君将赴渝，为之饯行也。

1944年9月12日　午后大雨，历时一时止，晚饭应贻琦先生之约，赴梅府聚晤。应约者有Col Carl Dutte、Maj.W.H.Makepeace、Lt.Yavelack、戴昭然、吴泽霖、杨葆昌、戴世光、杨石先、查良钊、沈履。汪世铭未到。

1944年9月21日　中午应约赴梅宅便饭。主客为徐可亭，到者除徐之外为关吉玉、龚杨二厅长，云大熊校长及联大我等三人。三人者，查良钊、郑天挺、杨石先也。

梅贻琦日记中，涉及杨石先的还有1945年4月7日所记，会见过教育部朱经农次长后，"发与郑、杨、查信"。

　　对杨石先任联大教务长期间的表现，梅贻琦是很满意的，留在日记上的评价，见诸日记的是1944年2月21日条下这样一句话：

　　　　石先负责教务，可稍清闲矣。

第二十三章

联大教务长的日常（下）

○ ◯

这一章是插进来的，写完后面两章又写它，两章的序号也就往后挪了挪。

写此书，是在疫情期间，许多事也就由不得人了。《郑天挺西南联大日记》早知有此书，写《杨石先传》怎么也得看看。我回太原避暑，因疫情，加上一点儿病情，多住了一个月。原来只打算写上几章的事，开了头就刹不住了。只好将郑天挺先生的这一部日记提前买了，原打算回到北京再买的。

买下看看，不得了，杨石先的材料还真不少。一高兴，就在朋友圈里炫了炫。嘴贱，手也不慢，说了得书的过程，还说梅贻琦给郑天挺的便笺的日期，"十六日晚"，年与月编者弄错了。不是 1940 年 1 月，而是 1941 年 11 月。不是微信"圈语"，是我写在扉页上的一段话，字很小，一般人不会留意。

一般人不会留意的事，二般人会操这个心。中华书局的白爱虎先生看了，发微信给我，要我指明何处，以便再版时改正。白先生是我的朋友，没见过面，交往还是有几次。按说告知在什么地方就行了，可我想，白先生是此书责编，要他信，总得说个清爽。于是便写了封信，拍照发了过去。

　　爱虎先生如晤：

　　　　没想到我在微信上发的"微语"，你这么快就看到了。手机上写，要拍照，还要写字，太慢，不如写信省事，能说清。所以能发现这么个错误，不是我对西南联大的史料多么熟悉，而是因为我近日受命写一部《杨石先传》。杨任联大教务长时，郑天挺是总务长，这样就必须看看《郑天挺西南联大日记》。说是一个朋友送我的，实际是天津某出版社的一位美女编辑买下寄来的。

　　　　我发现的错误在上册前面的插页上。上面是梅贻琦手书函件的照片，下面是注文，曰：梅贻琦先生来函（1940年1月16日）。

　　　　我的判定，此函为1941年11月16日所写。依据是，在清华大学出版社2001年4月出版的《梅贻琦日记（1941—1946）》上，有郑闹辞职，梅多次催促复职之情事。兹抄录如下：

　　　　11月3日　上午下午皆在联大，郑未复职樊又辞职。

　　　　11月12日　午前至靛花巷郑毅生处稍坐。

　　　　11月13日　五点半再开常委会，通过改聘周枚荪为教务长，杨石先暂代；沈苇斋为总务长。

　　　　11月14日　下午接沈辞信，赶（紧）再函郑促仍复职。

　　　　11月17日　上午石先到教务处，毅生来商须下星期复职。

　　　　据以上情事，可知，为了催促郑天挺复职，至少是来谈谈，同时也是给杨石先一个面子，故16日晚又给郑天挺写了这么个便函，着人送去。这样才有第二天上午郑来，应允下星期复职事。

　　　　不知我的分析可有道理，还望审定。此致

　　文祺

2022年9月18日韩石山上（印）

这是互证，也可说是我写此书秉持的"四面包抄"法之一例。

有《郑天挺西南联大日记》上披露的梅贻琦这一手札，杨石先出任联大教务长（代）一事，就更圆满了。

可互证的地方，后面还有几处。更多的是梅贻琦日记里没有的，毕竟梅贻琦是联大的"常委"，类同校长，郑天挺是总务长，跟教务长都是中层的中坚，梅校长倚为左膀右臂者也。好些具体事，两人商量着也就办了。

郑书中的相关材料，摘出来可写一节，叫"同事眼中的杨石先"可，叫"应付裕如的教务长"亦可。我想了又想，这一章与《联大教务长的日常》一章，颇多相似之处。一、都是取自他人的日记；二、所涉多是任教务长以后的事。当然，也可以将两书中牵涉杨石先的事糅合起来理顺，那就成了一大章了。字数太多还不成问题，成问题的是叙述时跳来跳去，看得人眼花。

思之再三，还是将这一章定名为《联大教务长的日常（下）》好些。

办法仍是摘录。有一点不同的是，梅贻琦写日记，极简略，熟人很少说名字，写个姓就过去了。因此，引用梅贻琦的日记，要改写，要加注。郑天挺不然，他的记事清清爽爽，似乎写时已想到传世，谁做的事，谁说的话，都有名有姓，想混淆都混淆不了。这样，摘录郑天挺的日记，既不必加注，也不必改写，原文照录就是了。自然，有费解处，也会略略点明年份，首次写明，下来就只说月日了。

　　1938年　3月17日　五时车开，五时三十五分抵蒙自，下车入承恩门，县之北门也。至早街，馆于周氏宅，晤王明之、杨石先，知校舍大体筹备就绪。
　　3月19日　上午……杨石先得昆明电报，乘午车旋省城。
　　4月3日　得孟邻师书、莘田书、杨石先书，复之。

　　1939年　2月23日　（孟邻）师允之，并告以暑假后联大文学院长拟改潘光旦，法学院长拟改钱端升，理工师三院仍旧。其意盖专为法学院，文学院盖陪衬耳。月涵意文学院不动，而以杨石先长理学院。

9月17日 下午小睡。李卓敏来，约往其家茶会，其结婚一年纪念日也。四时赴之。遇孟邻师、杨石先、叶公超，知日本与苏俄又有协定，如是吾将何堪？

1940年 1月18日 更觉总务长如清华之王明之……冯芝生，南开之黄子坚、杨石先皆属其选……

2月2日 午饭后小睡。四时至孟邻师寓，师与月涵为学校成立党部事招待重要职员茶会，到芝生、今甫、枚荪、逵羽、从吾、正之、嘉炀、石先、勉仲、子坚，颇能各尽所欲言，亦难得也。

4月22日 九时入校治事。杨石先来谈，知何淬廉已归，公米可源源而来，同人及学生购用绝无问题。

4月29日 午饭后小睡。三时至南开经济研究所，石先约茶会，商谈英国购书问题。

8月27日 三时至西仓坡五号，企孙、逵羽、光旦、石先、序经先至，月涵及孟邻师赴何应钦茶会之约，留条嘱同人稍候，奚若、树人、今甫、正之、勉仲、子坚、葆楷、枚荪、芝生继至，未到者孟真、端升。四时半，主人归，进茶点后开始会谈。孟邻师报告与军政负责人谈话情形，及近日同人间之虑念情形，子坚、石先、企孙并有陈述，枚荪主入川，奚若继之，主立即停课迁川，于是渐多积极之言论。大抵以奚若、树人、序经最积极，石先、企孙、枚荪次之，子坚不甚主入川之议，芝生、正之亦较缓和。

8月28日 三时至清华办事处，开常务委员会，月涵谓昨日之会，诸人虽未明言，实有不满常委或个人之意，今日可将常委决议重作检讨……遂决议推枚荪、企孙、石先至四川查勘校址……

10月5日 七时入校治事……晤杨石先，知丁佶昨日在大铺基泅水灭顶，尸身未获，闻之凄然。

1941年 2月24日 八时起。九时诣胡蒙子（兆焕），不值。诣朱汇臣，诣杨石先，各小坐。

1942年 3月6日 （此次数人入川）与上次入川不同……（此次陈岱孙、杨石先、陈序经、施嘉炀、陈福田入川均正式请假，由常委会代派。）

7月15日 昨晚归，莘田告以毕业审查会开会时北大学生全部未送审，今晨遂急入校……今日访杨石先三次，均不值。将近十二时晤月涵先生，始知下午三校学生不报告，乃归。饭后小睡……三时半开教授会，雪屏以疾未出席，余代为书记。月涵先生主席报告后即审查毕业生成绩，由杨石先报告审查委员会意见，同人先后发言，均为体育成绩问题，往复辩难，至六时乃决定一原则。六时二十分乃散会，孟邻师戏称之为体育会议。会散，莘田语余今日清华青年教授欲提出调整薪水问题，月涵知之，故有意使此体育问题将时间占去，以免横生枝节，不知确否。

8月25日 一时在望苍楼宿舍午饭。饭后与企孙、石先、蔚之诸君闲谈。

9月23日 六时……至文化巷开常务委员会及聘任委员会，子坚提某女士为专任讲师未通过，归咎于北大聘钟开莱之未提会，余据前次议决情形请其注意。会散，与石先、筱韩又据今日外间对附校教员薪俸问题之批评促其注意，其神色甚愠。十一时归。十二时就寝。今日筱韩言日前其房东病，延女巫禳解，筱韩亲见其且祷且拜久之，忽以生鸡卵直立玻璃镜上而不倒，祷毕取之乃落，如是者两次，其理殊不可解。石先云在浙江曾见有咒筷子者，念咒后筷子能自起直立，亦不可解。

9月26日 十时入校治事。十二时联合招待中国物理学会年会，月涵先生在西山未还，嘱余与石先、勉仲作主人。

11月4日 （下午）三时入校。五时至南开办事处，与正之、石先、芝生诸君谈战局，均以为明年必胜矣，快甚。

11月12日 十二时至南开办事处，联大党部请客，到枚荪、今甫、伯伦、莘田、柳漪、石先、雪屏、月涵诸公，主人则从吾、信忠也。

11月18日　（下午）四时续开校内兼职应否兼薪小组会议，此上周常委会所提出，命余召集枚荪、芝生、嘉炀、石先讨论之，咸不以兼薪为然。

12月10日　七时起。雪甚大，片片而下，似在北地，入滇以来所未见也……九时雪止而雨……（下午）五时至南开办事处，由序经、石先、正之、芝生、勉仲、子坚、嘉炀及余具名请同人便饭，商生活问题。

12月31日　病中来探视者甚多……（石先在来三次之列）。

1943年　3月19日　入校治事。十二时子坚、石先、序经公宴蒋、梅两氏夫妇，以莘斋夫妇及余作陪。

4月13日　（下午）四时半至北门街七十一号开会，讨论檀香山奖金，并与端升、石先、福田谈……

4月30日　七时起。八时半徐行敏来，谓得校中通知，以斋务股职员黎君函称在校医室打针错误，以致昏厥，校医室玩忽职务，有类儿戏，经常委（石先代批）批饬校医室注意。徐以面子关系请求辞职……十时入校，遇正之、之恭，亦已知此事，欲往慰之，再至化学系与石先谈，而后至总务处……若得黎函即交校医室查复，俾其先有声明机会，然后批，或不致此也。

5月12日　十时入校，途遇岱孙，谓教授多人联名请召集全体教授会，商讨生活问题……列名二十一人，均法学院教授。石先已与雪屏商定，在下星期三召集。

6月9日　九时入校治事……十二时归。饭后王洁秋相告，云南企业局长刘幼堂言陆子安知联大同仁之窘，欲有所助，欲在企业局设顾问四十席，为联大理工学院教授膏火之供，另由兴文银行为文法学院设法。理工方面托之洁秋和武之，文法则托之徐梦麟。武之已言之正之，正之赞成，将于今晚在常委会一谈。洁秋嘱余陈之孟邻师，因作一书。五时至南开办事处开会，知今日雪屏、序经已走，石先须待星期五，常委会决定由余代理主席。八时归。树人来谈企业局事，余以今日开会时非正式谈话情形告之。石先个人不参加，但不反对别人参加。

12月29日　石先受训还昆。

1944年　1月12日　[下午]四时开（会）审定清华服务社红利提成分配原则，出席孟邻师、石先、企孙及余。

3月8日　八时半月涵先生送信来，谓招待孔[祥熙]、宋[子文]茶会已约定明日下午四时，地点与马晋三借妥其军政部办事处，嘱往一谈。急至西仓坡接洽茶点、地点诸事，托沈刚如办理，余携名单入校发帖，计有蒋夫人、孔庸之夫妇、龙志舟夫妇、宋子文、子安、子良兄弟、顾一樵、卫立煌、黄琪翔及省政府全体。……主张明日茶会由余与石先发言，请求下列诸事：一、图书仪器不能入境，请设法拨给运输量；二、中央拨款往往过迟，请提早以资周转；三、学生饭食太差，请加副食费（现为二百元）；四、校中欠地方各银行款五百四十万，由中央承认转账；五、请各银行投资建新校舍，租与本校同人。谈定，一樵去。既而余辈详思之，明日之会，外人甚多，恐失同人身份，乃决作罢，而枚荪、端升、奚若诸人亦决定不到场。

3月9日　[下午]四时茶会开始，到百三十余人，校外有孔祥熙、龙云、卫立煌、陆子安、黄仁霖、马崇六、顾一樵及省政府诸人。（孟邻师致介绍辞，孔祥熙讲话，梅贻琦表示感谢，等，略）少顷，一樵请石先发言，略述同人及学生苦况。一樵复视余，欲更有言，余目止之。

3月10日　九时半入校治事。十一时月涵先生告，以明早九时半孔祥熙在云大至公堂召集联大、云大及译员训练班学生训话，嘱为筹备一切。余与勉仲、石先咸谓不宜先期布告，以免横生枝节，乃决定明早七时出布告：九时至十一时停课，九时十五分凭校徽及注册证在云大操场集合。

3月14日　十二时半至西仓坡，[开常务委员会]议决以昨谈四事函常务委员请转达孔[祥熙]，并以信稿抄送一樵，推莘田、端升、芝生起草，推枚荪、石先、雪屏面孔……茶会散，往一樵住室小坐，有月涵、迪之、枚荪、石先、莘田，候雪屏不至。众强余代雪屏往晤孔，不得已允之。孔约七时一刻晤谈，诸人有事先行，余与枚荪留候。再三研讨，以为晤孔甚无谓，且常委既已提出周转金，师院又提建筑费，若再有第三次之提出，似乎令人有无厌之感。七时一刻石先、一樵来，以此意告之，两君仍主一见，遂往晤之。由石先发言，述函内四点，孔答运输必设法，副食费必加，应由教育部统筹地方银行借款，必不使学校失信用，到期再函告知之。建筑费先以三百万修建，将来逐渐增加。可谓全有结果，亦可谓全无结果。好在余辈本不欲见之。

6月21日　[下午] 五时至西仓坡开会，正之有各系助教按比例分配之提议，余未赞同。与正之同者石先、芝生，与之不同者岱孙、月涵，其议遂消。

6月24日　午前余在校得外交特派员通知，（美国副总统华莱士）明日三时到联大参观并演讲。与勉仲、石先商定 [月涵未到校]，已备好通知及布告，在图书馆内演讲。

6月26日　十时吴俊升、林栋来校，与勉仲、石先、芝生、雪屏招待之，参观学生饭厅、宿舍及图书馆。

6月28日　九时入校治事。与月涵、石先、勉仲商校舍问题。

7月1日　得月涵先生函，嘱十时半至西仓坡，看华莱士所赠物品，开箱均分，到云大章君及石先。计显微镜八架，痢药七万五千粒，自来水笔、铅笔八套及杂件等。

9月6日　十时入校治事。与继侗、石先商定教室事。

9月12日　九时入校治事。一时在校前进膳后还舍小睡。读《经籍志》。七时诣石先，商雯儿学籍事。

9月22日　九时至清华办事处，询知午间请客事已准备，盖恐又蹈前次请银行界覆辙也。入校，得月涵先生通知，在十一时半徐可亭来谈，嘱早到西仓坡。十一时乃偕勉仲、石先同往。

10月20日　[下午] 五时半至南开办事处，参加学校党部宴会。张印堂主张有所表示，请政府开放政权，以军权属政府不属于党等等，枚荪以为然，正之不以为然。饭后召亭主多介绍学生入党，并与所谓民主同盟斗争，芝生、石先、枚荪均不谓然。

11月1日　［下午］三时至西仓坡，月涵先生招待刘健群茶会……同人来者周枚荪、钱端升、燕召亭、吴正之、冯芝生、陈岱孙、杨石先、陈雪屏均先至。

11月18日　至西仓坡，正之等小组会已毕，报告拟以扩大军训为名将全校学生组织并训练。继开党员上书起草会议，到月涵、芝生、正之、枚荪、雪屏、启元、觉民、西孟、子坚、勉仲、伯伦、石先及余，芝生已综合前次开议诸人之意拟就文稿，各人略有修正，仍交芝生增改，文字甚婉转，意见甚坚强。

11月30日　十时半入校。登记从军者纷纷不绝……六时还舍。雯儿来，九时送之还。归来得月涵先生函，嘱往一谈，急赴之，石先先至，勉仲继至，有学生多人来信请求登记延期，并召集登记学生谈话，俾询求实际问题，商谈结果，均允之。

12月25日　十一时半复睡至一时半。偕姚从吾至大西门外译员训练班。参加本校从军学生茶话会，到征集委员会全体及冯芝生、周枚荪、张清常等。石先主席，华炽、芝生有报告，月涵、枚荪有演说，清常领导唱歌，勉仲闲话甚有趣。

1945年　1月28日　今日送从军学生入营也……十一时闻军乐声，乃出宿舍后门，在北门街随大队而行，至此教场，观其训话分连后，在接待室稍息，偕月涵、勉仲、典存、石先乘汽车还。今日联大入营者一百五十一人，云大十八人，中法大学六人。联大随大队送者有伯伦、柳漪、石先、勉仲、锡永诸公，学生数十人。

2月12日　八时起。偕周云裳诣子坚，欲借南开办事处为之暂住，不值。遇勉仲，知其在附属中学，复往访之。子坚导至办事处略谈，晤石先。

2月21日 ［下午］五时至南开办事处开常务委员会，余代主席，月涵先生行时未指代理之人，今日石先推余，余推石先，最后决定由石先、勉仲及余三人共代。九时散，归。

3月13日 ［下午］二时半赴方先觉茶会，先还。五时至西仓坡开常务委员会。会后与正之、枚荪、岱孙、企孙、锡予、石先谈时局，或云中央有讨伐共产党之意，疑其必不确也。

3月22日 八时至西仓坡，企孙约早餐，为翁咏霓设也，到正之、石先、子坚、奚若、枚荪、霖之、岱孙、慰慈、勉仲、印堂，谈至十时散……下午本有常务委员会，乃约之来……五时至西仓坡，计到石光、勉仲、锡予、正之、枚荪、嘉炀、子坚、奚若、寿民、莘斋、雪屏、岱孙、矛尘……吴又谈史迪威之去职，实由于欲装备十八路军而自将之。

3月24日 ［下午］五时诣才盛巷治事。七时还舍。雪屏、石先、勉仲、华炽、伯伦、枚荪等均在从吾处开谈话会，商明天总裁召见事。

3月28日 十时入校治事。奉部令自三月份起，生活补助基本数改为八千元（原为四千元），薪俸加成改为四十倍（原二十倍），此与同人希望相差甚巨，且与重庆为八与七之比（重庆生活基数七千元，加成三十五倍），尤不公允，与石先、勉仲、枚荪商电部请求再予审议。

4月7日 今日欢迎端升茶会也，报告甚详。五时散会。常务委员会诸人复留商学生问题……定下星期一月会请端升讲美国情形，并由枚荪发挥，揭穿校外人利用学生之内幕，禁其发表宣言。奚若以为可以不加干涉，商谈结果，枚荪不讲，由石先略说数语。

4月9日 八时半入校治事。九至十一时举行国民月会，由端升讲美国情形，石先主席，于近日学生情绪有所提示。

4月10日 ［下午］三时至云南大学参加欢迎讷任伯Knollenberg茶话会。比至，始知其因病不能来，茶会取消矣。又晤石先，知与之同来之美国文化联络员派克顿Paxton欲参观云大及联大，余乘其参观云大时，往视路祖焘疾，然后转联大，与石先、企孙导其参观。五时半至西仓坡开常务委员会……

4月11日　九时入校治事。学生代表大会《国是意见》，同学间有反对之者，勉仲召学生会负责人来，劝其缓发，未效，乃约石先与余共出示禁之。会商结果决由三人署名，写一通知劝学生自治会审慎考虑，暂缓发表。

4月12日　[下午]五时诣西仓坡，开校务会议谈话会，到一多、岱孙、佩弦、端升、仙洲、雪屏、寿民、石先、勉仲、子坚、芝生、奚若、枚荪，由月涵先生报告在重庆开校长会议情形后，谈及最近学生宣言事，大家似不甚关心。

4月13日　罗斯福总统于昨日逝世……张奚若自美国领事馆唁后，来嘱校中下半旗。十二时至师范学院午饭，见学生于《对国是意见》外，后有快邮代电，衔称"国民政府国民党中央党部蒋介石先生、共产党中央政治局毛泽东先生"云云，此昨日未及知者。饭后诣月涵先生，亦甫见此稿，乃嘱常务委员会诸人于八时往谈……八时至西仓坡，到勉仲、子坚、石先、芝生、枚荪及余五人，谈学生自治会事。枚荪主解散自治会，不承认其活动，子坚、石先深以为然，芝生意稍不同，但无异议，遂决定解散。嗣以兹事重大，欲集广考虑，乃由勉仲往约雪屏、端升，余往约岱孙、企孙、佩弦、奚若。十时半到齐再商，奚若甚不谓然，端升亦不赞成解散之举，芝生和之……今日争辩甚烈，但态度极从容和正，令人想到英法国会。

5月1日　[下午]袁冠新（世斌）来，衔命乘车来接，先至端升处，再至子坚、勉仲处，再至月涵先生处，正之、芝生、嘉炀、石先均在，同至白马寺，应何敬之之约，枚荪已先到，别有云南大学诸人，共二桌，盖酬应也，一无所谈。

5月2日　[下午]四时明之来，偕至昆中南院宿舍视应修工程……在石先处小坐，又至泽涵处小坐。

5月8日　八时半至北门街晤庄长恭、任东伯二君，皮皓白、童蔚孙已移居云大矣，石先亦先至，候至九时二十分，皮、童两君未至，乃偕庄、任二君入校，在新校舍候至十时二十分，皮、童两君始到，盖双方互候，昨日定约未能确实说定也……午饭后视察，恐误工学院之约，遂匆匆乘马车去。石先、勉仲导之，另定期再看新宿舍……三时开茶话会，诸同人先后至，陶孟和、皮皓白、庄长恭、童蔚孙、任东伯均到，林同济、严慕光未到。月涵致辞后，皮、任略有所谈。孟和先生先去，月涵先生指名请石先、勉仲及余说话，乃各就所司有所言，不免近于批评摘指矣。正之、希渊、继侗亦各有表示，东伯亦略答解。四君皆非部中人，所答亦不能得要领也。六时散。

5月15日　今日视察团复来校视察，余不愿旷课，由石先、勉仲伴之。十二时一刻同乘马车诣赵鸣岐，欢宴视察团也，余等外另有羡若、端升、迪之。饭毕，与勉仲、石先偕皓白、蔚孙乘马车至大观楼游览饮茶。

7月21日　［晚］九时还宿舍，坤仪、式珪相候已久，述段打工人及失窃事甚悉，昨日之再打非坤仪所为也。式珪言南院宿舍委员霍重衡、张为申已辞，改选吴大猷、陈友松及杨石先夫人，又云南院同人联名请恢复看门人老董，签至光旦夫人，始以不便包庇窃贼阻止。

7月27日　十时入校治事。［午后］七时至昆北宿舍，公请石先、景钺、泽涵、绍毅夫妇及马仕俊，以其将往美国也。主人为雪屏、矛尘及余，景钺辞不受饯……报载中英美三国发表对日宣言，促其投降。绍毅言外间和平空气甚盛。英国选举揭晓，工党获胜，得议席三百六十六，邱吉尔辞职，阿特里奉命组阁。

有人会说，你看书真细呀，书中有关杨石先的文字都找见了。

不是这么回事儿，我得说实话。

初接到书，上、下两册，我是打算细细看一遍，找遍杨石先的材料，看完上册再翻下册，发现书后有《人名索引》，大喜。这是近年来做这类书的一大进步，可谓与世界接轨。不一页一页地看了，只需按索引上的提示，翻到相关的页上便是。前面自认为看得很细的地方，也有疏漏，没说的，一一补上就是。

是不是凡提及杨石先的文字，都抄在这里了呢？也不是。比如1945年有一则日记说"访石先不值",就没有抄。还有一则,1945年10月8日,郑天挺、黄钰生、陈雪屏在南京,前往陆军总司令部拜会萧毅肃参谋长,相与晤谈,且留午饭,见到两位副参谋长,还见到杨石先的弟弟杨继曾,就没有抄。不过这里说没有抄,等于又抄上了。也不是一点用处也没有。至少我们知道了杨石先这个曾留学德国的弟弟,战时是在陆军总司令部供职。

这么详细的摘录有必要吗?

十分有必要。

几种杨传,这一时段的记事,多流于空疏。有这部日记,还要加上前一种(梅贻琦的),就让我们对杨石先有了切实的了解。眼前是个活生生的,有个性有血肉的人。

郑天挺是著名的历史学家,他写日记,详细,平实,能见出他的品质心态,也能见出被写之人的品质心态。

比如1943年6月9日的一则日记,记云南企业家想对联大的教授有所补助,涉及数人,态度就大不相同。陆子安是云南的名流,也是著名的实业家,他的补助办法是让云南企业局长在局内设四十个顾问,聘联大理工学院教授四十人担任。另有兴文银行为文学院设法,想来也跟企业局一样,在银行挂个空衔,每月奉送"膏火之供"若干。各人的反应是什么呢?工学院院长吴有训赞成主张私人接洽收受。理学院院长施嘉炀反对私人接受任何报酬,企业局应以全数捐给学校,由学校统一支配。还有的教授主张应由三校组织非正式委员会,以调查家境最苦者分给之。

杨石先的态度是什么呢?

当郑天挺将种种意见告诉他之后,他的态度是:他个人绝不参加,但不反对别人参加。这里的参加,可理解为接受。即,这样的奉送,别人怎样,他管不着,但他自己是绝对不要这笔钱的。这是会前说的。他有事不能参加会议,先表了这么个态。

有的事情上,也可看出杨在处理具体事情上,不及郑天挺有经验,能沉得住气。

1943年4月30日的"打针"事件,即是一例。这一事件,郑天挺在日记上写得很详细，前面我抄的时候，略去了一些情节，这里可以补上，就看得清楚了。

这天八点半，校医徐行敏来找郑天挺，说他得到通知，说斋务股职员黎某致函校方，称在校医室打针错误，以致昏厥，校医室玩忽职守，有类儿戏。此函经杨石先以常委名义代批，发至校医室，要他们以后注意，徐行敏认为不合事实，有辱颜面，请求辞职，并谓校医室今日起全部停止办公，以便交代打针事件。

遇上这样的事，杨石先将信批给校医室，要他们以后注意，不要再出这样的事儿。对吗？也不能说是有多大的不对。

可是出事了。徐校医大为不满，找到总务长（他的分管领导），要求辞职，要校医室停止办公，这就不是"注意"的事儿了。

想来郑天挺只会好生安抚，大事化小，小事化了。

事情是平息了，郑天挺却不是没有自己的看法。此事的关键是，这位被错打了针的黎某，并非昏厥在校医室的地上，而是离开以后"昏厥"的。也即是，单凭口说，就写信给学校告这样的状。

这事给了郑天挺，他不会这么处理的。日记中说："余略闻之，而不知有信有批，力慰之……再至化学系与石先谈，而后至总务处。勉仲示以黎函及批，并事后徐大夫答复函，此数函全未经过总务处。"末后感慨道："若得黎函即交校医室查复，俾其先有声明机会，然后批，或不致此也。"

一个学者，有没有行政的才能，在这上头就看出来了。郑天挺是名教授，又是行政长才，是一点儿不假的。在这上头，杨石先跟他比，还是差了一筹。

这样翔实的记录，还可订正许多史实。比如任教务长期间，杨石先曾去重庆受训，好些文章里提到了，但语焉不详，有郑天挺的日记"石先受训还昆"一语，我们就可以断定，只会在1943年12月9日前的一两个星期。

第二十四章

联大最后一位"看门人"

○○

　　承前文下来，有人会问，杨石先不过是联大的教务长，纵是最后一任，也不能称之为最后一位"看门人"吧？

　　是呀，你说得对。

　　若以教务长这一职务而论，不过是个中层干部，同级别的还有总务长郑天挺、训导长查良钊，就是联大各学院的院长，也是这个层级，我再糊涂，也不会以这个职务，恭维杨石先是联大最后一任"看门人"。

　　就是教务长这个职位，杨石先也没做到最后。

　　他是1945年9月离任出国的，联大的事务还会拖延一个时期。日本投降后，梅贻琦曾去重庆公干一月，11月12日回到昆明，第二天的日记上说："过去一月联大方面系周枚荪代理，渠初未允，后经常委会同人敦促始就者。"就，当是就职之谓。何职，未说明。但可旁证，这时郑天挺已被北大派去北平接收日伪的北大，总务长也空缺了。梅氏日记10月17日记载："联大常委会决聘荪斋为代总务长。"

总务长、教务长是联大正常运行的两个轮子，或者说两根支柱。这边沈履（弗斋）任了代总务长，那边周炳琳不必代，该是"就"了教务长。杨石先跟郑天挺不同处是，郑只是去处理北大复员事，仍属联大的事，只是不在昆明了，故沈履是"代"，而杨石先去国一年，与联大脱了干系，连代字都成了多余，只会是实任了。

既是实任，杨石先连"最后一任教务长"都不是了。

不必饶舌了，我说的"看门人"，是说他曾代张伯苓做过联大常委会的代主席。主席是守门人，代主席只能说是"看门人"。

这么说，虽有几分勉强，大致说来仍属实情。

又要说到联大的格局，还有梅贻琦的良苦用心。

建立联合大学，最初是长沙临时大学，据说是傅斯年提出的。临大的领导，教育部定的是不设校长，由三校校长任常委，共同管理。这，一听就是个临时的办法，没有办法的办法，也可说，没有好办法的一种退而求其次之的办法。很快武汉失守，日军必将南下，长沙是待不住了，教育部指令，临大西迁昆明，改称西南联合大学，去掉了"临时"二字，成为一所正式的国立大学了。

成为正式的大学，还要不要校长？

好多书上回避这个问题，以为临大定下的三常委制，到昆明必一仍其旧。

过去披露出来的资料不多，可以含含混混地这么说，也不算大错。因为后来在昆明，确实执行的是三常委制。甚至说张伯苓不来，蒋梦麟不情愿干，只能由清华校长梅贻琦一人挑大梁，独木支大厦了。

听起来顺顺当当，蛮像那么回事儿。

合乎情理，也合乎逻辑，只可惜的是，事实不给这个面子。

《郑天挺西南联大日记》1938年1月11日条下有言：

> 傅孟真（斯年）来谈临时大学迁昆明后，将请孟邻师为校长，此事孟真闻之陈之迈，之迈闻之顾一樵。孟真意，事果实现，请周枚荪（炳琳）回校，以调停于清华、南开、北大三校之间，余甚然之。

同年1月19日条下有言:

> （下午）五时谒孟邻师，谈临时大学迁昆明后，将以周梅荪为总务长、潘光旦为教务长、黄子坚为建设长、胡适之师为文学院长、吴正之为理学院长、方显庭为法商学院长、施嘉炀为工学院长，谈至九时归校。

有此两则，则可知悉，西迁后蒋梦麟疏于参与校事，所为何来了。盖梅贻琦主持校政，是被实力"拥"上去的，师生人数在那儿，庚款资金全在那儿，他不说话，校务就推不开。不能说梅贻琦擅权，只能说蒋梦麟知趣，往后退了一步。但各学院院长的设置，几乎还是蒋梦麟在长沙定下的盘子。

梅贻琦是个自重自爱的人。上峰定下的三常委制，到了昆明，无意间成了他唱独角戏，心里总有几分不安。张伯苓在重庆一门心思经营他的南开中学。一说到联大事，满口天津腔："我的表你戴着。"他是学生，只有听命。对蒋梦麟，可就不同了。联大最早拟任蒋梦麟为校长，他不会没有耳闻，到了1941年，联大的格局已定，他最为希望的，就是此时蒋梦麟能出山，担任联大常委会的主席，不必行文，至少是每次联大常委会担任主持人即主席就行了。

还得插一句，说说这个联大常委会。按教育部的行文，临大不设校长，由三校校长任常委共同负责。道理可以这么讲，事情无法这么做。张伯苓是确定不来，昆明就蒋梦麟与梅贻琦，两个人怎么组成一个常委会？

有鉴于此，梅贻琦与蒋梦麟商量后，成立了一个扩大的常委会，人员包括两长（教务长、总务长），后来教育部行文，大学设训导长，又加上了训导长。再就是联大各学院的院长，后来成立了师范学院，又加上这个院长。这样一来，这个常委会就是，部定三常委加三长和五院长，共是十一人。

这样的会议，处理不好，就是一手遮天；处理好了，既体现上峰的安排，也显示他梅贻琦的胸怀。

实际责任可以多担点，面子上必须是三校平等，轮流坐庄。

梅贻琦是打麻将的高手，不会不懂得这个道理。

过去的常委会，蒋梦麟只要在昆明，差不多也都参加，只是死活不坐主席的位置，不说主持人的话语。

必须再做工作，待之以诚，或许有望。

> 1941年5月13日　上午至联大办公处与郑毅生谈二事：1. 告以清华拟补五十万事，因恐昨日与蒋君略谈者或未明了。郑谓北大明日将有校务会议，再行计议，大家之意拟不接受，而专注意于预算之确定。2. 告以余愿蒋君继任主席至少一年，盖吾二人原无所谓，但校中人众，如此似较好耳。[《梅贻琦日记（1941—1946）》，第31页]

梅贻琦这话，说得再恳切不过了，蒋梦麟那边呢，想来是虚与委蛇，只是个不应允。

蒋梦麟的资格比梅贻琦老，如此行事，梅贻琦是一点办法也没有，不久就发生了"二长风波"，再三劝慰，郑天挺总算复了职，教务长原定的周炳琳是北大人，周炳琳有事不能就任，推荐潘光旦，潘光旦是清华人，万万不能，只好让南开人杨石先暂代。蒋梦麟不出任常委会主席，教务长、总务长都是北大人，参与联大决策层，也对得起北大了。

此后两三年，就这么维持着。

当时知识界都有一个信仰，美军参战，战局必然扭转；若开辟第二战场，德军必败。德军败了，日军必败。真正开辟第二战场，即诺曼底登陆，是1944年6月间的事。这是一拖再拖的结果。实际上在前一年，就在准备着。

高层决定的三常委制，多少年，就自己一人执掌，梅贻琦的心境如何，可想而知。必须改变。蒋梦麟不给面子，那就只有转而求他的老校长张伯苓先生了。他常去重庆，去了就去张府拜谒，想来这话一说，张伯苓不会不理解，但要去昆明住上一年，老校长可就不干了。他自有他的智慧，当年三常委制，他既然能对梅贻琦说"我的表你戴着"，这会儿也会说句"那就让杨石先戴上一阵子"。有这么一句话，梅贻琦自然知道该如何运作了。

具体的运作，无文字材料，不敢瞎猜。北京大学档案馆存有联大常委会的两份会议记录，记录着主席、记录、参会人员、会议议题，清楚地说明了主席人选的这一变化。这一记录，何以存在北大？极有可能是因为会议记录者章廷谦（川岛）是北京大学的教员（后为教授），北大复员后，他将保存的记录交给了北大。

是通过朋友查阅到的，仅两份，全抄在这儿，以见杨石先后期在联大地位的变化。

第二八五次会议（1944年1月12日）

时间　三十三年一月十二日下午五时

地点　昆明才盛巷二号，北京大学办事处

出席者　蒋梦麟　张伯苓（杨石先）　杨石先　冯友兰　陈序经　郑天挺　黄钰生　吴有训　查良钊　施嘉炀

主席　杨石先（代）　记录　章廷谦

一、报告事项：

（一）杨代主席报告：中央银行昆明分行为本大学，拟将前订透支国币壹百万元到期合约展期六个月一节，业经转报总行核示复函。

（二）杨代主席报告：教育部为饬大学实施理工科学生分发实习办法训令。

（三）杨代主席报告：中国全国工业协会云南分会为促进工矿生产调剂供需，特请本大学为赞助会员来函。

（四）蒋常委报告：本席因中基会于本月十六日在渝开会，拟即赴渝出席。

（五）黄钰生先生报告：本大学师范学院附属中小学卅二年一至十二月份经费收支情形。

二、议决事项：

（一）在蒋常委、梅常委赴渝离校期内，所有常务委员会主席职务，

请杨石先先生暂行兼代。（通知）

石先（签字）

第二八六次会议（1944年1月19日）

时间　三十三年一月十九日下午五时

地点　昆明文化巷三十号，南开大学办事处

出席者　杨石先　张伯苓（杨石先代）　吴有训　查良钊　郑天挺　黄钰生　梅贻琦（杨石先代）

主席　杨石先（代）　记录　章廷谦

一、报告事项

（一）杨代主席报告：中国红十字救护队第六材料分库为捐赠本大学药品一箱业已运到请即来处洽取来函。

石先（签字）

主席是掌门人，或者说是守门人，他只是个"代"，称之为"看门人"该不算轻慢吧。至于如何鉴定是"最后一位"，盖因他赴美之际，日本已投降，对于联大来说，不过是各自北上复校的事，也就不存在什么掌门人；没了掌门人，也就不会有看门人，他不是最后一位又是什么？

第二十五章

赴美研修

杨石先这次赴美研修，规格很高。先看两份文件，均藏清华大学档案馆。

呈教育部选荐张景钺、杨石先、刘仙洲、任之恭 四教授出国研究（1944年11月27日）

教育部钧鉴：

　　案奉钧部高字第五一一一七号训令，令就现任教员中选荐理科二人、工科二人出国研究。等因奉此，自应遵办。本校经再三审议，以为校内教员合格者甚多，应予慎选，以期于诸君将来回国后得收最大效益。最后，选定理科二人为张景钺、杨石先，工科二人为刘仙洲、任之恭。兹谨将该员等履历表随电呈送，请予核派。并请核示该员等出国日期及出国手续应如何办理，以便准备。至此批出国研究教授，应否照休假研究，例由本校各支给薪津一年，并祈核示祗遵。

国立西南联合大学叩（印）

呈教育部关于杨石先出国研究护照一事（1945年5月28日）

教育部钧鉴：

　　本校理学院化学系主任兼教务长杨石先教授业经钧部选定出国研究。兹谨将填缴之中国人赴美证书及请领护照事项表，又相片三张、印花税及护照费□□元并随电呈送，敬补转资外交部，填发杨教授出国护照，实为公便。

国立西南联合大学叩（印）

　　头一年11月有此动议，且确定四人报上，第二年5月还在办理护照，真正出国要到9月了。这是《杨石先生平记事》里的说法，按下文引用的美国人的说法，当在10月。此时赴美，不会是坐轮船，航线已通，直飞可达。这边说9月，那边说10月，断不会是9月30日晚起飞，10月1日晨抵达这么巧。

　　是国家公派，却不是多么顺利，杨石先自己也费了不少心思，这在美人亨利·G.戴所写的怀念文章里有详细的介绍。

　　以情理推测，似乎在教育部给西南联大下达赴美研修四人指标之前，他就计划着一次赴美研修的行动。其依据当是南开给大学教授定的一项政策，教满七年可享受一年的带薪出国研修。其时南开的财政并不充裕，他不愿意花费南开的经费，故而想在美国申请一笔研究经费。后来的情形很有可能是，他的努力跟教育部的派员研修计划重合了。前期的情形从他给清华老同学陈克恢的信中可见端倪：

　　　　我两年前即可休假，但当时不想请假。今秋申请休假以便赴美一年。不幸政府限制出国，仅向已在国外获得有偿职位者签发护照。故只得要么放弃此时休假计划要么在美取得一有偿工作或研究员基金。我希望今年赴美皆因为我已收集一些抗疟草药并希望确认其有效物质结构来引导合成，以便可制成抗疟新药。（转引自亨利·G.戴《缅怀杨石先先生》，《杨石先纪念文集》，第55页）

这位陈克恢，就是跟杨石先同年回国，在北京协和医科学院工作，研究出麻黄素的药物学家，其时在美国一家有名的医药公司工作。经他斡旋，这家公司支付了一笔钱，让杨石先在印第安纳大学做研究员。为此，陈克恢致函印第安纳大学化学系主任 R. L. 施里纳博士，先说了杨石先的资历：中日战争爆发前，任南开大学化学系主任、教授；自南开大学迁至南方昆明后，任昆明西南联大的化学系主任；去秋起任联大的教务长；现可享受一年学术假期。

接着说了对杨石先工作的安排，还有他自己的考虑。

> Eli Lilly 公司拨款 3000 美元作为研究员基金，供杨博士在您的指导下进行工作。他将研究他采集的抗疟草药——当然是从化学角度出发。若他此项研究不能有所收获，盼您为他指定医药化学课题以利其返华前有所作为。（转引自亨利·G.戴《缅怀杨石先先生》，《杨石先纪念文集》，第 55 页）

应当说，这位老同学为杨石先的研修，考虑得太周到了。一年时间，难有多大成果，若无收获，还让对方为杨石先选个可出成果的课题。

为了说服施里纳博士收下杨石先这个研究员，陈克恢除了让自己服务的医药公司提供研究员基金外，还特意说明杨石先的学历与美国的关系，自己又与杨石先有着怎样的情谊。

> 我与杨先生首次接触是在清华。清华地处京西，原是一富家地产。学校建于 1908 年，是由美国自庚子赔款的 2400 万美元中抽资 1100 万兴建的。
>
> 我们都很赞赏"山姆大叔"的这一做法。大部分教师是美国学者。他们教导中国青年赴美深造。校长是中国人，他对学生非常严格，要求他们赴美前要从事田径体育项目训练。
>
> 我与杨博士 1918 年同期毕业，结伴至上海搭乘中国客轮"南京号"

赴美。我们班有57人，个个身强体健。到达加州旧金山后，我们各自投向所报学校，学习三年级课程。大部分人获得经济援助，三年内取得了博士学位。杨博士攻读有机化学，我读生理学。1923年我与他各自回国。他定居天津，我在北平协和医科学院任教。1925年我返美继续攻读医学学位（在霍普金斯大学）。（转引自亨利·G.戴《缅怀杨石先先生》，《杨石先纪念文集》，第55—56页）

看来陈克恢跟杨石先一样，首次赴美都只获得硕士学位，只是陈先生二次赴美读博士学位，比杨石先早了几年。

有这样的同学鼎力相助，不光说明了杨石先学业的优秀，还说明了杨石先人品的高尚。

陈克恢信中有"去秋起任联大教务长"一语，可知此信写于1942年。也就是说，早在1942年，杨石先就有赴美研修的打算，后来，因战争形势的恶化放弃了。这么说来，前次的进修打算，跟1944年底的教育部选拔派员赴美研修没有任何关联。

此番赴美，是教育部通过外交途径进行，自然一切顺利。只是杨石先仍选了印第安纳大学，做这里的客座研究员。休假和公派加起来，可以在美国待两年。

在《缅怀杨石先先生》一文中，亨利·G.戴说，他为了写好这篇文章，特意找到《印第安纳大学：1829—1991》一书，引录了书中的几段文字。其中谈到杨石先彼时在该校研修的情形。

在第二次世界大战前及大战中，很少有外国化学家或留学生来化学系学习，印第安纳大学也鲜有出国者，中国人是最引人注目的外国人。

杨石先是战后来校的首位著名化学家，他已于1945年10月到达布鲁明顿。他还未大展才华，就迫切地于1946—1947年冬回到天津的南开大学……

在印第安纳大学校园里，杨君勤奋工作，也与他人谈笑风生，十分友好……据IDS（印第安纳学生日报）载，他曾于1946年初在男教师俱乐部发表演说，题目为《战时在华执教经历》。

1946年5月杨君与其他三名化学系研究生在荣誉化学学会的年度酒会上当选为该学会成员……（转引自亨利·G.戴《缅怀杨石先先生》，《杨石先纪念文集》，第56页）

1947年12月，杨石先谢绝了同事的挽留，匆匆回国。亨利·G.戴是这样说的：1949年4月他致信给我："我已于1947年冬在同事诚挚的邀请下返回南开，皆由彼时华北局势处于转变关头。"写此文时，亨利年纪也不小了，他说的1949年杨石先才写信告诉他，回到南开，极有可能是误记，将杨石先写信托他关照女儿的事混在一起了。因为同文中，他说到了杨石先女儿留学的事。

Julie杨是首批第二次世界大战后来此攻读化学研究生学位的学生之一。她1949年7月毕业于南开大学。在最初准备出国及向印大申请时，她曾于1949年9月29日致函于我："我近日离津，已于昨日抵达香港。遵父命写信向你请教。"她于1952年在印大获硕士学位。为在不同学校进一步深造，她后又转至伊利诺伊大学，于1955年获无机化学博士学位。（亨利·G.戴《缅怀杨石先先生》，《杨石先纪念文集》，第57页）

这里说的Julie杨，指杨石先的女儿杨耆荪。杨耆荪非南开大学毕业，而是清华大学化学系毕业。夏天毕业，春天就该联系赴美留学的事，这才会在4月间致信印第安纳大学的好朋友，托其关照。此前有化学系的青年教师留学美国，入的也是印大，该是有过联系的。

也因了杨石先对印第安纳大学的好感，具体地说，是有亨利·G.戴这样的好朋友的照拂，杨石先回到南开后，短短的一两年时间，不光将自己的女儿送到印第安纳大学留学，还将三位南开的青年教师送到该校深造。亨利·G.戴的文章中，是这么说的：

差不多在杨女士到来前后，另外三个学生也自南开来印大，他们是陈荣悌和何炳林夫妇。他们均于1952年获印大博士学位，而且都返回了南开大学。陈博士20世纪80年代初来过美国，在西北大学待了近一年时间。他访问了印大，在化学系做了个学术报告。与此同时，何炳林夫人作为中国科学家代表团成员，对印大和化学系做了短暂访问。（亨利·G.戴《缅怀杨石先先生》，《杨石先纪念文集》，第57页）

既然说到南开与印大的人员交流，那就再往后说说。这也应当视为杨石先当年在印大研修时的杰出表现结下的果子。亨利·G.戴的怀念文章中，接下来是这么说的：

> 1955年，聂树明博士成为化学系助理教授后，南开大学与印大化学系的联系更加密切。他于1983年在南开大学化学系获学士学位，1989年在西北大学获博士学位，1990—1992年他在佐治亚技术学院从事博士后研究，1992—1994年是斯坦福大学研究员，并于1996年获贝克曼青年研究者奖。他的研究重点为开发并应用以激光为基础的紫外线光敏方法论来研究大分子和纳米级微粒结构与作用。杨先生为南开培养出这样的代表人物，确实令人欣喜。（亨利·G.戴《缅怀杨石先先生》，《杨石先纪念文集》，第57页）

这里的年份，或有误植。既说聂树明1983年才从南开化学系毕业，何以会有1955年当了化学系助教之事。这里的1955年，当是1985年之误吧。可惜的是，这个人物的成绩全是在国外获得的，国内鲜有介绍。

杨石先与印大亨利·G.戴的友谊，一直持续到他生命的最后阶段。以杨石先的心愿，他曾有过率团访问美国几所大学的计划，当然包括去印第安纳大学，见见亨利·G.戴这样的老朋友。1979年，南开真的要派团赴美了，可惜他去不成了。年纪太大，身体先不允许。在给亨利·G.戴的信中，他说到了自己的遗憾，读来令人备感伤情。

1979年，在一封圣诞来信中，他告诉我南开大学"计划派代表团赴美国访问一些友好院校，这些院校曾派人来我校访问并计划开展多项合作……"，他特别讲明"坦率讲我几乎不可能带团前往"，他解释说自己"年事已高，健康情况每况愈下"，他"对不能与在美老友重聚深表遗憾"，这读起来令人悲伤。（亨利·G.戴《缅怀杨石先先生》，《杨石先纪念文集》，第58页）

第二十六章

战乱中的坚守

⊙⊙

这一章很不好写，杨石先从美国回到天津，已是1948年2月，到中华人民共和国成立时，不过一年半的时间。这是南开大学北上复员改为国立、根基尚不稳定的特殊时期。事情想来很多，材料却少得可怜。

一张旧报纸帮了大忙。

是一个朋友帮我找到的，很稀罕的一张报纸，叫《大锡报》。网上查了一下，说是民国时期江苏无锡出版时间最久、最具影响力的地方报纸，1912年创办，1948年10月终刊。这么说，我说是"很稀罕"，倒显得孤陋寡闻了。

"大锡报"三字为吴敬恒所题。我看到的这一张报，是第1079号，民国37年9月28日出版。

且将报上的几个大字标题罗列如下。

　△何部长在中政会上宣布，济南已于日前失守。

　国军按照计划分途向鲁中进攻，陈毅匪部将遭

　黄泛区更惨打击

△济南四郊烈焰未熄，外围入于混战状态

　空军炸该城仓库兵工厂

△国民党筹措经费，募集党员特别捐

△济南失守原因

△纱布，不论多少，禁由上海北站外运

△美英法已实行摊牌，停止与苏联谈判

　将柏林问题提交安理会

△美英法三国京城，以照会送苏联使馆

　美国同时发表白皮书

△美国白皮书内容

△美英法三国发表公报

△国际货币基金会，将讨论通货膨胀

△京中国时报定下月复刊

△"隐名氏"另有其人，当局追究"金潮案"

△英国发明水陆坦克

△教员遗失资历证明，教厅准予通融办理

△蒋梦麟谒翁

△英政府招募志愿投效者

△闲人闲话

△杨石先演讲，防治农业害虫

△共匪利用日军在东北作战

△星洲缉获走私金钻

△冀察热行署开首次会议

　　说杨石先事之前，先要说其中的一则新闻。就是倒数第七个的《蒋梦麟谒翁》。全文为："中国农村复兴委员会主委蒋梦麟今晨九时谒翁文灏院长，就劳役复兴款项之使用问题有所请示。"看《郑天挺西南联大日记》，知联大后期，蒋梦麟已赴重庆，接受了中国红十字会主任干事的职务（会长为宋美龄）。现在他又以中国农村复兴委员会主委的身份谒见行政院院长翁文灏，可见抗战胜利后他又转任新职。

时局变化，多有重用，这也是名人的常事，再比如，南开大学校长张伯苓官更大，当了考试院的院长。

现在说杨石先的事。

《杨石先演讲，防治农业害虫》，标题是这么个标题，下面的正文是：

　　【中央社天津二十七日电】天津中国化学会、中国化学工程学会、中华化学工业会联合会，特请杨石先氏做学术演讲，杨氏对大战后世界各国扑灭各种有害人类之昆虫动物所应用之化学方法，做详细之介绍，并谓我国为农业国，但对农业害虫尚无防治之良法，所受损失至巨，深望各会员会后多从事研究。

这张《大锡报》为分栏竖排，除过下面四分之一为广告与小说连载外，上面四分之三，分作十栏，有的地方，比如头条，五栏上下打通。整体排版极为讲究，看去既花哨又明晰，从标题到内容，确实给人一种战乱的景象。

而这"乱象"里，杨石先做的关于防治农业害虫的讲演，显得格外"扎眼"，也就格外高洁。

战乱中的坚守，守护的不仅是学问，更是一种精神。

日本投降，全国上下，百废待兴，当年南下的院校，重返各自的校园复课就是了。离开七八年回来，各有各的难题。约略说来，北大在于甄别学生（战时仍办有北大），清华在于整理校园（战时为日军兵营），相比而言，南开遇到的问题更大些，也更特殊些。

南开原来是私立学校，经过"西南联大"这一番组合，变为国立大学不是难事。既是国立，就该享有与北大、清华一样的经费待遇，这是一个难题；张伯苓已就任考试院院长，还能不能担任大学校长，又是一个难题。

张伯苓要的是名头。主持校务手下不乏其人，现成的就有两位，一个是当过联大师范学院院长的黄钰生，一个是当过联大教务长、一度还代他当常委会主席的杨石先。

杨石先的资历、人望不说了，黄钰生还是要说上几句。

战前在天津，黄钰生一直是南开的秘书长，等于是代校长行事。南开大学的新校区是他一手经营建起的。到了昆明，任师范学院院长之前，他的实际职务是联大的建设长，联大的北校区就凝聚着他的心血。三校中，南开属小弟弟，而黄钰生该给南开争权益时，则寸步不让。《郑天挺西南联大日记》里说过一个故事。清华有钱，拟拿出50万美金分给三校的研究所使用，校常务会上定的方案是清华五、北大四、南开一。黄钰生不同意，找郑天挺讲理，说决不能按这个比例使用，若这个比例定下了，南开就永远不得翻身。比如100万元，你可以给南开10万零1元，也不能只给10万元。给10万零1元，打破了这个比例，南开就接受，你那个10万元整，南开万难接受。事情的结果，郑天挺日记上没说，但从这件事上，我们就可以看出，黄钰生真乃治事之才也。

战后复员，就是郑天挺、陈雪屏、黄钰生三人到了南京，找陆军总参谋长萧肃毅搞飞机票，遇见杨石先弟弟那次，郑天挺说黄钰生匆匆北上，是要就任天津市教育局长之职。张伯苓安排他当天津市教育局局长，首要的职责便是重建南开校舍校园。

这样的人当校长，还有话说吗？

杨石先、黄钰生是张伯苓治校的左膀右臂，校长之事，张伯苓绝对是考虑过的。

现在的难题，不是治事，而是与高层抗争以维护南开的权益，至少也要维护南开的体面。

所谓的高层，不是蒋介石，跟蒋介石说话，他说得了，他头疼的是教育部部长朱家骅这样的实权派人物。当了考试院院长，不能当大学校长，就是朱家骅明文提出的。

想想吧，杨石先能跟姓朱的打得了交道，还是黄钰生能跟姓朱的打得了交道。

杨石先是有资格的。1918年赴美留学，与朱家骅夫妇是一路同船，有这层关系，按官场礼节什么时候见了都亲亲热热，杨石先说什么，朱家骅会笑着听取。可他知道，遇上这样的事，杨石先去了也只会说："骝先兄，这样不妥吧！"想让杨石先出语滔滔，据理力争，那是别想的，杨石先就不是那种人。这样的人，治校还行，对外免了吧。

黄钰生呢，倒是脑子够用，嘴巴也来得，可是让他去见朱家骅说事，朱家骅的眼皮子抬一下，都是高看他了。

他想到了一个人，说不定最先想到的，就是这个人。

此人便是本事大，声望高，还在政府做过大官的何廉。

此一刻何廉在美国。

在美国又怎么啦，张伯苓叫他回来，看他回不回。

你别说，一叫，还真的回来了。

后来的事，《何廉回忆录》都写着，还是当文抄公吧。

1948年将近8月底的时候，我们从美国回到中国，全家在上海安顿下来，我乘机在那里停留了四个星期。我是应张伯苓的要求回国的，所以不久即赴南京去跟他会面商谈。我和他一起住在考试院官邸。在跟他谈话中，我发觉张伯苓内心里并不愿意放弃南开大学的职位，这是一种感情上的依依不舍而非对权力的恋栈问题。我访谒了朱家骅部长，他以官方的身份接待我。朱家骅部长反复地说，南开大学既然已是国立的了，那就属于教育部的管辖，而张伯苓作为现任的考试院院长，按照政府规定，不应同时再在教育部的属下任职。几天以后，朱家骅部长到张伯苓寓所跟张做了一次商谈，当时我也被邀在场。商谈中，朱家骅部长提出让我任南开大学校长。我心里想，只要张伯苓不提出辞呈，教育部是不可发布任何这样的新任命的。我已了解到张伯苓的真意，便另提了一个不同的建议：张伯苓在他的国民政府考试院院长任期内向南开大学请假缺勤，我则以经济研究所所长的身份代行张的校长职务。从法律手续上来说，我的这一建议可使教育部不发行政任命，这样就既不违背政府规定，同时也照顾到了张伯苓的意愿。张伯苓听了十分高兴，并明确地赞

同了，朱家骅却只以沉默表示同意。（何廉《何廉回忆录》，第51页）

　　不能怪朱家骅，他是教育部部长，多年的官场历练，他知道什么是品格，什么叫规矩。坏了规矩，一个坏的开头，必将是蚁穴溃大堤，往后难以收拾。

　　要怪只能怪张伯苓。不当考试院院长，只当南大校长，纵然改为国立，他朱家骅敢不聘你当校长？当了考试院院长，南开大学不国立，那就还是你张伯苓的事业——企业。谁能说政府官员不得兴办地方公益事业？省长可以办工厂，考试院院长办个大学有什么不对？你不能又要占国家的便宜，又不遵从国家的规矩。

　　何廉认为自己的主意太高明了。

　　张伯苓也觉得何廉太聪明了。

　　然而他们不知道，他们正一个一个钻进朱家骅设定的圈套中。

　　回忆录里，何廉接着说，次日朱家骅请他吃中饭，问他，他的那个建议是否对南开最为有利，如果张伯苓仍任校长，他能否没有牵制地管理南开。何廉十分忠实、诚恳地告诉朱家骅说，由于张伯苓毕生献身于南开，且他的年事已高，我们必须适当地考虑到张伯苓的情绪。就何廉看来，张伯苓是能够相信他的，并且会给他以代行校长职务的完全自由。

　　朱家骅显然承认了何廉建议的明智和可行性。

　　何廉说，他们两人就在这样的商定下和谐地道别了。他马上去天津承担起双重任务——经济研究所所长以及张伯苓请假期间代行南开大学校长职务。

　　且看报上的一则报道。

　　《华北日报》中华民国37年10月18日报道，题为《南开昨庆四十四周年，张伯苓勖发扬公能精神，何廉校长同日宣布就职》，正文为：

　　【本报天津电话】十七日为南开学校成立四十四周年（南开大学二十九周年），张伯苓校长创办学校五十周年及新任校长何廉就职日期，南开大学特于上午九时在校东院举行三重纪念典礼，仪式简单隆重，出席员生共达千余人，来宾到者有杜建时市长、李兆瑛司令、冯步洲局长及校友杨肖彭、邹性初等多人。由张伯苓亲自主持，并致辞谓：五十年的时光，亲眼看见我训练的青年，一天天的成长。今日全国各地得见南开校友服务，深觉五十年来从事教育确有收获。一人之生命有限，而教育乃恒继不断之事，就考试院长后，即电何廉氏代为主持南开校务，今得何氏代理，相信南大校务必可继续发展。最后张氏并勖学生用更大的努力，继续发扬南开公能精神。张氏于语意中，充满热诚希望。继即由何廉校长致辞：何氏详述南开四十四年来发展经过，及渠本人办理大学教育意见。最后由教务长杨石先代表全体教职员致辞。于十时五十分礼成散会。下午南大南东北各院教室、实验室、宿舍全部开放，并有庆祝排篮球赛各一场，排球为工商对南大，篮球为铁马对国体，下午四时何张二氏在南院茶会招待各界，下午七时在东院举行庆祝晚会，节目有合唱、舞蹈，最后一项是塑像剧，系该校剧艺社以灯光、朗诵、提琴、合唱等配合而成者。

同日另一张报纸——《大公报》上的报道，比这要周全得多，除了综述之外，尚有《何廉致辞》《杨石先致辞》各百余字。按本书的规范，写到这里，应当将杨石先的致辞全文抄录。实在是电脑上的照相版，字太小了，我拿了放大镜怎么也看不清，只能算了。

不过，看《华北日报》上的报道，你会发现，标题上说"何廉校长同日宣布就职"，而文稿里张伯苓只说何是代理校务，连代校长都不是。显然，文稿里的表述，才是他们跟朱家骅达成的共识，只不过朱家骅"只以沉默表示同意"罢了。

想来这一天，从早上到晚上，张伯苓是喜欢的，何廉是喜欢的，就是杨石先，也是喜欢的，因为有了主持校务的人，他肩上的担子轻多了。

然而，到了第二天，第一个不淡定的怕就是张伯苓了。明明说好是以经济研究所所长的身份代理校长职能，怎么就成了就校长之职了？要是就校长之职，还用自己那么亲热地讲话吗？

第二个不淡定的该是何廉，说好代理校务，怎么就成了就校长之职，这不成了跟教育部联手欺哄老校长，骗了个校长头衔吗？

急急忙忙地，他去找张伯苓。

招待会以后，张伯苓回到他自己的办公室，并且清理了他的书桌以便我用。其后他回到南开中学，他仍然是南开中学的校长，并且待在那里。

第二天早晨，天津各个报纸以大字标题登出，张伯苓辞去南开大学校长职务，和我被任命继长南开的消息。这条新闻的根据是行政会议所作的决议："中华民国三十七年（1948年）十月十三日行政院第二十次会议，会议决定接受张伯苓辞去南开大学校长职务的辞呈，任命何廉为南开大学代理校长。"

这条新闻使我大吃一惊，根据我的经验，我知道行政院这一决定是要由教育部先提议的。于是我立刻去南开中学访谒张伯苓，我问他，他是什么时候向教育部提出辞呈的。他情绪激动地回答说，他从来没有提出辞呈过！很明显这是教育部对张伯苓搞的一次突然袭击，将他从南开大学校长职位上拉下来。张伯苓感到感情上受到深深的伤害，所以不久即离津到南京。我对教育部这一无法推诿的事件也感到愤懑，并且以私人身份写了一封信给朱家骅表示抗议。但此信如石沉大海，始终没有回音。（何廉《何廉回忆录》，第273—274页）

局势比人们预料的还要快，本章开头抄录的《大锡报》消息，9月28日"济南已于日前失守"。进入11月不久，解放军已兵临天津城下。有文章说，纵是如此，何廉还是给全校筹措下过冬的煤炭，才匆匆离津南下。

一时间，南开大学又陷入群龙无首的状态。虽说被骗，强行被"辞去"校长职务，张伯苓还是将南开大学的事当作自己家事一样关心。远在南京，仍向天津发号施令。《杨石先生平记事》1948年条下说：

12月　中旬张伯苓从重庆致电南开大学教授会议，请杨石先、黄钰生、鲍觉民代执校长职务，并请教授会协助维持学校。（《杨石先纪念文

集》，第237页）

手头没有过硬材料，只能说处此变局中，杨石先仍坚守着自己的职业、自己的操守。

不过，该辨析的地方，还是要辨析一下。

上面的叙事，确见《杨石先生平记事》1948年项下。只是这样的叙事，三人有前后之分，似乎在张伯苓致电中已排了主次。是不是因为说杨石先，便将杨石先放在前面呢？有这种可能。还有一种可能，就是杨不排在前面。1948年12月中旬张伯苓的来电我们查不到，但公开的信息还是能查到的。上海《申报》1949年2月6日载有一条消息，题为《天津南开大学校务：张伯苓电黄子坚等维持》。文曰：

> 【中央社天津五日电】南开大学校长何廉辞职南行后，张伯苓院长已电请在津之该校秘书长黄子坚、教务长杨石先及政经学院院长鲍觉民三人，负责维持校务。

果然，杨石先排名在黄钰生（子坚）之后。

第二十七章

面对"院系调整"

何为"院系调整"？

一般来说，院系调整是指20世纪50年代初以苏联高等教育的教学模式为蓝本，对全国高等学校院系设置的调整。这次调整，奠定了20世纪后半叶中国高等教育系统的基本格局。

面对高校体系的变革，杨石先会持什么态度呢？

这期间公开的职务、公开的作为，《杨石先生平记事》上有记载：

1952年 5月 3日 天津三大学院系调整委员会《院系调整简报》第1期上，刊载杨石先署名文章《群策群力搞好院系调整工作》。

7月 11日 接教育部通知，决定成立"京津高等学校院系调整南开大学筹备委员会"，杨石先任主任委员。

　　9月　12日　教育部通知："兹呈准中央人民政府主席同意杨石先为你校副校长，除函请中央人事部转呈政务院提请中央人民政府委员会批准任命外，希即转知本人先行到职。"9月19日本校通告各院。12月4日教育部函知本校：中央人民政府委员会第19次会议批准任命杨石先为副校长。

　　11月　29日　南开大学举行盛大集会，热烈庆祝院系调整工作胜利结束，在会上做题为《新南开大学的成立和它的任务》的报告。（《杨石先纪念文集》，第240—241页）

综上所述，杨石先是南大院系调整工作的最高负责人，调整之后，他正式就任了南大的副校长。

这能说明什么呢？

什么也说明不了，只能说他完成了上级交给他的一项工作任务。

且看他对院系调整的实际感受。

此番院系调整，南开大学受到了重创。

先看一段他人的回顾之文。

　　记得1952年院校调整时，关于地界之争，杨老的处置态度是很明确的，当时天津市把六里台到八里台建设成为文化区，这一地带原属南开校园，现在要把六里台到七里台划归新成立的天津大学，南开三分之二的校园被"割让"了，而自己只剩下东西窄长的一个长方形地区，且地势低洼，杨老和吴大任先生从市里开会回来对此决策在感情上都难以接受，提出了异议。市里负责规划文化区的领导说，你们就让一让吧，将来南开如有发展，可将河南面的地段（指靠近水上公园的地区）拨给你们。此事虽未再听到杨老有何怨言，但可以推测其内心是不平静的。

说这话的是魏宏运，文章名为《风范永存》，收入《杨石先纪念文集》。

好端端的一个大学，硬生生辟出三分之二的土地另建一所大学。以学校类型说，南开是综合大学（实为文理科大学），天津大学是工科大学，无论从效仿苏联模式上，还是新中国成立之初重在发展工业因而重视工科学校上说，都是增强工科院校。

作为南开大学的老人，作为张伯苓校长托付重任的三人之一，面对如此强势的时局，杨石先除了言辞上的"异议"，怕连句硬话都不能说。

这种事上，不能看他会上说些什么，要看的是，他实际做了些什么。

院系调整，实际包括三项内容，一是校际调整，像南开那样将三分之二的"校土"划出成立新的大学，是特例，更多的是将有多种学院的综合大学拆分为几个学院。二是学系的调整，比如某综合大学有地理系，要裁撤，便将之成建制搬到某地质学院去。三是人事的调整，这上头，最典型的一个人物就是当过北大秘书长，被私下称为北大实际负责人的郑天挺。

他的北大秘书长一职，该是1946傅斯年当代理校长时委任的，一年后，胡适到任，萧规曹随，一直当到1949年后，院系调整便分派到天津的南开大学，当历史系教授还兼了系主任。表面看，地头不错，职务没变；他在此前已辞去北大秘书长，只剩下历史系主任了。可谁都知道这是情非得已的事。

对这样一位文人，杨石先是如何对待的呢？

按我们常人的理解，老朋友老同事来了，好生劝慰，安排个住处就行了。再能做的，隔三岔五到住处看望一下，或请到家里小酌一番。

我们还是俗了。

杨石先是怎么做的呢？

他将老朋友安排在自己家里，单辟一室，供其住宿，吃饭就和自己的家人在一起。对外面说出的理由是一时没有合适的住处，只好如此便宜行事。实际呢，他知道郑天挺到南开，是一肚子的怨气，两人在西南联大，一个是总务长，一个是教务长，合作愉快，如今老朋友落难，来到自己的地盘上，只有如此安排，才能舒缓他心头的怨气。

郑天挺的怨怼之气有多大呢？这，在一篇名为《郑天挺自述》的文章里，有真情的吐露。

先说1950年5月，他辞去北大秘书长的工作，当时学校常委会曾表彰他做十八年行政工作的成绩，他也表示今后要为母校的教学和科研工作继续贡献力量。如此表示，是他以为不当秘书长了，可以安安稳稳地当他的历史系主任，教好他擅长的明清史，再写几本厚实的史学著作。他决然没想到，院系调整一来，他会到南开。

> 一九五二年，全国高等院校进行院系调整，我奉调来南开大学，任历史系教授、中国史教研组主任、系主任。这一决定在我思想上颇有波动。第一，我五十多年基本在北京生活，热爱北京；第二，我中年丧偶，一直和子女一起生活，而他们也都在北京，到天津后我必然又跟在昆明一样，过孤单的生活；第三，我多年从事清史的研究和教学，北大及北京的其他单位的清史资料浩如烟海，绝非其他地方所及。但是经过郑重考虑后，我决定不考虑个人生活及其他方面的变化，愉快地只身来津任教。（《郑天挺学记》，生活·读书·新知三联书店1991年4月版）

郑天挺在杨石先家里住了多久呢？还是听听一个当时人的回忆吧。

> 南开大学教师宿舍，20世纪50年代就很紧张。1952年著名历史学家郑天挺先生从北京大学调到南开，没有住处，杨老就从自己一套房子中腾出一间给郑老，郑老一住就是六七年，两位享有盛誉的学者就是这样相处于东村43号。杨老有一颗广阔善良的心，他对待自己西南联大时的老朋友的尊重、理解和热忱的爱心，是知识分子的楷模。（魏宏运《风范永存》，《杨石先纪念文集》，第134页）

魏宏运措辞委婉，说了其时宿舍紧张，不过他的总体表达，也还算是准确。这样的处置，最重要的是对郑天挺命运的同情与理解。

魏宏运的文章里，说到杨石先当时住的是东村43号。在《杨石先图传》里有一图，名为 "杨石先旧居——南开大学东村43号"。画面上能看出，一排平房，43号只是这一排平房西边的一段，东边还有一户。再东边，隔一条甬道，还有相同格局的平房。

魏宏远文中，关于东村宿舍的文字，引起了我的兴趣。

> 杨老的住宅是东村43号平房。这样的平房东村有三排，是1930年建造的，建筑优雅别致，门前有花坛，房后有庭院。日本轰炸南开后，东村与西村住宅区，与思源堂、芝琴楼成了仅存的"硕果"了。杨老每天早晨穿得整整洁洁、夹着公文包、踏着稳健的步伐，到行政楼去上班，看上去就是一位有修养的学者，透着"gentleman"的风度。1957年我也迁入东村，住46号，因为是同一排，和杨老是近邻了，见面的机会自然无法以数计了。我更感到杨老的举止是很有规矩的。（魏宏运《风范永存》，《杨石先纪念文集》，第133页）

这一段叙事所以珍贵，在于它印证了几个史实，一是杨石先的住处，一直到亡故，就是南大教授的宿舍；二是这个宿舍集群，是1930年建起的，杨石先第二次留美归来是1931年9月，就是这次返回南开，将家眷携来，以他的资历一来就可以住教授宿舍。

教授的宿舍，依据何廉的回忆，是四间一套，那时是1926年，四年后建东村和西村宿舍集群（他们称之为村），说不定还会有五间一套的呢。

我数了数43号院子正面的窗户，长长的四条，这样长的窗户，俗称西式窗户。魏宏远的文章说，"建筑优雅别致"，想来里面不会平分为四个等分的空间，该是有书房，有卧室，有客厅，该有的设施一应俱全。杨家有三个孩子，这时大女儿已赴美留学，留在家里的是两个男孩子，若宅内有三间卧室，是完全能腾出一间让郑天挺常住的。

说到院系调整后杨石先出任南开副校长，还应当补充一件事，就是此前杨石先地位的一个微妙的变化。

天津是1949年1月解放的。新政权甫一建立，天津市军事管制委员会文教部，就行文南开大学，成立校务委员会，委任杨石先为校务委员会主席。此时，早前被张伯苓授权代行校长职责的黄钰生、杨石先、鲍觉民三人，黄钰生还是他的秘书长，鲍党民还是他的政经学院院长，等于杨石先胜出。这样的安排，在新社会，不是没有道理的，最大的一个理由，该是南开大学复员回天津，张伯苓为了尽快地重建南开，以他考试院院长的威望，安排黄钰生当了天津市教育局局长。虽说只当了四个月的局长，但有了这样的履历，黄钰生再回南开当校长，显然就不合时宜了。

这个，想来黄钰生是能理解的，回到南开，仍当他的秘书长就是了。

然而，接下来的 "三反" 运动中，黄钰生就吃了苦头。有人诬他账目不清，有贪污之嫌，整来整去，也没有整出个名堂，只是认为不好继续在学校任职，遂调离南开，去市里当了图书馆的馆长。

一个有大本事的人，就这么不明不白地调离了大学，安置了个图书馆馆长。

黄钰生的遭遇，对杨石先该是一个不小的警示。

当了两三年的校务委员会主席，最后落实下来，还只是个副校长。杨石先生不知是该庆幸，还是该感谢。至少这个 "副" 字，会让他存下一线希望，往后说不定还可以从事他的研究工作。

第二十八章

荣耀与烦恼

黄钰生调离，杨石先的行政事务骤然增加，这是本分，不去说它。最为要命的是，好长时间没有设校长，他是南大的行政主管，又是著名的化学专家，各种社会职务纷至沓来，到1954年时，已有二十几个之多。

1949年7月，任中华全国第一次科学会议筹备委员会委员。

8月20日，中华全国自然科学工作者代表大会筹备委员会天津分会正式成立，杨石先及张国藩、吴大任等19人当选为常委。

同年11月，任天津市第一届政协委员。

1950年4月，任天津市人民政府委员。

6月，任中国科学院有机化学组专门委员。

7月，任中央人民政府政务院文化教育委员会学术名词统一工作委员会有机化学工作组工作委员。

11月4日，天津市人民政府文教委员会召开第一次会议，该会由黄松龄任主任委员，李华生、杨石先、张国藩为副主任委员。

同月6日，中国保卫世界和平、反对美国侵略大会天津分会大学支会正式成立，选举杨石先为主任委员。

1951年1月30日，教育部来函，中央贸易部拟聘杨石先、张克忠为天津商品检验局名誉顾问。

同日，任中国教育工会天津市委员会主席。

5月18日，天津市人民政府设立医学院筹备委员会，杨石先为副主任委员。

6月15日，校委会39次会议决定成立"协助毕业生分配工作委员会"，杨石先为委员。

9月，经中央人民政府委员会第12次会议通过任天津市人民政府委员。

11月，任中国民主促进会中央常委。

1953年2月6日，根据国务院有关指示精神，成立人民来信处理委员会，杨石先为委员。

同月，出任中国民主促进会天津分会主任委员。

同月，中华全国自然科学专门学会联合会天津分会举行成立大会，选举杨石先、张国藩等25人为该会委员。

7月15日，天津市科学技术普及协会成立大会，会上选举杨石先等69人为第一届委员会委员。

同年12月，任中国科学院化学研究所筹建委员会副主任委员。

1954年，任天津市国家经济建设公债推销委员会委员及第四分会副主任。

同年，出任中华全国自然科学专门学会联合会天津分会主任委员。

这些，肯定不是杨石先兼职的全部。对杨的兼职普通人想来能说出名堂的不过十种八种，看了上面列出的二十余种，你一定会叹息自己想象力的贫乏。不是这儿这么写，如果你是领导，会安排杨石先当天津商品检验局名誉顾问吗？会让他当人民来信处理委员会的委员，去当公债推销委员会的委员且是第四分会的副主任吗？

可是他就当了。当了你也就觉得挺合适的，没什么别扭的。

那是中华人民共和国建政初期，各项工作或是废而待举，或是肇建伊始，谁不希望自己部门的工作有名人参与呢？大学校长，著名科学家，又是民主人士，搁在哪儿都是金字招牌。

可是，这是肉身的真人，这么多的兼职，这么多的社会活动，他真的有些受不了，也招架不住了。想来也曾找过天津市的领导诉过苦，甚至恳请辞掉某些兼职，领导上一句"能者多劳"，他也就不好多说什么了。

他决定找个顶得了事的，诉诉苦，解除一些无谓的兼职，让他在担任副校长的同时，能有时间投身科研和教学工作。

机会来了。

1954年9月，全国人民代表大会在北京召开，杨石先与会。会议期间，他请求周恩来总理接见，周总理百忙之中在中南海接见了这位有名的科学家校长。

他人的文章里对此有翔实的记述，转述有违文德，还是原文照抄最为相宜。

　　1954年9月，应杨石先的请求，周总理在中南海西花厅单独接见了他。这样的机会使杨石先得以表示许久以来对周总理的崇高敬意，并更多地聆听他的教益。交谈不拘形式，他们从南开今昔谈起，犹如故友重逢。这种亲切的气氛，使杨石先觉得以琐事相扰的不安心情顿时平静了下来。他向周总理汇报了工作。当他讲到一直为兼职过多而困扰，请求帮助解决的时候，总理爽朗地笑了，仔细地询问他都担任了些什么职务，重点放在哪里，工作负担怎么样？杨石先一一回答，然后说："我不是搞行政的，又不是共产党员。大学是培养人的重要地方，总得派个懂得党的方针政策的人来接替工作。"总理亲切地向他解释说："建国不久，许多事情要做，一时没有人可以派。有才干的人为什么不能多做些事？当然二十几个兼职太过分了。"然后，总理具体地指导他安排各项工作，说道："你教了三十多年书，你就没有得力的学生、助手？可以叫他们去教。学校的行政管理可以找个有威信、能办事的老教师和一个懂政策的老党员来帮助你，叫他们做校长助理。头半年自己抓得紧些，叫他们经常汇报；半年后，能称职的，你就推荐他做副校长，大部分事你就不必经常过问了。这样你的行政工作负担不就减轻了吗？"总理又说："你担任的许多职务是人民推荐的，我不能来个命令解除。你可以继续做一段时间，找出接替人选，推荐给群众，说明自己有困难，群众会接受的。"总理接着指出："你是科学院学部委员、化学组组长，应把精力集中在科研工作上。我们国家科研队伍很小，力量很薄弱，应尽可能地加强这方面工作。"然后总理语气深沉地问他："过去你曾有过'教育救国''科学救国'的想法。你教了几十年书，搞了多年科研，国内搞不了，多次到国外去搞，救了国没有？国民党反动派只是把你们当作装门面的点缀品，根本谈不上发挥你们的作用。现在呢？时代不同了，中国共产党将为知识分子提供'用武'的广阔天地。"听了总理的话，他感到豁然开朗，心情舒畅。后来，他遵照周总理的指点一一去做，在吴大任副校长协助下，学校行政工作果然处理得比较妥善，科研工作也能够顺利进行。党的关怀和期望，激励他不断取得政治上、思想上的进步。1960年3月21日，他终于光荣地加入了中国共产党。（王文俊《杨石先光辉的一生》，《杨石先纪念文集》，第31—32页）

第二十九章

他的治校理念（上）

○○

这一章的内容，本该早些写的，有一个疑问未得到确切的解决，让我迟迟不敢下笔。

不是别的，是1952年教育部通知南开大学，已呈准中央人民政府同意，杨石先为你校副校长，希即转知本人先行到职。杨是副校长，有没有校长，有校长又是谁呢？

遍查资料，不得而知。

我也注意到了杨光伟的《杨石先传》上有言，新中国成立后，"党和人民信任杨石先，对他委以重任。先任命他为南开大学校务委员会主席，1952年又任命他为南开大学副校长（无正校长）"。1957年4月29日，国务院任命杨石先为南开大学校长，免去其原任南开大学副校长职务。

真的从1952年到1957年，南开大学就没有校长吗？

我的疑问就在这里。

既然手头资料无法释疑，就只有请教专家了。

承朋友介绍，我与南开校史专家胡海龙加了微信。通过微信，提出这个疑问，很快得到海龙先生的回复。他先说了一句话：

"没有校长。"

接着解释说：1949年5月23日，天津市军管会主任黄克诚、副主任黄敬联名签发委任状，委任杨石先等15人为校务委员会委员，杨石先为常务委员兼主席。当时就是这个体制，汤用彤在北大也是校务委员会主席，1951年后才正式任命为北大副校长。1949年10月后，李万华、郑秉泗先后担任学校专职书记。1951年2月，张义和接任党总支书记。10月，王金鼎被任命为校党总支书记。

这就明白了。引录胡先生的回复，既可以扩大视野，知道这是当时高校的一种普遍现象，又顺便知道了当时南开大学党组织的名称及其负责人的姓名，补上了先前叙事的不足。

这样也就知道了，从天津解放到"文化大革命"中被打倒，杨石先一直是南开大学校务的实际负责者，说是校长亦无妨。就是在被打倒、被褫夺了校长权力的岁月，从名分上说，他仍是南开的校长。

这么多年任校长，主管校务，也就有必要探讨一下他的治校理念了。

要将这个问题往深里探讨，必须再往前推溯，探究这样一个问题，即杨石先为何1923年回来入职南开大学后，十多年间未曾离去？

前面，我们讲过1929年南开的教师危机，意思是说，南开是私立大学，教授待遇低，好些起初来南开的教授，纷纷离去，就了清华等国立名校的教职。实则，这种趋向，在南开初创办大学时就存在。张伯苓的胞弟张彭春，那几年当过南开中学的主任，当过清华的教务长，又当过南开大学的教授，在他的日记里就说过："清华经费充足，薪金比其他学校都大，并每月必可拿到。住处的舒服是全国无双的，哪里有这样的田园、林沼、泉水、洋房？"正因为有如此优渥的待遇，好些留洋的博士初回国，一时无落脚处，会在南开"暂栖"，但有了去清华的机遇，便毫不留恋地一走了之，最早的是李济，稍后一点的有蒋廷黻。

杨石先为何不走呢？

说白了，杨石先在资历上差了人家一筹。

前面说过杨石先初入职时的工资，对他初入职时是不是教授有疑问。这个问题有重新探究的必要。彼时看书少，又受现行大学教师分职级的局限，论判难免失误。当时做判断的依据是，何廉1926年入职时的起薪是180元，而杨入职时的起薪是130元，这么低的起薪不该是教授。

先看看其时政府部门对国立大学教员薪俸的规定。

金国的新著《权力让渡与资源获取：变革时代的南开大学、政府与社会（1919—1946）》书中有一表格，名为"国立大学各类职员、教员薪俸表（1917年）"，系选自1925年商务印书馆出版的《教育法令选（下）》。表中将教员分为五类，分别为正教授、本科教授、预科教授、助教、讲师。注意，讲师排在助教之后。盖因讲师非正式在编教职，多为兼职与临时，比如，鲁迅在教育部有职，在北大讲课只能是讲师；陈豹隐去苏俄考察，郁达夫代他的统计学课，也只能是讲师。讲师以课时计酬，没有整月的薪俸。此外的四类教职，每类又分六级。正教授一至六级，分别为400元、380元、360元、340元、320元、300元。本科教授一至六级分别为280元、260元、240元、220元、200元、180元。预科教授一至六级分别为240元、220元、200元、180元、160元、140元。助教一至六级分别为110元、100元、80元、70元、60元、50元。

这样就明白了，何廉说他初回国，南方某大学（上海暨南大学）给他的起薪是300元，南开给他的起薪是180元，都是有政令依据的。南方某大学给他定的职级是正教授六级，南开大学给他定的是本科教授六级。

这一来，杨石先的130元，也就有了合理的解释，他是硕士，虽聘为教授，只能按预科教授起薪，又减了一些，给130元，是说得过去的。好在两三年之后，就升为235元，相当于预科教授的一级了。1925年美国洛克菲勒基金会医学预科教育顾问Gist Cee访问南开大学，记述南开部分教员的薪俸情况，其中提到了杨石先的薪资。

　　化学系邱博士275元或250元……徐教授250元，杨教授220元，赵先生80元；物理系饶博士240或250元，陈博士200元；生物系应教授

245或250元；数学系姜博士280元，助教100元。（金国《权力让渡与资源获取：变革时代的南天大学、政府与社会》，第91页，天津人民出版社2021年版）

这里的邱博士，当是邱宗岳，饶博士当是饶毓泰，姜博士当是姜立夫，化学系杨教授，必是杨石先无疑。看得出来，纵然是两年以后，已经加薪，硕士学位的杨石先跟三位博士出身的教授，在薪俸上仍有相当大的差距。

若甘于平庸，也就罢了。

然而，杨石先岂是个甘于平庸的人！

几年后，他提出赴美读博的要求。张伯苓最怕的是黄鹤一去不复返，读博回来的杨石先会去别处高就。他是清华学堂第一届留美生，到了哪儿都是争着要的香饽饽。于是，张伯苓便借鉴清华大学学术休假的办法，应允杨石先可带薪出国读博，条件是得了学位必须仍回南开。

杨石先是南开第一个享受这一待遇的在职教授。

也可说这一制度的确立，是专为杨石先而设的。

这一来，就将杨石先拴在南开大学，苦乐都不能思蜀了。

只有长期在南开大学任教，才能深知南开大学的"短板"。

最最要命的，这是个私立学校。以前没大学，光有中学还好说，能考上好大学就行了，现在有了大学，大学毕业了是要就业的，这就必须在培养人才上有自己的招数。张伯苓定的南开校训，是"允公允能，日新月异"。对南开素有研究的胡海龙先生，对此校训有精确的解释。

他说，这校训通称为"公能校训"，允是"既""又"的意思，"允公允能"，就是"又公又能"。大体言之，"公"指道德修养和社会担当，"能"指个人能力，也指群体能力。"日新月异"代表了不断进取创新的精神，强调促成社会的实际进步。[胡海龙《试论南开"公能校训"的八大特色》，《口述津沽——南开大学语境下的公能精神》（上），天津古籍出版社2020年12月版]

说白了，就是培养学生实际工作的能力。说是"职业"高校，是有点过了，但有针对性地培养实用型人才，则是没错。

1923年刚正式办大学班时，就设了矿科，其时正是开滦煤矿红火的时期。1923年办了化学系，过了两三年又办起化学工程系，全是因为天津的大企业家范旭东办起久大、永利等制盐制碱企业，用人孔急，南开也就着意培养。这个系，到了三校合为联大，竟成了南开独有的一个系，无法归属，只有放在联大工学院里。

南开所以能跟北大、清华合为联大，是多种因素促成的，非是南开已有了与北大、清华同等的规模、同等的地位。前面说了，某年中枢拨下一笔巨款，三校分配，主持其事的是清华校长梅贻琦，而梅贻琦是南开中学毕业的，不会偏袒南开，也绝不会欺负南开，结果清华分得12万元，北大分得8万元，南开分得0.96万元，连一万元的整数都不给。各校的规模与实力在那儿放着，总是有什么硬指标卡着，南开只能分得那么一点钱。有人会说，南开改为国立，这些"歧视"就不存在了。1947年，南开已改为国立，何廉任了校长，竟发现这年教育部给各国立大学的补助经费里，有北大，有清华，有浙大，六七个国立大学都有份，独独没有南开的份。他去找了教育部，部长也只是劝他忍了不必作声。

再说三校合并后的职务分配。

梅贻琦是主张公道的，绝不能让兄弟学校感到不舒服。他是常委会主席，可以把高名头的位置给了北大，给了南开，也可以把低名头的职务如系主任两个三个堆在他校教授的身上，比如杨石先已是南开化学系主任，又让他兼了联大化学系主任，师范学院成立，又兼了师范学院化学系主任，而联大理学院、工学院的院长，什么时候都是清华的。很明显，理工两学院，是清华的强项，教授多、学生多、设备多，他校的人当了，根本"甩"不动。

这些，以杨石先的精明，不会看不出来。

看出来不会嫉恨，也不会气馁，只会激发他将来一旦到位，一定要让南开脱胎换骨，办成国内一流大学的信心。

第三十章

他的治校理念（下）

○○

　　南开大学该如何办，办成怎样的大学，从创建大学部初期就一直存在着争议。

　　为办大学，严修、张伯苓两位创办人，都曾去美国考察。张伯苓先行，1917年8月去美国留学，入哥伦比亚大学师范学院研究教育。第二年秋，严修也来到美国。每天晚上，二人在严修的下榻处，讨论研究教育学的心得。更多的时间，则用于考察格林奈尔大学、哥伦比亚大学、芝加哥大学、旧金山大学的学制、行政管理、科学设备及图书阅览等情况，对美国私立大学有了较为深入的认识。1918年11月，严、张二人从旧金山乘船回国。旅途中他们充分讨论了筹办大学的计划。[《南开大学校史（1919—1949)》，第85页，南开大学出版社1989年10月版]

　　也就是说，从创办之初，南开大学就是仿美国私立大学的规章行事的。这一点，在聘任教授上，看得最为明显。起初既以美国为范式，所聘自然多是美国留学生，好多都是刚一毕业，即来南开任教。到20世纪30年代，美国留学生在南开大学教师中所占比重，越来越大。1930年，全校教师41人，留学美国的31人，占70%，其中博士14人，硕士14人，这个比重是将教中文、历史的文科教授算了进去，若光算理科、商科的教师，可说百分之百的留美学生。

留美学生任教，只会用在美国学下的一套教学方法。

这种唯美是从的教学方法，终于引起非留美学历的教员的不满，著文嘲讽，引发了一次风潮。风潮的鼓动者，要求"本校当局能多多根据本国的国情，定出一个比较为中国化的大学学制"。

这是南开最早的一次办学理念之争，发生在1924年，该是杨石先亲身经历的。

风潮的引发，是因为这年第八期的《南开周刊》发表了一篇署名"笑萍"的文章，名曰《轮回教育》。笑萍者，宁恩承也。该文指责了本校教学上存在的一些弊端，说有的教师备课不认真，一味转贩美国大学的笔记，由学生记下来，以备将来再贩卖给别人，陈陈相因，乐此不疲。持论不免偏颇，所言实触及中国教育的一个根本问题，即中国的大学教育，是机械地照搬照抄外国，还是应当适应国情，走中国化的道路。作者是文章高手，讽刺挖苦，风趣俏皮，致使好些教授甚为不满，一致要求举发作者，给以严惩。宁恩承是南大高年级学生，颇有才华，张伯苓自然不会因为一篇文章而惩处学生。教师要求不被重视，相率罢教而去。张伯苓调处无方，也随即离校。后经校董丁文江到校调解，师生消除隔阂，校园内方弦歌之声如初。[《南开大学校史（1919—1949）》，第99页]

抗战时期共赴国难，内战期间共度时艰，如今世道平靖，自己又当了校长，南开该如何办？这个老话题，又一次摆在了杨石先的面前。

实际上，早在院系调整之时，他已在考虑这个问题。院系调整，一言以蔽之，就是仿照苏联模式，重建中国高等教育规范。再简单点说，就是少务虚，多求实，让大学教育的重心，转到更直接地为国家建设服务上来。最典型的案例，就是将一些著名大学的院系，拆分开来，建了许许多多的专业学院。

作为南开大学院系调整的实际操盘者，此中的利弊杨石先看得一清二楚，调整过后，他还要在庆贺典礼上讲话，肯定成绩，发扬优势。南开往后，真的就要办成一个单纯的教学机构吗？想来他心里是万万不能认同的。要教学，也要研究，在庆贺的总结中，仍用时兴的言辞，表达了他心中的隐曲。

对于六里台等地的校区划给天津大学，也只有忍痛叫好。

> 旧的南开大学校舍是分散在市区内外五个地方：八里台、六里台、迪化道、湖北路与承德路。现在的新南开大学全部集中到八里台了。今年夏天我们修建了 17438 平方米的面积。这种地区与房舍的调整，不但使我们得以集中和节省行政的力量，密切内部的联系，而又大大地协助了其他姐妹学校的成立。（杨石先《新南开大学的成立和它的方针任务》，《杨石先文选》，第 140 页，南开大学出版社 2017 年 1 月版）

院系调整后，南大的任务是不能不说的。简言之，只有两点，第一点当然是顺应时势了，说"新型的各种大学都是完全为国家培养高级干部的主要机构"。别以为我抄错了，或是杨校长说走了嘴，新中国刚成立那几年，一直就是这么宣扬的，大学是为国家培养高级干部的。后来不说"高级"了，"干部"仍说着，且规定大学毕业生相当于多少级的干部。这些"干部"将来是做什么用的呢？"综合性的大学所培养的干部，包括各种研究人员、高等及中等学校的师资和机关的文化与专业干部"，"我们祖国明年即将开始大规模的经济建设，需要这样的人才"。

这说的是将来的出路，当下呢，杨校长也毫不回避地谈了自己的看法，即大学不光是教学，还要承担起研究的责任。

> 除了为国家培养高级干部外，综合性的大学与其他的大学不同，尚负有另外一个同等重要，或者从国家长远的需要看来，更为重要的任务，那就是发扬学术与提高文化，使人类能更好地掌握事物的发展规律，更有效地征服自然改造环境，更丰富更美满人的生活内容。所以我们每一

个教师以至每一个将要毕业的同学，都要在研究、著述和创造上努力。（杨石先《新南开大学的成立和它的方针任务》，《杨石先文选》，第141页）

在这一段里，他甚至提出："估计用两三年的时间，大体上可以将课改工作完成一个初步段落，然后将重点移向研究与创作，在第四、五年大规模地朝那一方面展开，成立各系的研究部。"

两三年后，就要成立各系的研究部，他的心情实在是太迫切了。

系里成立研究部，还要看各系的具体情形。学校的整体规划，是说到就能做到的。1954年11月，先成立了南开大学科学研究委员会。11月20日的成立大会上，杨石先讲了话。讲话稿没有存留下来，好在当时学校报刊和天津市报纸上有报道。《杨石先文选》的编者，综合各处的报道，汇编为一篇《切实推进科学研究工作的开展》。讲话一开始，就明确告知成立这一机构的目的。

科学研究委员会的成立是为了协助校长从政策、方针上领导科学研究工作。科学研究委员会是一个审议机构，它的任务将是：一、讨论全校科学研究的方针，通过全校科学研究总计划及学年工作总结；二、对有关执行科学研究计划中之重大问题提出意见；三、讨论决定学报编辑委员会之编辑方针与编辑计划；四、最后审查、通过全校性科学讨论会及学术报告会的科学报告；五、对其他有关科学研究工作之重大事项提出意见。科学研究委员会在目前阶段可能还要负担一些在性质上比较具体的工作，如学术刊物的筹备和编辑工作等等。（杨石先《切实推进科学研究工作的开展》，《杨石先文选》，第157页）

细细咂摸这段文字，你会发现杨石先是个"工于心计"的人。新中国的大学体制，一是党务，二是教学，三是行政。党委书记抓党务，校长抓行政与教学。实际上，党务与行政很难明确划分，甚至某些时期，教学与党务都很难明确划分。这样一来，在工作上，就看谁强势了。而这种强势，不管是谁，都会产生矛盾，造成纠纷。再就是，一般的大学也会强调科学研究，说是教学科研都要抓，做起来往往科研附属于教学。杨石先这一手，妙就妙在，它在教学行政之外，又建起一个系统。这个系统与党务无涉，与行政无涉，甚至与教学无涉，不，教学的某些部分，还置于它的统筹之下。比如，各学系各教研组提供的科学研究项目，都要通过这个委员会的审核与推动。

具体执行起来，我想，行政工作和教学工作，有各自的副校长分管，他这个校长，主要就是抓这个委员会的工作，以科研推动教学，以科研促进行政工作。

果然，前一年（1954年）11月，刚成立了科学研究委员会，1955年5月29日至6月1日，就召开了南开大学首届科学讨论会。杨校长在开幕式上做了致辞。

不必说致辞的内容了，看看他是如何精心准备这个致辞的，就知道他对南开首届科学讨论会的重视了。

曾在校办公室工作的王端菁，撰文回忆杨校长，说了她帮助校长准备致辞的详细经过。

1955年召开全校第一届科学讨论会，会前要为杨校长准备一份大会的开幕词。事先我虽去人大、北大等校学习过筹备科学讨论会的经验，但针对我校具体情况，执笔草拟这个报告，深感心余力拙，反反复复好几次，搜索枯肠，字斟句酌，但限于自己文化科学知识浅薄，文字水平低，很难写出个像样的东西，带着缺憾勉强写就，最后自己念了一遍，觉得还算"顺嘴"，交上去请领导审改。待杨校长批改回来，有的同志说看看杨校长怎么批改的，粗看之下他说："改得真细致，连这么多标点符号都给圈出来了。"我仔细看过之后，愧疚难当，原来许多画圈的地方，都是我为了"顺嘴"，过多地在很多处句尾用上"了""的"等词。有关科研工作情况部分，杨校长以其博古通今的远见卓识，改写得很具体且针对性强，一改我写的那种一般化、口号化的拙劣面貌，真令我大为折

服。(王端菁《镌刻在心，音容永存》,《杨石先纪念文集》, 第155页)

此后科学讨论会几乎每年召开一次。或许"大跃进"时期少开了一两次，1962年有第五届科学讨论会，1963年有第六届科学讨论会。

杨石先是个优秀的科学家，也是个优秀的教育家，可贵的是他一点也不迂执。这些年不管政治运动如何频仍，在推动南开大学科研工作的时候，他总能将政治活动与严谨的科学精神糅合起来，促进科研工作有序开展。

比如1955年，全国思想文化领域正在开展批评资产阶级唯心主义的斗争，这年5月召开首届科学讨论会。在开幕式的致辞中，他是这么说的：

> 我校科学讨论会的召开正当在全国范围内热烈地展开宣传辩证唯物主义、批判资产阶级唯心主义思想的斗争，是更有它重要意义的。学术上的自由讨论和批评是推动科学和文化开展的重要条件之一，是批判并消除学术研究中的资产阶级唯心主义思想、宣传马克思列宁主义唯物主义思想的有效方法，也是在科学研究中发挥集体主义的重要方式。在过渡时期，思想建设工作是社会主义建设很重要的一面。在学术领域中对资产阶级唯心主义思想如果不给予严格的批判和清除，我国的经济建设、科学和文化的发展就会受到严重的阻碍。同时，科学工作是集体的事业，必须把个人独立钻研与群众的集体智慧很好地结合起来。(杨石先《在南开大学首届科学讨论会开幕式上的致辞》,《杨石先文选》, 第160页)

是拗口了些，可是你能听得出来，这里着意强调的是，批判资产阶级唯心主义思想的斗争，最有效的方式，是落实到科学和文化的发展上来。原本是要进行思想上的批判的，在杨校长这里，这个批判和斗争，体现在学术上就是自由讨论和批评，乃是"推动科学和文化开展的重要条件之一"。

今天的年轻人，读这样的句子，一会儿一个主义，一会儿一个思想，不免觉得拗口，可你要设身处地想一下，你坐在下面听众席上，听杨校长用他那带着江浙口音的普通话，朗朗有声、起伏有致地讲下来，定然会觉得那么圆润，那么畅达，心里会油然升起对这位校长的崇敬之情呢！

教学与科研并重，让科研成一独立的系统，可说是杨石先在校长任内一个重要布局。这个局布好了，稳妥了，他还有更为精细也更为高明的打算。一句话说白了，就是如何让南开大学在高手如林的大学群里显出亮色，映出光辉。

有这样的思想转变，只会在1957年3月正式受命成为南开大学的校长之后。

这个，只要一个简单的逆推就可以明了。

1954年秋天，他说过这样一句话："我不是搞行政的，又不是共产党员。大学是培养人的重要地方，总得派个懂得党的方针政策的人来接替工作。"也即是说，当时校长一职虚悬着，他认定这里高层在物色合适的人选，自己只是个暂且维持、等候过渡的角色。

现在正式任命下来了，他就是校长，就不能不考虑该如何对待了。

杨石先毕竟是旧时代过来的人，有新的理念，也有旧的操守，知道当此时际，只有公忠体国，才是读书人的本分。

第三十一章

不能不有的思考

既已确立这样的志节，不能不有多重的思考。

主要是关乎学校的，关乎自身的也不会没有。

想来这些日子，杨校长心里七上八下、反复翻腾的定然是南开各学系的优劣。只有认清了自身的优劣，才能看清前面的路途，以谋更为快捷的发展。

不必翻查资料，南开大学的发展与蜕变，他杨石先就是一个最好的见证人。

过去南开是有工科学系的，早年是矿科，20世纪30年代初又设了化学工程系。国家正处于大规模建设时期，发展工科学系正当其时，只是这把壶如今不能提了。院系调整，一本苏联模式，工科自成体系，所谓综合大学，究其实只能说是文理科大学。

1923年他应聘来南开，说是个大学，仅有文、理、商三科。张伯苓，加上严修老夫子，其设置理念倒也高蹈，说是"文以治国，理以强国，商以富国"。待到丁文江来华北，受命开发开滦煤矿，严、张二位及时将丁大博士聘为校董，优礼有加，乘便设了矿科，倒也红火了几年。各学系成规模设置，是在1929年。先是国民政府颁布了《大学组织法》，遵照部令，文、理、商三科，改为文学院、理学院、商学院。也是因了这个法令，各大学四处招徕知名教授，人才唯钱是趋，一时间南开失去几个顶梁柱教授。就在这个当口，张伯苓审时度势，知难而进，鉴于天津为商业都市，随着化工企业的崛起，很有可能成为华北大工业中心，这位精于计算的教育界的奇才加伟人，遂决计加强商学院，并逐步筹设应用型理科学系，一旦条件成熟即设立工学院。

这一招，短期看是救了南开，长远看，是降低了南开的品位。杨石先不会忘记，在昆明西仓坡梅贻琦校长的府邸，商讨联大各学院的设置，说到南开化学工程系的归属时，那令人尴尬的情景。南开化工系，起初是转入重庆大学借庙修行，联大迁到昆明才奉命归来，满共不过十几个学生两三个教员。在清华的大佬看来，如此寒酸，何以当得起大学学系的名号，太奇葩了，无法归属也无法合并，只好在联大工学院之下单设一个化学工程系，安置了南开的这个小小的学系。

理学院里，有数学系、物理系，还有他的化学系，都没说的。脑子里一闪就过去了。

文学院，可就难说了。南开最初有文科，竟无文学系。以政治、经济两系为主，以历史、哲学、教育心理三系为副。很长一个时期，南开文学院仅有政治学系、英文学系和教育哲学系。直到到了昆明，实在说不过去了，才延聘名师，开设了中国文学系。

文学院里，英文系是强项。最早与他一起赴美研修的司徒月兰，一直是英文系的顶梁柱。后来又有一位联大的才子叫查良铮的，笔名穆旦，是位诗人，在美国芝加哥大学留学归来，在英文系任副教授。

历史学系，想到这个系，由不得会想到与之共事三年的蒋廷黻先生，真是个难得的史学人才。当时竟未看出，此公也是个行政长才，后来还当了国民政府行政处长，再后来又当了驻苏大使。他在的那几年为南开的历史学系打下了坚实的底子。想到过去，就会衡量眼下。西南联大那几年，整体阵势，稍微减弱，也还凑凑合合，往后就不同了。院系调整，南开失去的是三分之二的校园土地，如果说补偿的话，是著名历史学家郑天挺到了南开，几乎同时来的还有著名世界史教授雷海宗。历史学系，有郑天挺打理，有雷海宗参与，往后差不了。

经济学院，这是何廉来校后，一手扩建的，将原在文学院的经济系分出来，与经济研究所合并而设。这可是南开的强项，多少年了，都是国内出一头地的学科。现在不设学院了，单设经济系，仍是南开的强项，按说该发展壮大，在全国独领风骚。再一想，自己先否定了。

院系调整刚结束，转年1月，高教部就给南开发来公文，明确指示学校财经各系专业该如何调整，杨石先和刘披云副校长实在看不过眼，联名给高教部副部长黄松云写了申诉信，提出他们的调整建议。部里改了一两个实在说不过去的地方，大的盘子仍稳稳地搁在那儿，纹丝不动，学校只有全盘接受。

不管怎样艰难，杨石先是决心将此身献给南开大学的建设事业了。

这个时候，也不能不想到他的学业——学术事业。

在未谈杨石先会怎么想之前，作为杨石先传的作者，想说说我对写杨石先传的一些看法。

前几天刚就写杨传，完成一篇长文，名曰《四面包抄写杨传》，天津一家刊物发表。所谓的"四面包抄"，是说写杨石先传，手头的资料太少，只能是广搜博引多方印证。整体写法上并无突破，仍是以时间为经，以事件为纬，一段一段地往前推去，也可说是一步一步地向后退去。取个比喻，很像是大医院给做的CT照相底片，一个一个的小图将人体的某一部位一层一层地成像。没办法，这是时下传记最为便捷的套路。

然而，最近的另一件事引发了我不同的联想。写完上文的第二天还是第三天，与北京名士张文达小聚，他劝我深秋时节，该去更名为国家植物园的北京香山植物园走走，且说植物园的北部香山脚下有梁启超的墓园，他去过，该看看。这句话打动了我，第二天就去了，坐他的车，同老伴一起去的。梁启超的墓园，占地之宽大，建筑之壮美，不临其境者无法想象。在墓园徘徊良久，一直处于思考之中。

早在十几年前，我曾有过写梁传的想法，且付诸实施，买了许多相关著作。后来放弃，不是见有人写了不想跟进，是我自知材料再多，我也驾驭不了这个人物。都知梁氏一生多变，每一变都惊天动地，让人错愕不已。这样一个人，他的传记该如何写呢？这是我在徘徊中想得最多的一个问题。总是身在其墓地，距其骸骨最近，诚则灵，灵则悟，一瞬间我忽然想到，写梁传不能用CT法，那样一层一层往后推，是说不清原委的。他少年成名，参与变法，史称康梁，晚年倡导中国的文艺复兴，为新时代的先声。这样有大功绩于史的人，宜用条陈法，一条一条地陈述，不宜用切割法，一层一层地摊开。切割了，一层一层显现，人物忽左忽右，变幻不定；条陈了，该舍弃的舍弃，该发扬的发扬，清清楚楚，也就理所当然。用此法最重要的是定位。比如梁启超，将之定位为新时代的先驱，你就会发现，早年在他身上显现的种种优长，随着年岁的增长，如同一条条溪水，哗啦啦地流淌着，越流越旺，终于在某一个点上，汇集在一起，成为一片汪洋。

由此想到，我的杨石先传，也该用这种写法，如果我早早有这样的感悟的话。

还不迟。杨石先最终要成就的是一位大教育家，不仅仅是一个优秀的化学专家，也就是说，此刻他还未走到人生的巅峰。

此刻他的想法仍蕴蓄着奋袂前行的勇气。

学业上，从最初的立志，到眼下的态势，已不止是一次的改变。

小的时候，父亲见他爱莳花弄草，弟弟爱舞棍弄棒，曾说这孩子长大了可以学农，弟弟可以学工，后来也是时势加兴致，他去了康奈尔大学，果然就选了农科。再后来因欧战期间，男性师生多从军而去，农科几近无人，化学一科反因战事而加强，他也就因势乘便，转入了化学系完成学业，学的是应用化学，范围相当宽广。此为一变也。1929年出国，是为读博，在耶鲁大学研究院，选定的课题是进行杂环有机化合物的研究。由应用化学到有机化学，跨度不大，可称为一小变也。1945年9月赴美考察研究，是延宕多时后的结果，起初定下赴美，他想做的是抗疟草药的研究，持续两年，未见成果便匆匆返国。此为又一变也。

之所以有此改变，是因为学校迁到昆明，有机化学的研究多赖实验室的设备，联大无此条件，西南多草药，战时疟疾多发，因时因地制宜，便想到了提取中草药的有机元素，以杀死疟疾病的原虫。这个设想最初让他激动了好些时日，以为到了美国，利用先进的试验设备，不难顺利完成，见出绩效。国内战局发展太快，南开复员遑急，他是公派，已迟滞一年，不好再拖延下去，只好揖别同事，束装就道。

现在呢，国家处于经济建设时期，工农业都在大发展，他这些年做的是有机化学的研究，在农业上大有作为，是否该由药物的探究，转到农药的研发上？

这一变，前途无比广阔，无比敞亮。

南开是小学校，不时会出大人物。和他同船回国的，又同时在南开任教的李济，早在战前已是享誉中外的考古学家。也是同年回国，一进校便是历史系主任的蒋廷黻，三年后去了清华，三拳两脚，几个腾挪，便成了史学名家，一本几万字的《中国近代史》，至今仍广为称道；后来从了政，做到驻苏大使。迟他几年回国的何廉，几乎不费什么力气，就将南开的经济研究所办成了国内一流的研究机构；后来从政也是风光无限，先当农本局局长，后来转任经济部副部长，又出任南开大学的校长。

这几个人，不管如何早早成名，又如何声誉日隆，他都不羡不妒，平静地面对，只有一个人，想起来会有隐隐的心痛，那就是他清华的同班同学陈克恢。

陈克恢比他小一岁，他是最初招生进来的，陈克恢是后来插班进来的，赴美留学则是同一年。陈克恢在校时跟他就是好朋友，留美进的是威斯康星大学药学系。此人天分甚高，回国后一两年，在协和医科学院从事中医药理研究，与同事一起，从中药中提取麻黄素，再后来做蟾蜍研究，又取得大成绩，几年工夫，便是蜚声国际的药理学家。他后来想做抗疟中草药的研究，多少也是受了这位同窗的影响。

说是隐隐的心痛，非是嫉妒，而是一种无形的激励，不知该从何处入手，总觉得他杨石先也应当成为这样的人物。

如果一直做教授，不离开试验室，或许还有实现的可能。

然而，眼下他是南开大学的校长，校务缠身，难以摆脱，要凭一己之力，在化学研究的某一领域做出成绩，基本上是没指望了。

校长？想到这个职务，杨石先的眉头该是微微一皱。

这个职务，他从来没想过，谁又能料到，阴差阳错，又是顺顺当当地落在他的肩上。常有人说他是南开大学化学系的创办人，不对，邱宗岳是，他不是，他只能说是初期的协办者。邱宗岳的创办之功，几十年来，校内校外尽人皆知。1931年杨石先获得博士归来，按正常的安排，他可以当化学系主任，而让邱宗岳当理学院院长。不知张伯苓校长如何考虑的，邱宗岳的化学系主任不动，他反而当了理学院的院长。在联大，他是南开三头领中最后一个擢拔到院级主管部门的，黄钰生和陈序经都比他早。

复员到天津，经过一段时间的动荡，新政权若延续张伯苓的安排，应当是黄钰生当校委会主任，他当个副主任也就行了。料不到的是，先委了他的主任。真正任命校长时，似乎有什么人物要虚席以待，只任了他个副校长主持校务。直到1957年4月，教育部转来国务院的任命状，他才成了名实相符的校长。

事业和职务若是两条平行线，会畸轻畸重，偏向一方，再重了，另一方会消失。对杨石先来说，难处是事业之心不死，行政职务又难以摆脱，何去何从，实难两全。

起初还犹豫着，觉得或许会有转圜的机会。

渐渐地，他知道不会有这样的机会了。

此后很长时期，杨石先仍关注着化学这一学科的前沿进展，不管是有机化学，还是无机化学，都在他的关注范畴之内，只是不再是为了自己，而是为了年轻弟子的学业进取，也是为了南开大学的再度辉煌。

对王积涛研究方向的指导，最能说明他对学科前沿的关注。

王积涛是江苏苏州人，抗战时期入西南联大化学系学习，1941年毕业留校任教，1945年考取留美公费生。1949年获普渡大学研究院哲学博士学位，同时任该校药学院博士后研究员。1950年返国，来南开大学任教。长期的共事，他对杨石先生为人为学，有深入的了解。在怀念文章里，他说了一个最为真切的感受。

> 我到他家里去看他时，他总是埋首于化学期刊书堆里，搜罗学科的发展情况。他在三十余年前创建了全国第一个大学研究所，他亲切地召见高振衡、陈天池、何炳林、陈茹玉和我，共同商讨成立元素有机化学研究所，他在这以前已经开展了农药的研究，像当年他致力于药物化学研究一样的热情。他说当前农业的生产是国家的重点，如何推动农业向高产方向前进，农药是很关键的，不成立专门的研究所，师生的研究力量不能集中。"繁荣学科，发展经济"，这是他成立研究所的目的，作为他的学生，我们都深刻理解他所指出的国家迫切需要科技的情况，而且都佩服他把握科学研究方向的能力。（王积涛《纪念杨石先老师百岁诞辰》，《杨石先纪念文集》，第88页）

王积涛毕竟是科学家，对杨石先的这个评价，是很到位的。一个学科的领导者，最大的本事，就该是"把握科学研究方向的能力"。对这一点，王积涛有切身的体会。他本来也是做药物化学研究的，杨石先及时指出，这一方面的研究不会有大的作为，还是改变方向，做金属有机化学的研究吧。

> 杨先生在行政和业务方面的卓越领导才能在于他知人善任，能充分发挥属下的专长。他本来要我在药物化学方面发挥作用，曾经让我担任天津药物研究所的顾问，到1959年南开大学化学重点移向元素有机化学方向，他征求我的意见，元素有机化学的药物可拓展的前景不大，能否从事更基础的金属有机化学，我说我愿意放弃药物化学的研究，以免干扰农药研究大方向，改变自己原有的专业方向，把金属有机纳入元素有机化学范围内，杨先生很赞成。从此南开大学的金属有机化学成为全国金属有机化学的创始校之一，我至今要感谢杨先生的支持。（王积涛《纪念杨石先老师百岁诞辰》，《杨石先纪念文集》，第89页）

第三十二章

忙，忙，忙！

思考是脑子里的事，平日里的身子只是一个，忙，忙，忙！

想来杨石先不定什么时候，会想起苏东坡的词句："长恨此身非我有，何时忘却营营！"

学校、天津的会本来就已经很多了，北京的会也不少。

也不能说全是烦恼，有些会，去了是荣耀，听了还真让人振奋。

1955年6月，在北京召开的中国科学院学部成立大会，就是很该去的一次，参加了让他又荣耀又振奋。

中国科学院早在1949年11月就成立了，最初是搭起个架子，后来才陆续设了众多部门和研究机构。到了1955年春天，决定成立学部，正规起来。中国不设院士，学部委员相当于院士。这可是学术界的大事。

提前发了通知，正式的会期是6月1日至10日，会上正式宣布，中国科学院物理学数学化学部、生物地学部、技术科学部和哲学社会科学部成立。参加大会的除了学部委员外，还有中科院各研究机构和高等学校及有关单位的负责人。正值中苏友好的盛期，苏联派出科学院代表团参加了这个盛会。

会上，杨石先被任命为物理学数学化学学部的委员，还是这一学部化学组的组长，并在会上以个人身份做了发言。

这个发言很精彩，学术气氛正常，他又有南开实际校长的身份，虽是新当选的学部委员，几句客气话过后，就直截了当地谈了自己对教学和科研之间关系的看法。

他的立论，从来都是实实在在，能用数字说话的地方，尽量引用确凿的数字。比如说到高等学校和科学院有共同性也有联系性时，就说，中国科学院有许多人是从高等学校转过来的，例如目前233名学部委员就有90多名高等学校的同人，占1/3以上，高等学校中也有不少科学院的同志兼课和设置专业，这就使我们两个机关联系起来了。

两方面的合作，不但互相有利，而且完全必要，这些话，都是该说的。但他也知道，两方面的合作还是有疑难、有障碍的。

先说科学院方面的。

他说，科学院方面有人认为高等学校潜在力量虽大，要组织指导也很艰巨，可能会影响研究所本身的工作，科学院拿出的多，得到的少，不合算。有时还会发生高等学校的领导和我们的想法不一致的情况，组织高等学校的力量投入科研，他们疑心大，因此科学院就认为时机还不成熟，不妨等一等再看。这种情形，开始可能会有，逐渐会愈来愈少。从国家全面观点来看，要把全国科学研究组织起来，不应该计较哪个单位得的多，哪个单位得的少。高校方面最大的顾虑是怕科学院把水平高的教师拉走，又顾虑科学研究要挤时间，影响学校的教学和行政工作，有的同志看到高等学校常常强调教学第一，研究应该结合教学，因此就认为未必能做出很多成绩来。

他认为，这些看法，"都是不正确的。因为国家使用干部要看他在什么地方发挥作用大，如果他适宜于科学研究，在科学院可发挥更大作用，就应调到科学院工作；如果在学校也可以做研究，同样发挥作用，也可以留在学校，反之亦然，不应怕拉走。当然，之所以有这种想法和目前高等学校的师资不足、水平不高的情况也有关，但一定是可以随着力量的发展而逐步得到克服的"。（杨石先《在中国科学院学部成立大会上的发言》，《杨石先文选》，第22页）

以上，可以说是作为一个新当选的学部委员，又是高校的实际负责人，应当说且必须说的话，只能说出诸杨石先之口，句句在理，句句中肯。

如果只是分析科学院和高等学校合作中存在的问题及克服的措施，那就不是一个完整的杨石先了。

作为一个从教三十年的老教授，管理过西南联大的教务，如今又是南开大学校务的实际操持者，他深知高校开展科研的艰难。对这一问题的认识，早已有了，多少年如鲠在喉，当此之际，不可不一吐为快。

> 目前，高等学校中科学水平高的人有不少是担任校院长、教务长、总务长等行政职务的，往往有许多行政事务工作，应该训练行政干部来分担；社会工作也如此，各项工作都要抓积极的、前进的以及学术威望高的教师来担任，因此造成兼职过多的情况，长期发展下去损失很大。因为中国的科学人才太少了，应该让他们空出一定时间来从事科学研究。（杨石先《在中国科学院学部成立大会上的发言》，《杨石先文选》，第23页）

说到这里，他有点动感情了，对当时高校里流行的一个看似无懈可击、听来冠冕堂皇的说法，提出了严厉的批评。

> 至于教学第一、研究结合教学这种提法，我认为是不够全面的。可能开始时有部分人由于教学不熟悉进行教材编写工作，以后也不会全部人都去进行这方面的研究。目前全国14个综合性大学也提出有计划、有步骤、有领导地开展研究工作，有不少学校举行科学讨论会检查研究工

作的结果。事实证明，研究题目是多种多样的，结合教学、研究教学法及编写教材只是一部分而且也是不大一部分。研究题目很多是从生产实习中得来的，有些是和产业部门或研究所合作的，总结苏联先进经验在中国推广的结果的，以及总结劳动模范的生产经验提高到理论水平的，也有参加学术思想批判斗争的。从实际情况的分析中可以看出，高等学校的研究题目是形形色色的，绝不是专提教学。另外，我们更应该认识到教学不应该和研究工作对立起来，而是一件事的不可分割的两个方面，科学研究做得好也必然会提高教学水平。（杨石先《在中国科学院学部成立大会上的发言》，《杨石先文选》，第23页）

真是掏心窝子的话啊！

这几年，杨石先常去北京开会，有篇回忆文章说，常常是一月之中，两三次去北京，有时刚回校几天又去了。

还是那句老话，能者多劳，有些重要的会，点名要他去能不去吗？

北京的会，这一时期的再说一个吧。

还是抄录为好。

1956年2—7月，参加由周恩来总理亲自领导的制订我国"十二年科学远景规划"会议，任国务院科学规划委员会委员、综合组组长；并在会上做《化学科学与国民经济的关系》的报告。会议临结束时，突发心绞痛，送北京友谊医院治疗。（《杨石先生平记事》，《杨石先纪念文集》，第245页）

杨石先在会上做的这个报告，是篇极高明的科普文章，也是一篇在化学科学上关乎国计民生的理论探讨文章。关系重大，面对的听众非同寻常，想来他起稿时也就格外用心。

开篇先就通俗明白，引人入胜。

　　化学是研究物质的组成、结构、性质和它们相互转变规律的科学，因此它是极其密切地和人类生产实践相联系着的。古代人们对自然界许多现象都不能给以合理的解释，很多物质的相互转变对于那时的人类是非常神奇的。但是人类要生存，在长久的劳动后，人们总结了一些经验，认识到物质的某些性质，譬如石头是坚硬的，枯草和干的木材是可以用火燃烧的。这样人们才能掌握用石、用火等的方法。此后人们发现了铜、铁等物质，并利用以制造工具。在古代研究物质的人，我们今天称之为炼金家。炼金家那时认为一切金属都可以变成黄金，因此他们为了追求得到贵重的黄金，便开始研究金属相互转变的方法。当然这是不会有结果的，然而却开始了古代化学研究工作。（杨石先《化学科学与国民经济的关系》，《杨石先文选》，第59页）

　　接着说了近代化学研究和化学工业的发展进程，对化学研究的分类做了简略的说明，更多的篇幅用来阐述"在国民经济中化学为什么可以起巨大的作用"。

　　这是这个报告的重中之重。听讲的除了各方面的专家，还有多位党和国家领导人、国务院多部门的负责人，这就见出杨石先演讲的水平了。化学公式、推演原理、制作过程，这些必须讲而又枯燥的话题，他有演示，基本上是一掠而过。对化工与国民经济的关系，他先讲了化工史上那个著名的案例，就是德国如何进行从煤焦油产品蒽合成这一染料，为国家带来巨大收益，让印度的蓝靛产业一落千丈；又讲了德国当初是如何用化工技术解决液体燃料的供应问题。其时正是中苏合作的蜜月期，博闻多见的他，也讲了个苏联化工史上重要的业绩，小标题为："苏联没有热带领土，如何保证橡胶的需要呢？"

　　最后，在"结束语"里，他说：

　　化学科学的发展使得人类能不断地扩大原料的来源，能充分来利用天然资源及工、农业副产品和废弃材料。采用了新的化学方法和过程，不但促进工业本身的改革和发展，亦促成重工业、轻工业、建筑业以及其他国民经济部门在技术上的改进和革新。化学已能使人们制造和合成具有指定性能的材料和产品，以适应各种新的需要。在这次科学规划会上提出的57项重大任务中，需要化学的就有30项。因此，一个强大的化学工业拥有阵容完整、实力充足的化学科学队伍，已是国家现代化的重要标志……经验证明：化学科学和化学工业的发展是技术进步的必要条件、国民经济的中心环节，亦是国家安全的重要保障。（杨石先《化学科学与国民经济的关系》，《杨石先文选》，第69—70页）

这是大会发言。在编制农药研究的规划时，小组会上，杨石先还做了一个发言，就27项科学研究任务中的农药部分提出了自己的看法。

会上也有件难堪事，让他一则以喜，一则以忧。喜的是与会的专家对南开化学研究的成绩给以充分的肯定，认为好些研究项目，只有南开能拿得下，做出成绩来；忧的是自家的家底自家知晓，有的研究项目对他们来说是手到擒来，有的项目就不一定了。不下大力气，肯定啃不动，怕的是下了大力气，还是啃不动，身不由己，推推搡搡，也就全都接收下来。此一事件，没有单独的材料，我是在杨光伟的《杨石先传》里看到的。想来杨光伟采访过杨石先，该是得之于他的口述。不抄录了，改为转述。

新社会重视农业，那几年，农药领域发生了一个大变革，从无机农药、植物农药发展成为有机农药，尤其是有机合成的研究工作在农药的发展中起着主导作用。制定规划的专家们认为有机农药的研究工作应交给农业院校，可他们接受不了，建议交给有机研究力量比较强的单位。他们要求科学院的有机化学研究所和高等学校中的南开大学接受这项工作。在制定规划时，有很多项国家亟需的科学研究项目没有人承担，周总理提出了"要勇于承担国家任务"的号召。总理说这话，在农药方面似乎有所指。快马不用鞭策，杨石先响应周总理的号召，同意了专家们的要求，接受了研制有机农药的任务。

会上，在一个场合见到了总理，总理知道他母校的这位校长，急国家所急，挑起了农药研究的重担，特意叮嘱说："你先找几个人工作二三年，先不

要伸手向国家伸手要钱、要人，你们做了工作，国家自有安排。"（杨光伟《杨石先传》，第91—92页）

他自然知道接受周总理的嘱托，承担起这项任务，意味着什么。

杨石先的忙，还有一个不能不说的原因，就是操心太多。学养好，见识广，责任心重，别人不以为意的事，他看出了其中的弊端，忍不住就要说出来。

1962年8月，杨石先向中央领导提出一份研究报告，名为《关于我国农药生产，特别是有机磷生产的几点意见》。文中依据他的观察，提出了对农药喷洒的看法。这段文字还有一个难得之处是，杨石先多次作为访问团成员出国，很少有文字记述国外的见闻。这次因为要言出有据，不光说了他在苏联的见闻，还说了1947年在美国的见闻。

在有毒药剂的使用上，如果采用先进的药械，不但可以避免中毒和死亡事故的发生，同时亦可提高工作效率许多倍。数年前我曾在东北参观过几个果园，他们在苹果树下用背负喷雾器喷射有机磷杀虫剂，以保证苹果无虫、可以出口、为国家争取外汇。工作人员虽然穿了防护衣服和戴上了面罩，但我确实感到他们并不太安全，因他们长时期被包围在浓厚的毒雾之内，并且一个人整天只能喷几棵树。我于1947年在美国东部即看到他们使用迷雾器喷药，这种器械是德国十多年前首先发明的，完全根据一套新的原理不是依靠细的喷孔和大的压力来喷射药液，而是利用高速气流从储器通过将药液飞散出来，结果用的药量甚少（只为寻常的1/20到1/10），但是粒子的细度则小得很多，所以能够均匀地散布到很大的面积上。通常装在卡车或拖拉机后面，驾驶人员向前逆风开车，迷雾器操纵人员则在车上一间密闭而装有玻璃窗的小屋内向后顺风喷射，射程左右上下可达数十公尺之远。两个人一天可喷几百株苹果树，如喷田可达五六百亩，而且极少有中毒的可能。前三四年我在苏联农业展览馆亦看到类似的器械。这在欧美近年来都是非常通行的。一架所费亦不过三四百美金。今春二月我在上海农械厂参观访问时曾问该厂何不仿制

出此项器械，据他们的答复，目前不会为群众所欢迎，我个人则有不同
的看法。又有人说可能与领导强调"以小型农械为主"的精神不合。我
认为还是要结合具体情况来决定。例如，在灭蝗工作绝没有人反对用飞
机洒药，飞机当然不是小的农械，拖拉机亦不是小的农械，我们都经常
采用了，迷雾器何以又不可呢！何况涉及人员中毒死亡的问题呢！1956
年第二次国际植保会议在英国弗恩霍尔斯特举行时，已有荷兰专家做了
迷雾器这一专题的报告，盛赞它的好处，但当时以及若干年来似乎没有
引起国内农业领导上的注意。只在今春广州科学会议以及稍迟人大开会
时听到中科院昆虫所蔡邦华所长同意我的看法。我们一致认为，国内应
迅速仿制和推广这一器械。（杨石先《关于我国农药生产，特别是有机磷
生产的几点意见》，《杨石先文选》，第77页）

大体说来，杨石先是个平和的人，遇上不满意的事，也很少动气发火。
而在这份给中央领导的研究报告里，叙事说理时，两次用了感叹号，还是连
着用的，可说是真的动了气。

我是在农村长大的，改革开放初期还曾在乡镇担任过职务，像杨石先在
1962年就呼吁推广的这种迷雾型农业机械，在山西农村就从来没有出现过。
现在我的家乡，一个有名的苹果基地，给苹果树喷洒农药，仍然是背负手摇
的喷雾器。

第三十三章

借东风

用了"借东风"这样的标题，显得轻佻了些。想想，还是用了。这里有人生的际遇，也有人生的智慧。

在"十二年科学远景规划会"上，杨石先主动承担了农药研制的项目。回到天津，他不敢怠慢，立即着手实施。

该怎么办呢？

起初的胆子确实不大。

只能说是传统思维，按部就班，在化学系的业务会上做了布置。

当时化学系里，有个有机磷教研室，是由回国没几年的陈天池教授负其责。农药研制，跟这儿的业务最为接近，也就因势乘便交给了这个教研室。

杨石先如此安排，也是因为他就是这方面的专家，很长时间，他就是研究药物化学的。前面说过，1945年去美国考察研究，他的清华同学在给印第安纳大学的推荐信里，引用了他赴美研究的一个心愿，"今年赴美皆因为我已收集一些抗疟草药并希望确认其有效物质结构来引导合成，以便可制成抗疟新药"。（亨利·G.戴《缅怀杨石先先生》，《杨石先纪念文集》，第55页）

还有一事，可证明杨石先早早就投入抗疟药物的研究，那就是，在昆明时就派人采集相关的草药。

联大时期，何炳林是化学系的助教，当过一年多办公室秘书，除了处理系务外，还会接受杨石先临时派给他的任务。在他与妻子陈茹玉合写的怀念文章里，有这样的记述："为了搞中草药的研究，有一次炳林要到云南下关去弄一种医治疟疾的中草药——常山。"（何炳林、陈茹玉《对先师杨石先的怀念》，《杨石先纪念文集》，第70页）采集名为常山的中草药，乃杨石先的一个研究课题之所需。杨石先说，他去美国带了收集到的中草药，内中定然有何炳林赴云南下关采集到的"常山"。

周总理跟他说过，你们先做起来，国家自有安排。他这里刚在化学系做了安排，那边通过天津市科委，南开的农药研究就纳入了国家规划。参与此事的何炳林、陈茹玉两人在回忆文章里说，开完科学规划会议，"回到南开园，他就跟天池和我们俩商量，由他带头，以我们为骨干，带领他身边的另外几名年轻助手，开始了有机农药的研究工作。有机磷农药研究机构，就这样创建起来了"。（何炳林、陈茹玉《对先师杨石先的怀念》，《杨石先纪念文集》，第64页）

这里说的，只会是设在化学系的有机磷教研室。

此后几年，杨石先仍处于"奔忙"中。

国内的会议不说了，接二连三，少有长时间的中断。较之先前，他的工作增加了一项，便是友好出访和外宾接待。

《杨石先文选》书后，有经过订正的《杨石先生平纪事》。注意，书出版于2017年，1999年12月第1版、2016年6月第2次印刷的《杨石先纪念文集》后，也附有年表式的生平纪事，叫《杨石先生平记事》，题名一字之差，将"记事"改为"纪事"。先前的引文里，有用了"记事"的，也不改了。往后相关引文，尽量用"纪事"里的文字就是了。

兹据《杨石先生平纪事》列出远景规划会后几年间的各项活动，国内的与外事的，还会提到相关职务的变化。

1956年　5月　在北京化学研究所欢送拉菲克夫教授回国。

8月　中国民主促进会第二次全国代表大会召开，杨石先当选为民进第四届中央委员。

1957年　2月　参加中国科学院学部委员第二次全体会议。

3月　3日　中国民主促进会天津市第二次全体会员大会召开，选举产生民进天津市第一届委员会，杨石先任主任委员。

4月　10日　周恩来总理陪同波兰部长会议主席西伦凯维茨访问南开大学及天津大学，杨石先负责接待、陪同。

29日　国务院任命杨石先为南开大学校长，免去其原任南开大学副校长职务。

7月　兼任国务院科学规划委员会化学组组长。

同月，参加全国人民代表大会第四次会议，并在会上发言《党在高校的领导是绝对必要的》。

8月17日至9月5日　作为全国人民代表大会访问芬兰代表团成员访问芬兰。

11月至12月　作为中国访苏科学技术代表团成员访问莫斯科。

1958年　3月　28日　致函苏联科学院元素有机磷研究室卡巴契尼克教授，表示接受他提出的二硫磷酸衍生物研究的合作计划。卡巴契尼克教授于5月31日回信，就合作计划提出补充意见。杨石先于7月7日复信，欢迎他来华，并希望他来津做关于磷有机物的演讲。

8月　13日　毛泽东主席莅临南开大学视察，参观了杨石先和化学系师生们办起来的"敌百虫"和"马拉硫磷"两个农药车间，并给予了很高评价。中午，杨石先应邀在正阳春饭庄与毛主席共进午餐。

11月　21日　国务院任命杨石先为中国科学院河北省分院院长。

本月　中国民主促进会第三次全国代表大会召开，杨石先被选为第五届中央委员会常务委员。

1959年　1月　3日至18日　中国民主促进会天津市第三次全体会员大会召开，杨石先当选为民进天津市第二届委员会主任委员。

3月　16日至21日　第八届全苏门捷列夫普通化学及应用化学大会在莫斯科举行。中国化学会理事长杨石先和中国科学院化学研究所副所长柳大纲应邀出席大会。

5月　苏联科学院代表团访华，杨石先作为我国化学方面的代表参加接待。

6月　1日　参加中苏两国科学院院长签订1959年两院合作协定仪式。

本月　任中国科学院河北分院元素有机化学研究所所长。

9月　出席全国政协庆祝新中国成立10周年大会、新中国成立10周年国庆招待会。

10月　1日　出席国庆10周年天安门阅兵式和群众庆祝游行大会。

1960年　3月　4日　苏联专家阿尔卡·依凡诺维奇·阿弗古斯夫尼克和安德烈·尼柯拉耶维奇·别洛捷尔斯基在北京大学副教务长陪同下来津参观，杨石先等去车站迎接。

20日　南开大学校务办公室、图书馆党支部讨论通过了杨石先加入中国共产党的决定。

6月　到西安参加中国化学化工年会。

9月　参加中国民主促进会五届二中扩大会议。

1961年　2月　参加中央召开的重点高等学校校长会议。

5月　为南开大学有机化学教研组做《磷有机杀虫剂最近三四年来国外的新发展》的学术报告。

6月　参加中国科学院第三次学部委员会全体会议。

1962年　1月　4日　教育部来函通知，南开大学于1961年12月5日所报校务委员会名单已获准同意，杨石先任校务委员会主任。

2月14日至3月12日　作为专家代表出席国家科委在广州召开的全国科学技术工作会议。

3月　22日　赴京参加第二届全国人民代表大会第三次会议。

10月　5日　英国皇家学会代表团来南开大学参观，团长为不列颠帝国勋章获得者布朗爵士。杨石先等出面接待。

本年　南开大学元素有机化学研究所正式成立，杨石先亲自担任所长直至1982年。

抄录这几年的重要活动及任职情况，如果只是简略陈述其经历，在传记写作上的意义不大。传记写作不光是陈述史实，见出经历，重要的是理清脉络，明其因果，知人论世，抵其肺腑。

如果只看上述各项活动，最大的感触还是前面说的"奔忙"——奔波忙碌。细细体察，情形又有不同，那就是，杨石先正借了时势的东风，本能地也是顽强地，向着他的化学研究专业靠拢，用词激烈一点，可说是拼命地向着那个方向进击。

"苦撑待变"，抗战时期的这一广为流传的名言，没想到会在抗战胜利多少年后，成为他最大的心理支撑。

撑持是艰苦的，变化来得还不算迟缓。

校务委员会主席经过1952年的副校长这一台阶，终于在1957年就任了校长的实缺。

1952年，以他的身份担任中国民主促进会天津分会筹委会的主任委员，甚是相宜，他也觉得，这也算是政治上的一个进步。加入中国共产党的事，其时几乎连想都没有想过，而随着时势的好转，几乎是顺风顺水，写了入党申请，党支部会上就通过了。成了共产党员，仍任着民进的职务，性质就不同了。

为什么说他还是本能地、顽强地，向着他的有机化学研究的方向进击呢？

如此说辞，是不是言过其实，乃至耸人听闻呢？

且将一捋事实。

1956年十二年科学技术远景规划会议上，他领受了农药化学研究的任务回来，也只是将任务布置给了陈天池教授，陈天池其时的身份是化学系有机磷教研室的主任。这样的安排正应了周总理的叮嘱，先找几个人搞起来再说。而在《杨石先生平纪事》的1961年项下，该年5月，他在化学系曾做过一个学术报告，题为《磷有机杀虫剂最近三四年来国外的新发展》。这题名一看就是关于农药化学的。给谁做的呢？是给化学系有机化学教研组做的，也就是说，两三年了，他领受的国家科技发展规划的任务，仍然停留在化学系设置个"教研组"的档次上。

大学，你再说是教学与科研并重，不可偏废，可大学这名称，任谁做起来，也只会偏了教学而废了科研。

他能责怪陈天池不用心吗？他能责怪何炳林、陈茹玉夫妇不卖力吗？

不能。

无论如何都不能。

他们几个，是他一手带出来的，专业水平、人品修养都是一流的。问题出在什么地方？

机构！

他早就看出来了，一直想做，犹犹豫豫，就拖了下来。

且一拖就是这么多年。

说心如刀绞，是过了，说痛心疾首，该差不离儿。

他痛的疾的是他自己，跋前疐后，顾虑太多。附在化学系里的一个教研组能成什么气候，又如何对得起周总理的殷殷嘱托！

不是思谋再三，而是如旧小说所言，"而今马上眼目下"。

感触点早就有了，甚至着手试验过了。

且看《杨石先生平纪事》1958年项下的这句话："致函苏联科学院元素有机磷研究室卡巴契尼克教授，表示接受他提出的二硫磷酸衍生物研究的合作计划。"后面还说书来信往，诚邀对方来南开讲学。

这事的感触是什么呢？

是研究农药化学，要有相应的机构。苏联科学院有，中国科学院没有，要是有，也就不会出现远景规划会上，众多同行将此重任推到南开大学身上了；如果有，周总理也不会郑重叮嘱委以重任了。杨石先当过中国化学会第十八届理事会的理事长，还当着中科院数学物理学化学部化学组的组长，更显赫的是，他还是国务院科学规划委员会综合组的组长，可他知道这都是虚衔，之所以给了他，是因为他在化学研究上的资历与威望。作为机构，能跟苏联科学院元素有机磷研究室对接的，应是中科院的应用化学研究所，或者说是这个所里专设的一个研究室。可是这个所设在长春，他八竿子也打不着。

机会来了。

仍是《杨石先生平纪事》上有记载，1958年项下说："11月21日，国务院任命杨石先为中国科学院河北省分院院长。"1959年项下说："（6月）任中国科学院河北分院元素有机化学研究所所长。"

1958年，各省、市、自治区大办中科院的分院，仓促上马，基本上哪儿的什么力量强，就先办个什么所。比如山西，成立了中科院山西分院，第一个办起也只办了一个的是考古研究所。其时河北的省会还在天津，要办河北分院，最现成的莫过于办个化学上的什么所。杨石先当了院长，这事来得最快，自然听杨石先的。不问不说，问了自然是元素有机化学研究所。

这是他多年的心病——心中想！

肯定是空喜欢了一场。大喜有，大钱没，估计牌子也没挂几天就不见了。撑呀撑，忍呀忍，撑了一年又一年，忍了一天又一天。

还是那个相貌端庄、言语平和的大学者杨石先，有谁知道，为了切实做好中国的农药化学研究，他的心里是怎样的热血翻滚，难以平复！

有朋友急了，说你快说吧，杨校长要借的东风在哪里，怎么总是迟迟不来。

不兜圈子了，这东风便是1962年春天，在广州召开的全国科学技术工作会议，和随后在北京召开的全国十年科学规划会议。

《杨石先生平纪事》上的言辞很简略："2月14日至3月12日，作为专家代表出席国家科委在广州召开的全国科学技术工作会议。"实际上，这是一次非常重要的会议，三年困难之后开这样的会议，关系着国家的复兴、民众的福祉。

随后，在北京召开的全国十年科学规划会上，杨石先被推荐担任国家科委化学专业组的组长和植保、农药、农械专业组的副组长。

想来也就是在这次会上，杨石先公开提出在南开大学办元素有机化学研究所的主张。

杨光伟的《杨石先传》，对这一过程有精彩的叙述。

杨石先在题为《关于我国农药生产，特别是有机磷生产的几点意见》的书面发言中说："农药界的人士这次建议在南开化学系建立一个农药研究室，有少数的独立研究人员编制和固定的研究经费，不致为教学和其他任务挤掉，得以经常工作下去，这是十分必要的。"

杨石先的这个建议，在会上得到著名化学家傅鹰、黄鸣龙等人的积极支持。高教部的领导也在会上讲："全国三分之二的专家都在高教部门，他们的积极性没有发挥出来，高教部没有科研经费，故科研工作难以开展。"

又要编制又要经费，能否实现，全看领导的态度了。

分管科技的副总理聂荣臻元帅在会上，这是最好的机会，也是最佳的场合，杨石先自然不肯错过。他对聂帅说：

"若把这个所交给南开大学，给三年时间，若拿不出成绩，可以砸烂我这块牌子。"

作为分管科技的副总理，怕的是拿不出科研成果，杨石先这么有名望的科学家，说出这样近似军令状的话，聂帅何乐而不为呢！

于是会议决定，在有条件的高校可以慎重地、有计划地建立一些研究机构。南开大学被认为有建所的条件，所以高教部首先批准南开大学建立南开大学元素有机化学研究所。

这是1962年3月间的事。《杨石先生平纪事》对此事记载太简略，系在这年的最后。不是说事情出在年末，是说出在这年之内，《杨石先生平记事》则清楚地分为两条：

　　1962 年　7 月　13 日　校务委员会任命杨石先兼任元素有机化学研究所所长。

　　1963 年　2 月　22 日　本校元素有机化学研究所成立，所长杨石先（兼）、副所长陈天池。

　　编制单列，经费单列，又有自己单独的处所，元素所就跟化学系一样，成了南开大学体制里独立的一个单位。

　　对于往后中国农药化学的意义，还有待时间证明，杨石先本人的喜悦则是眼下的，直接的。

第三十四章

办元素所

◌◌

元素所，全称为元素有机化学研究所。

这个名字就叫人费猜测。

按汉语的习惯，取名，总是前一个词语对后一个词语做限制，比如"烟台苹果"，烟台是对苹果的限制。依此习惯，元素有机化学研究，应写成"有机化学元素研究"。可是一细想，就知道问题出在哪里了。元素，该说化学元素，是原子的质子数目发生量变而导致质变的结果，说白了就是物质的本质上的不同。它本身是不分什么有机无机的。元素有机化学，对应的是元素无机化学，限定了研究的领域。只能这么说，颠倒过来就成了笑话。

前面说过，中科院河北分院是"大跃进"时期的产物。

河北要建中科院河北分院，最大优势是杨石先在河北。天津并非一直是直辖市，1958年2月划归河北省。于是任命杨石先当了河北分院的院长。分院下面也要有所呀，最先成立的，便是这个元素有机化学研究所。

杨石先作为南开大学的校长，又兼了中科院河北分院的院长，要钱有钱，要地方有地方，于是便用河北省的拨款，在南开校园里建起一座两层楼，作为元素所的办公室。后来还建了两间平房，作为生物测定室和中试车间。有了这些建筑，编制下来，经费到位，南开大学元素有机化学研究所就开张了。此前中科院河北分院已撤销。

常年经费不必说。南开大学是部属高校，中央增加预算拨到部里，部里列入划拨经费，到了学校专款专用，有校长护着谁也不敢半路打劫。

要说的是人员。

普通职工好说，要说的是专业研究人员。

从化学系教授里拨过来就是。

确实是这么做的。但这时候，你就不能不佩服杨石先的精明强干、老谋深算了。

要探其究竟，还得从张伯苓老先生的一封信说起。

还是全文抄录吧，要对得起这位作为南开大学创办人之一的旷世奇才。

石先惠鉴：

　　胜利在望，南大复校工作亟待进行，关于理学院各系教师，即烦先生及立夫先生积极物色。据估计，复校之时数学系需三至五人，物理系三至五人，化学系三至五人，生物系二人。如有优良人才，即乞负责接洽，全权办理，受聘者或参加联大，或从事研究，均无不可。我校待遇在战时以联大为准则，战后则与北大、清华两校相等。

　　先生与立夫先生在美期间，想必时常通信。凡两先生所同意者，苓亦必同意也。闻赴美即将成行，两载研究，成就必多，可为预祝。回国时当在天津欢迎也。专此致候

旅祺

张伯苓　卅四年七月三日

信中立夫，即姜立夫，南开大学数学系教授，著名数学家。以信中所言

而论，杨、姜二人此时当已在美国。

杨石先此番赴美，是在印第安纳州立大学研修。研修始末，所研专业，前面的章节里叙及，不赘。如何完成张伯苓的交代，为南开大学延揽人才，是这里着重要说的。他自己没有记载，只能从所延揽的人才对他的怀念文章中寻找。

一直在南开化学系任教、此时即将调到无机所的陈茹玉与他的夫君何炳林，正是当年听了杨石先的劝告，获得博士学位后，离美回国任教的。他俩联合署名的怀念文章，说到回国任教，不是从延揽人才上说的，而是从专业设计上着眼的。

先说了旧中国农业生产落后，祖祖辈辈从来不用农药，不知道农药可以除病，可以增产，即便知道谁又能用得起那种洋药？作为有远见的科学家，杨石先看到了祖国农业发展的前途，必须依靠科学，使用农药。在欧美一些发达国家，研制使用含氯的有机农药，是第二次世界大战以前的事情。第二次世界大战期间，德国人首先研究有机磷农药，把农药的研制和使用又向前推进了一步。此后发达国家研究植物激素，刺激或控制植物的生长，促使杀虫除草技术，又推进了一步。他观察到国际上农药研究从无菌农药、植物性农药向有机农药过渡的情况，考虑到几乎全属空白的中国农药科学如何起步的问题，提出要抓住有机磷的研究，指出农药发展的方向。这也是在我国第一次提出有机农药的方向。

有了这样的远见，自然知道该延揽怎样的人才。

石先老师把他的卓识和想法，传达给他的学生。20世纪40年代初，先师在美国见到了毕业于西南联大、留美学习的陈天池、王积涛。当时他们就遵循先师的教导，从事农药的研究。陈天池原本在美国路易斯安那大学，毕业后到一个公司搞杀虫剂短期研究；王积涛因得先师介绍，毕业后到立莱药厂短期工作，因为石先老师的同学陈克恢教授在这里研究药物化学，并研制出了麻黄素。对于我们这些先后到美国留学的学生，他还总是嘱咐要注意搜集农药方面的书籍、资料，尤其是新出版的书刊。
（何炳林、陈茹玉《对先师杨石先的怀念》，《杨石先纪念文集》，第63页）

多少年后，何炳林、陈茹玉仍记得杨校长当年在美国跟他们说过的一句话：

"美国搞科研有独特的条件，优越的条件，但那不是我们祖国，你们不能在那里待一辈子，学成之后，要赶快回来，为贫穷的祖国出力。"

他俩的文章，重在怀念、颂扬恩师，对自己的事也就没有多说。两人都是杨石先的学生，以接触而论，何炳林跟杨石先更亲近些。

何炳林是广东番禺人，1938年考入西南联大化学系，1942年毕业后留校任助教，有个时期还是化学系的秘书，等于是杨石先的助手，1947年赴美留学。

陈茹玉是福建闽侯人，1919年出生，比何炳林小一岁，也是1938年考入西南联大化学系，1942年毕业之后在云南大学任教，1946年南开复员回天津，她应聘回南开化学系任教，1948年赴美留学。

两人的留学学校，都是杨石先1945年秋天赴美研修的印第安纳大学。

两人不负重托，1956年获得博士学位后，果真联袂归来，回南开任教职。

此前回国的王积涛、陈天池，后面会做介绍。

元素所的组织结构人员搭配，手头无确切资料，只能根据有限的材料，做大致的推断。下面要说它取得的业绩，若机构都不靠实，业绩也会减了分量。

杨石先是所长没说的。创办时任此职，直到1982年主动退休。"文化大革命"期间是不管事了，但也没有明令撤销，应该还是的。

难以拿准的是副所长人选。

也不是都拿不准，陈天池就准准的。《杨石先生平记事》1963年项下就明确记着"副所长陈天池"。

陈天池1968年去世。1998年，南开大学元素所为他出了本纪念集，名为《纪念陈天池教授诞辰80周年》，收有他的生平事迹，还有多篇怀念文章。简历上说，他1951年回国后，即任南开大学化学系教授，分析化学教研室主任，系副主任。1960年任物理二系总支书记兼系主任。1962年任元素所总支书记兼副所长。

纪念文章中有篇《深深的怀念》，由金桂玉、邵瑞链等12人联合署名。文章一开头就说："二室资料室存放着一份1967年陈天池先生写的有机磷研究室工作小结。"由这一句话可以推断，元素所至少有两个研究室，这里说的是二室的事，那么必然还有一室。二室是研究有机磷的，一室必然是研究另一个方面的有机化学的。

何炳林、陈茹玉《对先师杨石先的怀念》文中有言："元素所激素组在茹玉指导下进行从骆驼蓬草中提取植物激素的研究。"据此可推知，那个一室即这里说的激素组。该是起初都叫研究组，后来规范了改称研究室。以情理而论，此时的陈茹玉，也该是元素研究所的副所长，只可说陈天池是常务副所长管全所工作，陈茹玉这个副所长，专管她的激素研究室。在同一文中，还说："1982年10月，他（指杨石先）又辞去元素所所长职务，由茹玉接任所长。"以情理而论，此言亦可佐证先前已是副所长。

王积涛的履历中也有元素所副所长的职务，时间是1978年至1988年。如果杨石先任所长期间一直保持两个副所长的话，那就是说，改革开放之后，有那么几年，王积涛和陈茹玉同时任副所长，1982年陈茹玉接任所长后，王积涛还"副"了几年。

所长副所长的交叉接替理清了，该着说元素所的业绩了。

写业绩，有两种写法，一种是写研究成果，一种是写人，带出成果。想了想，在这里还是用第二种方法为好。成果是人做出来的，人写好了，成果不难见出。再者，这是传记，写别人，人衬人，也能见出传主的品质。更何况，任人唯贤，第一看贤，也是杨石先治校的一贯的指导思想。

他非常注意培养学生的品德，他认为，品德不好、思想境界不高的人，在学术上不会有很高的成就，更不会真正地对祖国、人民、子孙后代做出贡献。这是何炳林、陈茹玉《对先师杨石先的怀念》中的一句话，也可说是他教过的学生、与他共过事的年轻人共同的感触。

道理讲清，写人，写谁呢？

我选了三个人，是陈天池、陈茹玉和李正名。

先说陈天池。

如果师生之间，也可以借用工匠的术语，用"爱徒"这一说法的话，陈天池可谓杨石先的爱徒。

陈天池，1918年生，浙江诸暨人，自幼聪颖好学。1933年考入江苏省立上海中学高中，1936年考入北京燕京大学化学系。七七事变后回到家乡，任小学教员，西南联大迁至昆明后，他绕道桂林等地，于1938年考入联大化学系二年级。1941年毕业后留校任助教。抗战胜利后，于1946年考取留美公费生，先在路易斯安那大学研究院学习，只用了两年半的时间就得到了硕士和博士学位。1949年赴科罗拉多大学研究院任研究员，同年加入世界科学工作者协会。1950年9月，应恩师杨石先之邀，回国到南开大学任教。

陈天池的学术根基好，他轻易拿到博士学位可证明；其品质之好，则表现在能应国家之需，调整自己的研究领域且取得不俗的成绩。

在美国，他是研究有机磷的，到了南开，化学系系主任邱宗岳跟他说，这儿有机化学方面的专家较多，现在国家处于大建设时期，急需矿物分析人才，希望他能把这方面的教学任务承担下来。陈天池在美国留学时，杨石先也在美，曾劝他学学分析化学，这会儿正用得上。于是他放弃了自己的有机磷研究，奔赴西北矿山调查，收集数据，编写教材，办起了矿物分析专业班，后来又根据需要开设了定量分析课。到了1954年，他是全校第一个以教授身份被批准入党的高级知识分子，不久被选为南开大学校党委委员。

1960年，陈天池又一次被委以重任，成为南开物理二系总支书记兼系主任。这个系着意培养放射化学、辐射化学的专门人才。后来，高教部将这个系撤销，相关专业与人员，分配给兰州大学和四川大学。1963年2月，南开大学元素有机化学研究所成立，人尽其才，陈天池被委以元素所副所长之职。南开校园里的元素所大楼、生物测定室和中试车间，就是他在建所初期，跟中科院河北分院反复交涉建起来的。

建所前夕，陈天池前往杨石先家中，听取杨石先对建所工作的指导。经过分析，师徒二人拟定了元素所的运行方略。两人一致认为，从长远看，元素所的研究面应该广一些，最初几年还是要以农药为主，重点放在农药化学的研究上，以培养人才，解决国家所需。眼下最重要的，一是落实资金与设备，再就是跟高教部联系，设法争取一批归国留学生、国内名校研究生来所工作，加强元素所的研究力量。

陈天池的工作精神，就不必说了，他在元素所的研究成果，在金桂玉、邵瑞链等人合写的《深深的怀念》一文中，有详细的记载。

> 在课题安排上，为创制高效低毒农药，开展了硫代磷酰胺酯、含萘环磷酸酯等专项研究，另一方面分配部分专题组成员，着重进行有机磷化合物互变异构现象、水解动力学以及反应机理的探讨。同时，坚持科学技术为国民经济服务的方向，曾带领二室的全体同志，一起到天津农药厂等工厂，深入车间，调查了解生产情况，对工厂提出的有普遍应用价值的化学课题如二硫代磷酸酯中性油的分离鉴定等，组织专人进行研究。由于陈先生卓越的科研组织领导才干，调动了大家的积极性，有机磷室的研究工作卓有成效地开展起来，很快研制成功新型农药有机磷杀虫剂 P32 和 P47，荣获国家科委新产品二等奖。陈先生知人善任，他领导下的研究室有很大的凝聚力，全室青年人朝气向上，苦干钻研，经常试验到深夜，每次全国学术会议都提交不少高质量的研究论文，为元素所在全国有机化学领域中的领先地位奠定了基础。（金桂玉、邵瑞链等《深深的怀念》，《纪念陈天池教授诞辰80周年》，第46页）

钦佩其学问，敬重其为人，陈天池待杨石先，堪比父执。

有两件小事，很是感人。

一件是他的儿子陈辉在文章里说的。1965年春夏之交，他父亲陈天池同杨石先校长来杭州开会。住在杭州及附近的亲友听说陈天池来了杭州，好些人携子女一道来宾馆看望陈家出的这位大教授。众亲友聚在一起还不到半小时，他父亲就下了"逐客令"，说他下午临时有安排，不能陪大家，让众亲友很是扫兴。原来是那天有人请杨校长游览西湖，他认为杨先生年岁大了，他必须陪同，以尽弟子之礼。（陈辉《怀念我的父亲》，《纪念陈天池教授诞辰80周年》，第55页）

再一件事更小了，却更见真情，是元素所研究人员李毓桂写的。他说，有一次他们在杨石先家里开会，会后大家都要走了，陈天池却帮助杨师母收拾杯碟、椅凳。他看到杨石先、邱宗岳，总是亲切地称"杨先生""邱先生"，老先生让坐他才坐下。（李毓桂《四化春雨落九州，倍忆先师陈天池》，《纪念陈天池教授诞辰80周年》，第43页）

该着说陈茹玉了。

她的留学经历前面说了，这里只说她担任元素所副所长、主持植物激素研究室的事儿。

她与夫君合写的那篇怀念文章，以文笔而论，当为她所撰稿，这也就难怪字里行间有种女性的温情与细腻。说起元素所的成绩，更是娓娓道来，令人心折。

元素所研制的防治水稻白叶枯病的项目，是在杭州召开的全国农药会议上领受的。同时接受下来的项目有24个，攻克白叶枯病是最当紧的一个。杨石先高兴极了，因为他早就在考虑这个课题。

白叶枯病的危害有多严重呢？不看这些数字是无法相信的。

据联合国粮农组织统计，世界水稻种植面积有92.3%在亚洲，产量占世界稻谷总产量的92.6%。而中国水稻种植和产量均占世界第一位。水稻有各种病害，最严重的是稻瘟病、纹枯病和白叶枯病。前两种病已有药物可以防治，唯独白叶枯病无药可治。白叶枯病成了水稻的"癌症"。近几十年来，白叶枯病在亚洲种水稻的国家广泛流行，在我国水稻产区也屡有发生。特别是遇到大雨和暴风，传染起来非常可怕，一夜之间，可使成千上万公顷的稻子变得枯黄。因这个"癌症"，我国水稻每年减产10%左右，个别地区减产高达四五成，这是一种毁灭性的水稻病害。尤其令人痛心的是，我国科技人员研究成功的高产水稻新品种，产量极高，在两湖可种两茬，两广可种三茬，而这种杂交品种最大缺点是容易发生白叶枯病。20世纪50年代无药，60年代还是无药，70年代有药了，但不属于我们。20世纪70年代初，一位资本主义国家的科学家，制成了一种防治水稻白叶枯病的农药，作为这个国家的专利，对我国严密封锁，虽同意卖给我们，但售价十分昂贵。为了给水稻治病，国家每年不得不花大量外汇进口几百吨这种农药。有的农民心疼地说：这种洋药，真比吃白糖还要贵！对于从事农药研究几十年的老科学家，石先老师无论如何是难以忍受的，就是我们这些年轻一代的助手们，也实在不能憋着这一口气。我们依依于老师左右，决心攻坚，研制根治水稻"癌症"的农药。（何炳林、陈茹玉《对先师杨石先的怀念》，《杨石先纪念文集》，第65—66页）

作为一个女性科学家，对研制攻克水稻"癌症"的农药，她是充满信心的，但较之事业的成功，她更为欣赏的是导师杨石先的博学多识与雄才大略。下面这一段文字似与科研成果无关，但更能见出杨石先学术品质的另一方面。

杨石先老师目光远大，案头总有国外报刊。随时收集、关注着世界农药发展状况的老师，向我们详细介绍了当前世界农药发展的情况，并且把他摘录的十万多张卡片中有关化学农药的部分，一沓一沓整理出来，交给杀菌剂组，让同志们翻阅、参考。他从《美国化学文摘》中，发现日本研制防治白叶枯病农药已初见成效，非常注意这一信息。他说，堡垒已经发现了，如何把它攻破，进而占领下来，我们有用武之地了。（何炳林、陈茹玉《对先师杨石先的怀念》，《杨石先纪念文集》，第66页）

后来的事实是，在杨石先的具体指导下，开始了借鉴外国经验搞自己的新农药的研制工程。元素所调集了最强的人力，充实杀菌剂组。大家伙儿同心协力，经过一年多的苦斗，做了差不多一百多个合成物，试验了一个又一个的方案。"皇天不负有心人"，新的农药终于研制成功了。它可以一举全歼水稻的白叶枯病，因此命名为"枯叶净"。经国家有关部门鉴定，新农药被批准投产，推广使用。元素所研制成功的枯叶净，每吨的生产成本不到舶来品的一半，而能使高产杂交水稻每年至少增产一两成。

下面这段文字，就更富有抒情意味了。

> 已经白霜染鬓、步履蹒跚的老师，不胜雀跃，像年轻了许多。一般说来，就是在科学发达、设备精良的国外某些机构，研制一种较高水平的农药，大都要花十年左右的时间，而先生率领南开大学元素所的科研人员，只用了两年半的时间，就征服了水稻"癌症"，填补了我国农药的又一个空白。（何炳林、陈茹玉《对先师杨石先的怀念》，《杨石先纪念文集》，第66页）

第三个，该说李正名了。

这里所以选择此人，一是因他的科研成就，二是因他与杨石先的特殊关系。

科研成就上，他所获得的成果，与前面说到的元素所激素室获得的成绩，前后相承，实为一回事，就是枯叶净这个项目。陈茹玉主持激素室，李正名参与其中，为技术骨干，研制出了枯叶净。一种新的农药研制出来，由小面积试用，到大面积推广，得到各方面的承认，是一个相当漫长的过程。李正名一直是这一项目的骨干，就成了荣誉的最后获得者。他后来当了元素所所长，成为工程院院士，都与这一成就有关。

当然，他的成就不止此一项。所以选此一项，也有理解上的考虑。化学研究是一门高深的学问，一本人物传记，不想在科技知识方面堆积太多，前面说了枯叶净，这里接着说它的研制，从写文章上说，也算是顺理成章吧。

李正名跟杨石先有特殊关系，这还得从他的身世与学业说起。

李正名，1931年1月2日出生在一个声名显赫的读书人家。祖父李维格，曾任中国近代著名的时务学堂的西文总教习，后任汉冶萍公司总经理，解决了当时炼钢工业的关键技术，被誉为中国近代科技、教育事业和冶金科技事业的奠基人与开拓者之一。伯父李复几，曾获得德国波恩大学的物理学博士学位，是中国第一位出国学习物理学并最早获得博士学位的留学生。另一伯父李中庸获德国柏林大学医学博士学位后回国行医。李正名的父亲李中道，在美国密歇根大学获得法学博士学位，母亲则是伊利诺伊大学的文学硕士，两人回国后分别在东吴大学和复旦大学任教。

这是身世，他自己的学业也很是不俗。

母亲是复旦大学的教授，他童年随母亲在上海上的小学。父亲是东吴大学教授，东吴大学在苏州，他高中就转到东吴大学附中高中部学习了。1949年夏李正名考取美国私立大学联合奖学金，前往位于南卡罗来纳州的埃斯金大学就读，选择了化学专业。李正名学成计划回国之际，1951年美国移民局颁布法令，禁止中国留学生出境。后经南卡罗来纳州参议员干预，才解除了对李正名的禁令。1952年年底，李正名获准回国。转年，修满学分，获得埃斯金大学化学学士学位，并获得学校的E.L.Reid化学奖。然后，李正名作为中美交恶后第一批乘船归国留学生中的一员，回到新中国。

1953年8月，李正名去教育部报到。征询工作去向时，他提出愿继续从事有机化学的学习与研究，遂被告知去南开大学。其时主持工作的副校长杨石先接见了这位年轻人，很是欣赏，便安排李正名做了他的科研助手。不久以后，高校试行研究生制度，李正名成为杨石先的唯一一名研究生。

1956年，李正名从南开大学化学系有机化学专业研究生毕业，获得南开大学第001号研究生毕业证书。

杨石先的高足，自然是留校任教。1962年元素所成立后，李正名任元素所专题组组长、室主任、副教授。1980年到1982年，李正名作为访问学者，前往美国国家农业研究中心进修。归国后几年任元素所副所长、所长、教授。1995年，李正名成为中国工程院院士。之所以是工程院院士，而不是科学院院士，是因为此前多少年院士制度改革，将农药研制归到工程科学里了。这已是杨石先去世以后的事了。

还有更厉害的呢！

1997年到2014年间，李正名一直担任着农药国家工程研究中心的主任。这一机构与职务，标志着农药化学研究从元素所分了出来，成了国家级的科研机构，等于将杨石先在南开大学开创的农药化学的研究，推向了一个前所未有的高峰。

杨石先去世后，李正名写过一篇怀念文章，能看得出来他最为钦敬的还是杨石先这样有身世有经历的老知识分子的高尚人格。

李正名的文章里，还说了一件小事，最能见出杨石先胸怀的宽广、品质的高尚。

> 在"文化大革命"后，面对学校百废待举的局面，杨老高瞻远瞩，立即抓紧人才的培养，除将在"文化大革命"中分散全国各地技术骨干调回学校外，还不顾年事已高，多方奔波联系，输送一批中青年教学科研骨干出国深造，为今后我国的教育科技发展打下基础。有一次我校某单位在讨论选拔出国人选时，有人反映某同志已在申请调往他校，因此不拟考虑。杨老认为我国教育事业刚经过"文化大革命"，人才开发刻不容缓。他说，将来这个同志即使调离我校，他学成之后还不同样是为国家做贡献？（李正名《杨老的教诲永记心头》，《杨石先纪念文集》，第91页）

关于元素所的内设机构，我前面有些说法，出于推测并不完备，怪我读书不细，《杨石先纪念文集》中收有一文，对此有周到的交代。

> 他这种工作思维和作风，在元素所创建过程中再一次得到了体现。1962年杨老创建元素所时，并未照搬苏联科学院元素有机化学研究所的模式，而是从我国的实际出发，重点加强了农药研究的分量。
>
> 元素所当时共有8个研究室，他把农药室列为第一室。当时正值我国经济困难、粮食严重供应不足，粮食产量很低。而根据当时农业部门统计，全国粮食产量由于病虫害每年损失10%，棉花等经济作物损失20%。果品损失则达30%。在这种形势下，1963年底，杨老决定对元素所机构设置做进一步调整，裁并了三个研究室，进一步充实加强农药研究室。（王柏灵《忆杨石先校长二三事》，《杨石先纪念文集》，第152—153页）

还有一处，也谈到了元素所里的机构设置。多抄一些，是我有意为之，由小及大，看出杨石先的更为高尚的品质。

> "四人帮"被粉碎后，他参加了邓小平同志召集的著名教育家、科学家座谈会，看到了几乎濒于毁灭的教育和科学事业开始萌发生机。已到耄耋之年的杨石先教授一回校，就开始治理南开大学，劝导他当年的学生吴大任副校长"出山"抓教育，他本人则着手医治"文化大革命"给元素所造成的创伤。经过多次努力，他相继调回一些科研骨干，收回农药中试车间，成立毒理、激素、剂型三个室组，健全了农药科研体系。为了指导全国农药科研工作的恢复和发展，他亲自译书编书。人们无不为他精神所感动，为他锲而不舍的行动所震惊！（南开大学元素有机化学研究所《毕生做学问，寒暑育英才》，《杨石先纪念文集》，第111页）

第三十五章

一路走来的同行人

办元素所，研制出枯叶净，可说是事业的成功、人生的巅峰。我们的叙事太快了，得停下来，等一等，让另一个杨石先跟上来。

这另一个杨石先，就是看着往日的朋友一个个倒下的杨石先。肯定不是全部，只会是少数，但这少数里什么都没有少。

如何对待落难的朋友，最能见出一个人的品质。厚厚的一本《杨石先纪念文集》268页，撰稿人54个（一个单位算一人），一人一篇计，那么多的文章，在怀念颂扬的同时，都谨守着一个律条，谁也不肯说，可心里都清楚。比如好几篇文章都说杨老在那个非正常的年代受到迫害，上过"批斗会"，大都语焉不详，含混带过。

这么多人，这么多文章，给我的笼统的感觉，男人们多概括叙事，少有偏颇，而女人们，不，连"们"都谈不上，只有两三个，所写文章，却能在细微处着笔，哀婉中见出时代的严酷，甚至能冲破禁忌，说些杨石先也未必肯说的感情上的事。

有篇文章叫《杨老在我心中》，作者滕天奎，排在稍后位置，可见作者年岁不是很大。从语气称谓上，觉得作者该是位女性。噢，不，她自己说了，她是个女的，文中原话是："杨老的工作非常繁忙，竟参加一个小组的活动而且还耐心地听一个二十岁刚出头的毛丫头的没有水平的发言。"她说，有次路上相遇，问他近来身体可好，他老人家说，得了糖尿病，还说有个偏方，葵蕉的种子可治糖尿病。滕天奎听了，便托南方的同学给杨老买，那同学问了当地的农民，农民说这种子有毒不能吃，再见到杨老，将这一情况告知。过后寻思："这样一位著名的科学家有了病竟然得不到及时诊治！"（滕天奎《杨老在我心中》，《杨石先纪念文集》，第183页）

触及感情层面最细微的该是夫妇俩冠名，而只会是夫人陈茹玉执笔的那篇《对先师杨石先的怀念》，平常的事实，谁说起来都差不多，要紧处，想回避的人自会回避，还真有不想回避如陈茹玉者，真就毫不遮掩地说了出来。陈茹玉说了的，是这么几句话：

> 从20世纪50年代到60年代，历次的政治运动，他都认真、积极地对待。但"反右"斗争，令他感到有些不够理解，得知北京的他的朋友曾昭抡、纪育丰等有才华和成就的知识分子，南开大学的雷海宗、傅筑夫这样的老学者，乃至刚从苏联讲学归来的一位风华正茂的中年文科教授，都"在劫难逃"时，他惶惑不安。他深知这些人不是什么"反动派"，曾想设法去保护。他哪里知道，这是他个人所力不能及的呢？（何炳林、陈茹玉《对先师杨石先的怀念》，《杨石先纪念文集》，第73页）

"惶惑不安"，这个词用得太准确也太形象了。以陈茹玉所从事的专业（有机化学）、所身处的岗位（元素所激素组），与杨石先工作上的接触之多不用说了，就是寻常的接触，比如业务上会前会后，校园有事结伴而行，闲聊该是免不了的。我相信，作为学术的同行，一校的同事，这几个人被划为右派，他俩都会同时知晓。彼此有基本的信任，一半句知心话该是会说的。事实上，像"反右"运动中，共同的朋友相继落马这种事，一旦知晓，不必言语，四目相对，一个眼神，就传递了彼此的心曲。

这也就是我为什么特意要用这么多笔墨，说陈女士"惶惑不安"四字用得极为贴切，极为传神。因为这四字，揭示了杨石先在历次政治运动中思想感情的另一个层面。

有了这个层面，杨石先才是一个完整的人。

曾昭抡、纪育丰（该写作纪育沣）都是有机化学领域的杰出人物，和南开关系不大，不多说了，后面接着说到的两个人，都是南开的，叹息起来，意味又更加深长。

雷海宗，著名历史学家，1902年生于河北永清县。出身书香门第，父亲是当地基督教圣公会牧师。1917年入北京崇德中学，1919年转入清华学堂高等科。1922年毕业后公费留美，入芝加哥大学主修历史，副科为哲学。1924年入该校研究院历史所深造，撰写博士论文《杜尔阁的政治思想》，1927年获哲学博士学位，深受导师、著名历史学家詹姆斯·汤普逊先生的器重。与外国学生相比，中国留学生自然以中国学问见长，雷海宗以纯外国历史为研究对象而获得如此优秀成绩，是难能可贵的。

1927年回国后，雷海宗出任中央大学历史系副教授、教授、系主任，兼任金陵女子大学历史系教授和中国文化研究所研究员。1931年转任武汉大学历史系和中文系合聘教授。发表多篇文章，对中国殷商史提出精辟见解。1932年应蒋廷黻之召，回清华大学历史系任教授，三年后蒋廷黻离教从政，雷海宗接任历史系主任，直到1949年。这期间有几年是在昆明西南联大度过的。清华大学历史学系的发展与建树，是和雷海宗的贡献分不开的。

雷氏的史学名著有多种，最著名的是《中国文化与中国的兵》。

院系调整后，清华改为工科大学。跟北大的郑天挺一样，雷海宗到南开大学历史系当了教授，任世界史教研室主任。教授也当不稳，1957年他成了右派分子。

补一句，雷海宗因患糖尿病和心力衰竭，1962年去世，享年仅60岁。

傅筑夫，著名经济史学家，1902年生于河北永年县。1921年考入北京师范大学化学系，不久转入国文系，受时代思潮的影响，关注经济理论与社会实际，1928年写作并出版《中国社会问题的理论与实际》。1928年到1932年，先后任河北大学和安徽大学教授，讲授经济学原理和农业经济学等课程。1932年改任中央大学教授。1936年曾赴英国伦敦大学政治经济学院进修，发表多篇研究中国经济史的论文。1939年回国后，任内迁重庆的国立编译馆编辑，整理中国经济史资料。1945年重返中央大学。

抗战胜利后，傅筑夫于1947年初赴东北大学法学院任院长兼教务长，同年秋任南开大学经济研究所指导研究生主任委员。

新中国成立后傅筑夫继续执教于南开大学，讲授中国经济史和《资本论》研究课程。1956年兼任中国人民大学教授，担任该校研究生专业讲授和论文指导工作，在原有讲义基础上，写出80万字的《中国近代经济史》讲义，颇获好评。

雷海宗、傅筑夫这样有成就的学者，在反右运动中"落马"了，杨石先和陈茹玉听闻，能不连声叹息吗？

还有一位，陈茹玉的文章里没有提名字，只说是"乃至刚从苏联讲学归来的一位风华正茂的中年文科教授"，不必考证了，此人就是邢公畹。

杨石先去世后，百年诞辰纪念时，邢公畹写有文章，说到他的这一遭际。

1953年，我奉命到莫斯科大学任教，行前向杨校长辞行，杨校长说："莫斯科大学当然不能不去，可是你从苏联回国后，一定要仍然回到南开来。"我答应了。跟对方订的合同是两年，可是后来对方要求再延长一年。三年之后我回到北京，到高教部报到。高教部的一位领导问我："你愿意到哪一个机构工作呢？"当时我很想到北京的一个科研机构去工作，可是我想起对杨校长的承诺，就说："我还是回到南开吧。"我是1956年回南开的，转年到了1957年，我就开始了以后十几年的老知识分子都知道的"奇异"生活。（邢公畹《忘年之交，其淡如水》，《杨石先纪念文集》，第101页）

去苏联莫斯科大学任教，属中苏友好学术交流，去了三年回来，应该说是有功之臣，何以第二年就给戴上"右派"的"铁帽子"？

这个，看看他的来路，不难明白个大概。

1942年，云南省要修筑一条由东里（今西双版纳）到佛海的铁路，以与滇越铁路沟通。铁路的筹备委员会拟提供一笔资金，委托一个学术单位，调查铁路沿线的社会经济、民风民俗、语言文化等方面的情况，供铁路方面参考与应用。其时主管南开大学事务的黄钰生和文学院院长冯文潜两人一合计，觉得此事南开可做，经过一番努力，将这笔经费争取了过来。有了经费，还要有专业人员去做。其时邢公畹已从安徽大学毕业，考入历史语言研究所，在四川李庄，跟著名语言学家李方桂做研究，便应黄钰生之邀，来到昆明承担了这份工作。黄钰生是个有大作为的人，有了这笔经费，一不做二不休，在南开大学成立了一个边疆人文研究室，置于文学院之下。

在昆明那几年，这个研究室是给南开大学争了体面的，抗战胜利后，联大解体，南开回到天津复校，邢公畹和他的研究室也随之北上。天津不比昆明，无须做边疆文化研究，研究室裁撤，邢公畹转为中文系教师。

他在天津安顿下来，随即回安徽老家接妻子陈珍北上。

黄钰生当时还管事，给他们一家安排了宽敞的教员宿舍。妻子陈珍的工作安排上，杨石先还帮过一个小忙。怪有意思的，且忙中偷闲，宕开一笔写下来。

邢公畹是语言学家，文笔甚佳，还是抄写原文为上。

新中国成立后，我的妻子陈珍考取了《天津日报》的记者，报社要一份类似介绍函件的证明书。报社里有些同志是知道我的，就给我出主意说：你找南开大学校长写一封证明陈珍是你的爱人（这是新中国成立后的新词语，即指妻子）的证明书不就行了吗！于是我就给校长办公室打电话，电话接通了，我问道："杨校长在吗？"回话说："杨石先在听电话。"我是第一次听到这样的回话方式，既严肃，又有礼貌，很能表现杨先生的风格。我就把我的要求说了一遍，杨先生好像不明白是怎么回事，我又说了一遍。大概杨先生考虑到要证明的是一件明摆着的事实，当然是可以办的，于是就给我写了一封证明信。可是消息传开来就变成了杨校长可以在新社会写信介绍工作。于是许多教授太太不愿意再"围着锅台转"，要出去工作，就纷纷找杨校长写介绍信，弄得杨校长无法应付，只好在每周一次的师生员工大会上声明："陈珍同志是自己考取《天津日报》记者的，我写的是证明信，证明陈珍同志是邢公畹同志的爱人。我没有能力介绍工作。"（邢公畹《忘年之交，其淡如水》，《杨石先纪念文集》，第100页）

仍回到邢公畹被打成右派上来。1957年，黄钰生离开了南开，冯文潜离开了中文系，学校也亚似江湖，少了庇护，就多了灾难，一切都在"情理"之中。

说了没提名字的邢公畹，陈茹玉在怀念文章里说到的三个南开教授就都说了。

还有一个被划为右派的教授，也很有名，陈茹玉文章没提，以情理论，杨石先是会耿耿于怀的。

此人便是著名的经济学教授杨敬年。仍仿前面的格式，先介绍此人的学历与成就，再说他与杨石先的交往。

杨敬年，湖南汨罗人，1908年11月出生，2016年9月去世，享年108岁。从小与外祖父生活在一起，受到传统文化的启蒙教育。17岁考上湖南省立第一师范学校，同时考上中央军事政治学校第三分校，入中央军事政治学校读书。奉叔祖父之命，回乡与农村女子李韵兰结婚，夫妇相守终身。

1927年马日事变后，杨敬年愤而离开军校，先赴上海，继赴南京，学习测量与无线电技术。1932年考入中央政治大学行政系，毕业后没有像许多同学那样选择从政当官，而是选读南开大学经济研究所，师事何廉，攻读经济学理论。

抗战期间，杨敬年随南开经济研究所辗转贵州、重庆等地，参加政府经济部门工作。1945年考取留英公费生，进入牛津大学圣体学院学习，研修政治经济专业三年。1948 年，他的博士论文《英国中央政府各部职权的分配（兼与美国及英国各自治领地的比较）》答辩通过，他被授予牛津大学博士学位。

1948 年 8 月，杨敬年应南开大学校长何廉的召唤，放弃赴美计划，回国从事教育工作。不久时局危殆，何廉拟赴美，劝他同行，杨敬年看到新中国同样需要经济学人才，婉拒了师长的劝告，坚持留在南开教书，迎来新中国的诞生。

后来的事情，在他怀念杨石先的文章里差不多都写到了。

他说，杨先生是一位热情诚恳的老师。他是学社会科学的，没有上过杨先生的课，只能算是杨先生的私淑弟子。初次认识杨先生，是 1945 年夏天，在重庆沙坪坝南开中学内何廉先生家中。当时杨先生正要去美国讲学，他则正在等候去英国留学。午宴过去，杨先生和他都留下来，共进晚餐之后，杨先生和他共居一室。虽是初交，杨先生却和他谈得很晚很晚，谈南开大学，谈西南联大，谈治学，谈做人，谈国家的命运。杨先生的热情和诚恳，深深地感动了他。当时他只在南开大学经济研究所读了一年研究生，七七事变后随南开各位老师在贵阳、重庆等地工作了七年，才有机会出国。听了杨先生的话，他对南开大学、对教育事业有了更深的理解，这对他后来终老南开是很有影响的。

第二次见到杨先生，是 1948 年 10 月在天津南开大学东村何廉先生家中。他是应何先生之邀，在牛津大学得到博士学位后回校任教的。但何先生只做了两个月的代理校长，为学校准备了一些应变用的粮食和煤炭，就由上海到美国去了。这是他和何廉先生战后第二次相逢（第一次是他在广州和陈序经先生同去香港迎接何先生由美返国），也是最后一次见面。何先生对他说"你还年轻"，又见何先生拉杨先生避开他说了些什么，事后猜测，可能是托杨先生照顾他。

还是看杨敬年自己的文字吧。

　　　　不久天津解放，我的妻子和女儿由湖南来到学校，杨先生请我们全家在他家中吃饭，我见到了杨师母和他们的大姑娘耆荪（当时还在清华大学读书），以及耆荀兄弟。不久，天津军管会聘任的南开大学校务委员会成立，杨先生是主席，我也是一个委员，还奉命创办财政系，兼系主任，会上会下，自然和杨先生有多次接触。1957年我被划为右派……朋友们都不和我来往，我自然再也不敢去看杨先生，怕给他惹麻烦。但是杨先生并没有忘记我。1974年我的老伴因脑出血左半身瘫痪，卧床不起，杨师母提了起士林的点心来家看望。1976年我的儿子在学校因急病去世，二三好心人致送赙仪，其中也有杨先生。我当时觉得自己正在沙漠一片的人生道路上踽踽独行，由此获得了一丝温暖的春意，增强了求生的意志。1978年后我恢复了清白，杨先生是见到了的，这使我感到安慰。（杨敬年《深切怀念杨石先先生》，《杨石先纪念文集》，第97页）

何廉离去，将杨敬年托付给杨石先关照，应当说是看对了人。其时何廉是校长，杨石先是教务长，托一个同僚照顾一下年轻人，无论是什么时代，都是说得过去的事。然而，遇上政治运动，杨石先如何能照料得了杨敬年这样的年轻教授？

至于杨敬年落难后，杨石先夫妇如何遵循旧时礼节，提点心看望病妇，致送赙仪抚慰失子之痛，实在不好用新时尚称赞，只能说杨石先其人，有古君子之风吧。

从《杨石先纪念文集》看，他的学生中也有被打成右派的，这里就不罗列了。

陈茹玉还说了这样的话：

先师毕生服从真理，不盲从谬误。1948年冬，天津近郊响起了临近解放的隆隆炮声，有些人相继南去，他却一再谢绝劝行，期待着新生活的开始。新中国成立后，他担任了南开大学校务委员会主席，继而任副校长、校长，自觉地接受党的领导，积极支持党在教育方面的许多改革，不论做任何工作都倾注自己的全部感情。在马列主义毛泽东思想教育下，在周恩来总理等领导者的关怀帮助下，经过革命实践，他实现了由民主主义者到共产主义战士的转变，1960年加入了中国共产党。他一直是用科学家的严谨态度从事教育领导工作的。新中国成立初期，各大学外语课都以俄语取代英语。他当时就指出，这种做法非常狭隘，将来由于语言障碍势必造成我国科学发展上的极大缺陷。有一个时期，他对高等教育忽视质量、盲目追求数量的做法，表示极大的不安。（何炳林、陈茹玉《对先师杨石先的怀念》，《杨石先纪念文集》，第72—73页）

应当说，因了平日的接触，也因了女性观察的细致，陈茹玉对那一时期杨石先思想的提升、感情的变化，无论观察还是叙述，都是客观的，也是真实的。

第三十六章

珍惜与舍弃

这一章的题目，原叫"捐献文物"，想了想，不妥。叫什么呢？一时还真说不准。捐献，人们往往视为一种高尚的品质，究其实，更近乎一种散淡的情怀。以前收藏它（购得），继承它（祖传），保存多年，是珍惜；如今捐出去，捐给公家有关机构，不管何种考虑，当是一种更其深挚的珍惜。

手头的资料，也是一位朋友提供的。是一本书上的截图，好几页，页码是89—97。文章名为《典藏背后的历史——吴颂平、杨石先捐赠文物相关史料》。作者卢永琇，文末括号内有介绍，是天津市美术馆副馆长、天津博物馆研究员、全国政协委员。接着是另一个人的另一篇文章，可知这是一本正式出版的，介绍著名文物收藏经历的书。朋友发来已是不易，实在不忍再打扰他，让他订对一下书名和出版社及出版年月。

卢永琇的文章里，说到杨石先的捐献共两次。一次是

1952年9月，捐的是古代名墨，还有别的古董；一次是1961年5月，将姚鼐、邓石如两位清代名人的书法作品捐给了安徽省博物馆。名墨等物件，起初拨交当时的天津市艺术博物馆，再后来，入藏天津博物馆。卢永琇是博物馆的研究员，有观看馆藏的方便，因此书中有一种名墨的配图。安徽博物馆收藏的两位名家的书法，卢永琇没见过，是文字记述。两次捐献的物件和时间，则确凿无疑——卢永琇在杨石先次子杨耆勋家里，见到了杨石先当年捐后收到的字据。

这里须订正一下，这里说的杨石先次子杨耆勋，该是指杨耆荀。次子这一排列，极有可能是后面还提到姐姐杨耆荪，有姐姐，杨耆荀就是老二，就是次子了。实际上，通常不会这么说。说儿子，只依儿子的大小排序，说姊妹几个，包括男孩与女孩，可说老大老二。知道是怎么回事，后面的叙事里，也就不改了。

卢永琇去过杨家两次，还见到了杨石先的女儿杨耆荪。

这是一个完整的故事，关乎杨石先，也关乎他的两个孩子，不妨转述如下。

卢永琇说她1980年考入南开大学历史系博物馆专业，毕业后分配到天津市艺术博物馆工作。2008年夏天，她来到南开大学一栋宿舍楼拜访杨石先的次子杨耆荀夫妇。为何而来，事先已有沟通。坐定之后，年近七十的杨耆荀恭敬小心地捧出一包严裹密封的发黄了的纸和信，打开一看，是天津市文化局给捐献者杨石先的收据和捐献文物的清单。

收据和清单共四张。

第一张为文物收据，是印好的公文样式，只需填写即可。两种字体（印下的和写下的）连缀起来为：文物收据。收到杨石先先生捐献（附清单乙纸）文物共拾伍件。此致杨石先先生。天津市人民政府文化局（长条印），编号0016，公元一九五二年九月十一日。

第二张为手书"收到杨石先先生捐献文物清单"。

一、明版，无量寿经，一函上下两卷。

二、明，唐六如绘扇，柳阴渔唱，乾隆旧物，香妃竹骨。

三、明，陆包山绘扇，山水，乾隆旧物，竹骨嘉庆恭楷。

四、明清上品陈墨十二匣：龙香御墨（宣德），汪中山经之墨（嘉靖），君房百子图（万历），方于鲁妙歌宝轮（五彩），方于鲁（月精），黄长吉（天启），潘嘉容（飞马），朱震（乌玉珏），汪天毓（月精），乾隆丁巳御墨（春华秋实），康熙蟠龙朱墨，吴天章。

第三张为文物收据，规格印字均与第一张同。连同手写的文字为：收到杨石先先生捐献曹素功极品佳墨一匣七块。此致杨石先先生。天津市文化事业管理局（长方章）。编号0021，公元一九五二年九月十七日。

只隔了六天，前一张收据的长方章是天津市人民政府文化局，这一张上的长方章成了天津市人民政府文化事业管理局。这一个收据无图片，但我相信录入的文字是真的。那是一个百废待兴的年代，机关名称变动频仍，该是常事。

第四张，在"天津市人民政府文化局"的条格纸上，毛笔书写：

杨石先先生，您九月十四日托冯文潜先生带来的古墨已如数点收，特向您致谢，并附收据一纸，希查收为荷。此致敬礼。天津市文化事业管理局（长方章）九月二十二日。

卢永琇文中，对明代名家制墨——方于鲁的妙歌宝轮墨，有详细的介绍。

她说，古墨是消耗品，易损坏，名人制作完整的古墨更为少见，就更显珍贵。明代制墨名家方于鲁所制墨，质地坚细，晶莹如玉，他首创彩绘饰于墨身的形式，其彩绘图案的画稿为著名画家丁云鹏所绘。清代初期，其墨制品已十分珍贵。目前，方氏彩墨传世不足十锭。杨石先先生捐献的明方于鲁妙歌宝轮墨，正面彩绘佛教宝轮图案，背部描金模印各种乐器，寓意美妙的歌舞，工艺精良，艺术水平极高，侧面有阳文楷书"方于鲁"款。该墨在清《四家藏墨录》有著录，是传世明代彩墨珍品。

又说杨石先先生捐献的其他墨品，亦是无价珍宝，除了方于鲁、程君房、汪中山、吴天章、曹素功等制墨名家的作品外，一些皇室御用墨品，更是世所罕见，如清乾隆丁巳御墨，朱砂制成，质地缜密，模制精细，形体作亚字形，正面金字书"御墨乾隆丁巳年制"，并有金印"世掌丝纶"；另一面描绘庭院农舍，古树长廊，舍内一妇抚婴，一童奉茶，一派祥和景象。朱墨是用天然朱砂、石英、雄精、蛤粉等矿物原料配以"广胶"精制而成，具有永不褪色、千载存真的特点。乾隆丁巳年为清乾隆二年（1737），此墨是专供皇帝批奏折之用，做工精致，是墨中之精品。另一件明隆庆龙香御墨，圆形，绿色彩墨，一面有描金双龙戏珠图案，中间楷书"龙香御墨"，背面有阴文"大明嘉靖年制"行书款。据考证，同样的明代御墨，只有故宫有，弥足珍贵。

从收据中看到，同是1952年9月捐赠，分了两次。第二次捐赠是通过其好友冯文潜带去的。冯文潜原为南开大学文学院院长，院系调整后，到了外文系任教授兼南开图书馆馆长，很快又出任天津市博物馆馆长。冯文潜是杨石先的好朋友，可以推测，杨石先的这两次捐赠，都是冲着冯文潜去的。多年好友同事离开南开，出任正在筹建的市博物馆，老友赠如此多的珍贵文物，是惜别，也是以壮行色吧。

这一天，卢永琇还见到了安徽省博物馆给杨石先的捐赠收据，也是杨耆荀从那个陈旧发黄的信封里取出的。是该馆的公函用纸，上面用钢笔写着：

杨石先先生：你捐献给我馆的姚惜抱、邓完白篆书屏幅各四条，收到。姚、邓都是我省人，又同是清代第一流书家，这两件东西，珠联璧合，极不易得。现我馆正进行鉴定，对于作品真伪，意见还没有一致，但公认为有参考价值。你这种化私为公的精神，至甚钦佩。附奉收据一纸，并至（致）谢忱。1961年5月27日安徽省博物馆。（公章）

对捐献文物要鉴定，这是情理中事。感谢函中错别字就不说了，用语中有"化私为公"字样，总让人听了怪怪的，似乎原本就不该是私藏似的。想杨石先收到，看了也只会淡然一笑了事。

这是第一次去杨家，卢永琇还去了第二次。

第二次是2011年6月的一天，去的已不是杨耆荀在南开校园里的宿舍楼，而是在离南开大学不远的一座公寓里。就是这次，她见到了杨耆荪。

她说，这次见到的是杨石先的长女杨耆荪（原文误作霞）和儿子杨耆荀（原文误作勋）夫妇。杨耆荪是美国石棉界的专家，此次回国是参加清华大学百年校庆，正好回天津家中小住。

又说，她的拜访，打乱了一家人团聚的日程，也勾起了他们对逝去的父亲的怀念。杨耆荪女士回忆了杨石先在西南联大生活的往事片段，她当时年龄尚小，对父亲的工作、人际交往没有多少记忆，父亲收藏古墨的事也不太清楚。杨耆荀则说，父亲捐献之时，他正在抗美援朝战场，不知道当时的细节，复员回津，父亲对此事也是只字未提。他对父亲的行为表示理解与支持，这话第一次见面就说了，这次当着姐姐的面再说一遍，当代表两人共同的心意。

杨耆荀从家中保存的收据里发掘出的捐献旧事，并非杨石先生前捐献的全部。1961年捐出的，不只是给安徽省博物馆的两件（组），只能说，姚惜抱、邓完白两人是安徽籍名人，就给了安徽省博物馆。1961年捐给天津市博物馆的，才是这年捐出文物的大宗。对此事，2019年9月20日《天津日报》上有报道。文章名《杨石先——学者楷模，人之师表》，作者赵成昌。文中说：

> 1961年，他再次捐献了一批家藏文物，其中有明代大书画家董其昌、陈继儒、魏之克、莫是龙等名家绘画扇面十件，清乾隆时期名家闵贞人物画轴一件，清雍正款官窑斗彩人物碗一件，乾隆紫釉墨花小瓶一件，古货币、宋代钱币多枚，以及许多古籍善本。

以时间而论，捐献古墨之事，应放在新中国成立之初的时间段里。只是这样一来，捐赠之事，就不能放在一起写了。写后面的捐赠，可以追溯前面的；写前面的捐赠，再带上后面的，总有些别扭。再一个原因，我觉得将捐赠古墨与冯文潜出任天津市博物馆馆长联系起来，以见朋友情谊好些，若没有这层关系，将之视为进入新社会，一个老知识分子表示思想的进步，总有点扞格不入的感觉。

传记写作，尤其是为一个自己也还敬重的人物立传，不管多大的事儿，总爱附加上鲜明也显眼的意义。我以为，捐献最切实的意义只有两个，一是自己有，二是不要了。

若真是像安徽博物馆回函所称赞的，是一种"化私为公的精神"，就应当家中所藏，悉数捐出。

噢，方才忘了说，卢永琇是行家，看过相关资料，知道在捐出古墨等文物之前，杨石先还将家中许多古籍善本捐给了南开大学图书馆。其时也正是冯文潜卸了文学院长之任，就了南开大学图书馆之职，跟冯文潜转任天津市博物馆馆长赠古墨，该是出于同一心理。

补上捐古籍一事，是为了引发下面这个反问。

真的将家中古代字画、古籍图书全捐了吗？

回答是否定的，没有，该留的还留着。

无须远寻，《杨石先纪念文集》里有现成的记述。

> 校长办公室问他有什么东西要保管，他说："旧字画不要管它，请把我长期积累的几万张科研卡片保存好。"（王文俊《杨石先光辉的一生》，《杨石先纪念文集》，第33—34页）

家里还有旧字画吧！

> 离开母校后，我就到某地一个荒僻的农场去"接受再教育"。在那里，我不断收到杨老师的信，他还将一部身边珍藏多年的善本《战国策》和郑板桥的《范县诗抄》寄赠我作为纪念。（胡孚琛《名师指路》，《杨石先纪念文集》，第178页）

这位胡孚琛可不是什么机构的主管，是一个刚刚南开大学化学系本科毕业，按当时政策的规定，去农场接受再教育的年轻人。

《范县诗抄》，或许是普通版本（也会是线装书），而《战国策》，这里明明白白说是杨老师"珍藏多年的善本"。

胡孚琛去农场锻炼，当在1968年。

1968年才送人，可以肯定1952年还在杨家，可知善本并未全捐给南开大学图书馆。送给学生，还是个"私"，并未"化私为公"。

因此我说，捐献或赠送只能说明两个基本事实，一是自己有，二是舍弃了。

一定要寻找什么意义，只有一个，与年龄与心境该有某种关联。

写到这里，我决定将此节改名为"珍惜与舍弃"，让他带点儿哲理的味儿，别跟我这个人似的，什么时候都那么憨直。

第三十七章

那高高的教学楼

该说教学上的事了。

经过一段时间的调整，到了1961年，国民经济、文化建设，大体趋于正常，用一句俗话说，就是缓过劲来了。

体现在高等教育上，是许多著名的大学开始招收研究生。南开大学自然不会例外。南开招研究生，杨石先自然不会例外。

对南开大学，也是对杨石先来说，还有一个标志性的事件，就是稍后一点时间，第一教学楼的立项、启动与修建。

招收研究生，在《杨石先生平纪事》上没有体现，是他带过的研究生，在怀念文章里说的。

后来成了北京师范大学资深教授的陈庆华，是杨石先招收的首届研究生。这样说是将20世纪50年代前期，他带过的李正名这个研究生空过去了。

杨石先百年诞辰之际，陈庆华著文回忆说，正值国家三年困难时期即将结束，教育战线在国家"调整、巩固、充实、提高"的方针政策指导下，开始走上正轨，萌发生机，决定恢复研究生制度。这一年5月，他经过五年的努力学习，以优异的成绩，在南开大学化学系毕业，且获准留校任教。化学系有机教研室主任王积涛告诉他，经过系领导的研究，决定让他免试攻读杨石先校长的研究生。他听了又惊又喜。

接下来是拜见导师，谁领他去的他没说，想本科五年且已留校，杨校长家在何处，该早已知道，说不定早已去过，这次，只要系办公室通知，说了时间，自己就欢欢喜喜地去了。

看他笔下的用语，确也如此。

9月初的一天，秋高气爽，校园里生机勃勃，他满怀喜悦和崇敬的心情，穿过门前弥漫着月季花香的甬道，进入杨校长家中。杨校长正在书房等着他，端庄和善，亲切慈祥。师母很快过来，端茶倒水，嘘寒问暖，其温和平易的笑容，让他一瞬间感受到了慈母般的关怀和厚爱。

师母退出后，杨先生开始跟他叙谈。

其时杨先生已65岁，身体健康，精力充沛，老当益壮。

杨石先微微一笑，先问他的家庭、身体和学业情况，以自己的亲身经历，告诉他要勤奋学习，加强自我修养，坚持锻炼，培养良好的生活习惯，发扬敬业、实干、献身的南开精神；说到学业，要求他培养自学能力的同时，重视实验动手能力，叫他认真学习外语，掌握学科发展和前沿信息，具体指点他如何阅读和收集最新的文献资料。

杨先生为他定的论文课题是"含萘磷酸酯类高效低毒杀虫剂的研究"，并草拟了整个课题的研究大纲，又把平日查阅到的有关资料全给了他，语重心长地说："你们年轻人，只要勤奋、踏实、苦干，一定能做出贡献，为国家争气。"（陈庆华《谁言寸草心，报得三春晖》，《杨石先纪念文集》，第167页）

陈庆华终于在1965年5月顺利完成学业，获得硕士学位。

他的运气，说好也好，说不好也不好。好在毕业后分配到北京工作，不好在参加工作不久，"文化大革命"开始，被打成"臭老九"，下放到五七干校劳动，长期用非所学，很是痛苦。直到1978年，还是杨校长施以援手，他才被安排到北京师范大学化学系任教。

杨石先的第二个研究生，是1962年招的，叫蔡一江。

怀念文章里说，他是1962年武汉大学毕业，考入南开，成为杨老的研究生的。

这老兄大概是南方人，不适应北方城市早早到来的寒冷，9月入学，10月末天气转凉的时候，患了咳嗽的病症。校卫生所的大夫按感冒治疗不见好转，他咳嗽越来越重，转到天津市中心医院做胸部X光透视，诊断为胸膜炎，经对症打针服药很快痊愈。病好后去见校长，杨老特别嘱咐他要注意锻炼身体，只有身体好才能完成好学习任务，才能胜任将来繁重的工作。

杨老还以他自己为例子，告诫蔡一江，说他在清华念书时，一开始身体比较瘦弱，人家都以为他有病，于是他加强身体锻炼，踢足球，假期去郊外旅行、爬山，后来身体就变壮实了。在以后多次交谈中，杨老总不忘提醒他要注意锻炼身体。

五年的学习，最让蔡一江难忘且感动的是论文课题的改动。

事涉化学专业，转述易生歧义，还是抄录原文吧。

　　杨老是我国化学界一代宗师，但他对学生的意见是尊重的，对学生的主动精神是赞赏的。一开始杨老给我选择的研究领域是合成分子中含呋喃基的有机磷类化合物。实验中发现，由于呋喃环的热稳定性差，产品难于纯化，即使采用扩散蒸馏，也得不到纯的产品。经过多次失败后，我向杨老提出改变研究领域的意见。杨老认真考虑我的意见之后，同意改变为合成含其他五员杂环基的有机磷化合物，选择什么杂环，由我提出意见后再商定。经查阅资料，我认为含硫、氮的噻唑五员环稳定性比较好、生物活性比较好、原料也不难得到，如是系统查阅了含噻唑基的有机磷化合物资料，写出文献总结，并且提出了开展研究的设想。杨老看了这些材料后，很快就同意了我的意见。在杨老的指导下，经过约一年的努力，我合成出分子中含噻唑基的新有机磷化合物二十多个。基于这些研究，我撰写成毕业论文，杨老审阅修改后定稿，于是我较好地完

成了研究生阶段的学习任务。(蔡一江《学者楷模》,《杨石先纪念文集》,
第170—171页)

那个年代的研究生,在我的印象里,多是三四年,不知为何,蔡一江说他
到1967年4月末才离开南开。哦,想起来了,是1966年夏"文化大革命"开
始,本科生推迟毕业,研究生也难以如期毕业离校,才推迟到转年春季的。

蔡一江离校时,正是"文化大革命"最为混乱的时期,杨石先作为校长
的日子定然不好过,蔡一江的分配大约也平常,心情抑郁,连向杨石先道别
的礼数也没做。

1962年招的研究生,不只蔡一江,还有一个,叫胡笑彬。在《深切怀念
陈天池先生》一文中他说:"1962年夏天,我们考取研究生后,开课和论文几
乎全是在元素所进行的,我是杨石先校长的研究生,因杨老公务繁忙,所以
许多具体的指导都由陈天池先生和李正名先生进行。"

1961年招了一个,1962年招了两个,按这个趋势,往后还会继续招
下去。

当了校长,还带研究生?化学系有美国名校博士头衔的教授,总在五六
个,哪个带不了研究生?有人多带一两个,不就行了?我想,这不会只是后
人的揣想,当年也会有人发此感慨。

初遇上或许想不通,细一思忖,也就了然于心。

南开大学是由张伯苓一手操办起来的,杨石先接手校长,若无大的挫折,
会一直当下去,就不能不时常想到,如何把南开大学办下去。眼前的路明摆着,
老校长手里做的,是把这个摊子往大里做,他手里经过院系调整,校园土地
截掉一大块,摊是摊不开了,怎么办呢?要发展,只能往强里做,往高处蹿。

这一思维,和他一贯的治校理念是一致的。

怎么样往强里做,往高处蹿,一个时期有一个时期的考虑。

比如新中国成立初期,常有海外名校的博士生回来,那就通过高教部,
多给南开要上几个。

再比如那几年,有留苏的名额,那就多往出送上几个。

强校，首先要有强大的师资队伍。

这几年的情形又有不同。跟苏联的关系闹僵了，送留学生只能往东欧的友好国家送，数额也很少。

怎么办？

只能是借助本校的师资力量，培养自己的研究生。

这才是他要自己带研究生的初衷。

杨石先的这一战略思维，范恩滂看得清清楚楚。他说，院系调整过后，"南开实质上被削弱了。它名为综合实为文理大学，只有三千多学生的规模，剩下调整后的数、理、化、生、文、史、外、经几个老专业和一条狭长的校园"。（范恩滂《一代宗师》，《杨石先纪念文集》，第124页）

须知，南开大学最为强大的一是化工系，一是经济系，接下来才是化学系。现在化工系分出去了，经济系衰落了，要往高里蹿，只有化学系（包括元素所）打头阵了。

化工系强大云云，可不是我说的。《杨石先纪念文集》中收有王柏灵一篇文章，其中说，他1947年考入南开大学，那时南开刚从昆明迁回天津复校不久，当时南开大学在总体规模和水平上虽比不上清华、北大，但是作为后起之秀，有自身特色，有几个系确是独树一帜，在全国名列前茅。其中经济系在国内外久负盛名、成绩卓著，而工学院的化工系则更是以整齐强大的师资队伍著称，教授大部分是美国著名的麻省理工学院毕业的高才生，整体实力被公认是全国第一。理学院的化学系也很有特色，受到学术界称赞和重视。其中杨石先先生的个人因素起着重要作用。（王柏灵《忆杨石先校长二三事》，《杨石先纪念文集》，第151页）

这样一说，年过花甲的老校长带头带研究生，真有几分悲壮的色彩了。

他要带下去，可时势的变化，由不得他。

1964年，他的得意弟子陈天池倒是带了一个研究生。

陈天池带上他的研究生去拜见杨石先的情景太感动人了，这也关系着杨石先对新生力量的期望，写下来以见杨石先人品的高尚。

陈天池的这个研究生叫叶挺镐，后来成了全国著名的农药研究专家。在怀念杨石先的文章里，他说，1964年他从南开大学毕业后，考取陈天池教授的研究生。不久，陈先生主动领他去见杨石先先生。

　　记得第一次去见杨老，心情很紧张，陈先生毕恭毕敬地向杨老介绍了我。而我作为学生的学生，有点儿不知所措。杨老坐在他书房的大桌子后面，桌子上摆满书、卡片和一大叠信件。他很慈祥地问我基础课和英语的学习情况，接着问我的专业爱好。当知道我对有机磷和杂环化学感兴趣时，他便很有兴味地谈到了希拉台尔、阿尔布蜀夫，又从生物碱谈到杂环农药。其知识之渊博，引人入胜。我原先对杨老只是知其人闻其名，这次才真正感受到这位化学巨匠和教育家的大海般的内涵和磁石般的引力。（叶挺镐《学海明灯照我行》，《杨石先纪念文集》，第172页）

文中又说，这次谈话归纳起来，杨老给他三点启示：一是要学好基础课和外语；二是要培养对专业的兴趣；三是要刻苦钻研，严谨治学，为国争光。告辞出来后，陈先生对他说，杨老工作繁忙，不宜多打扰。这次带他来，是让他听听杨老的教诲，走成才之路。

此后两三年，杨石先收没收过研究生，《杨石先纪念文集》里没有记载，其时"思想革命化""教育要改革"的呼声已甚嚣尘上，停止招收研究生的可能也是有的。

那几年，南开大学的一件大事，就是建起了第一教学楼。

第一教学楼这个排序，是后来定的。立项时应该是叫主楼。

一个大学要有主楼，是相沿成习，也是一时时尚。经过抗战期间的西南联大，南开声誉日隆，而校园里只有不高的两座教学楼，实在说不过去。杨石先是1957年正式就任校长的，虽是党委领导下的校长负责制，校长杨石先和吴大任等副校长，不会不考虑兴建主楼的事。

关于主楼的立项与建筑，《杨石先纪念文集》里没有提及杨石先的文字记载，但我们从一些泛泛之谈中，还是可以窥知一二。

根据党和国家的规定，学校中实行党委领导下的校长负责制。杨石先校长模范地实现了这个光荣的职责，充分地发挥了校长的职能，推动了各项工作的发展……在有些新项目上马而经费遇到较大困难时，他还亲自到高教部去争取。（石玉民《深切缅怀杨石先校长》，《杨石先纪念文集》，第136—137页）

正好网上查到一则短文，叙事简明而确凿，转抄如下。

南开大学主楼1963年建成，这座大楼既有苏式的风格，同时也继承了天津建筑的传统（因教学用房层数不宜过高），在主楼中央，建有高高的塔楼。主楼11层，尽管查不到当时的建筑高度，但是，目测应该不低于61米的百货大楼。人们都认为，它已经是当时的天津第一高楼。

"1959年学校面临扩大招生，急需修建教学用房，当时只有第三、第四教学楼南面有一处已填垫好的洼地能建教学楼，在尽量规划好这片教学区的指导思想下，设计出了主楼平面方案，楼内包括了文科各类行政用房，和从25人到200人的各种类教室，还有一个500人的大教室（小礼堂），面积18200多平方米（当时在高教系统几乎没有这样大的单体建筑），并建议在主楼南面开辟临街的新大门，以显示南开大学的新气象。经各级领导同意后，上报高等教育部请求批准，当时各高校每年的基建投资和面积都是按各校新增招生人数来分配的，想在一年内修建主楼，投资和面积都是不够的。经向高等教育部再三申请，结果暂停了其他两个学校的基建投资和面积，支持了我校主楼的修建。据高等教育部有关同志讲，在21个直属高等学校中，集中3个学校当年的投资来支持一个学校这还是第一次。"（高毓葆）

文中引用的这段话打了引号，末后还署了人名，可知是引用正式文本。这里，高教部暂停另外两个高校当年投资款，连同南开当年的，集中三校的基建投资款，修建南开大学的主楼，也有说得含混的地方。1959年动议，到批准申请并拨下款来，该是一个不短的过程，在没有确凿的数据之前，且将之视为1961年吧。虽是层层审批，也可说是给了大面子。这个大面子数来数去，除了南开大学的声誉，还会有的，应当是杨石先这块金字招牌。

从1961年拨款，到1963年建成投入使用，这座主楼的工期不能算多长。

这一节够长的了，该说句总结的话了。

南开这所大学，在老校长张伯苓手里，是往大里摊；到了杨石先这个新校长手里，只能是往高里蹿。

这座11层高的主楼，就是往高里蹿的标志。

第三十八章

这才是他的做派（上）

⦿⦿⦿

　　"文化大革命"期间，像杨石先这样有留美背景的知识分子，又是南开大学的校长，运动初期受冲击，戴纸帽、游街，该是免不了的。这是常规，但并非没有特例。

　　运动初期并未受大罪，杨石先该属特例。

　　《杨石先纪念文集》收文数十篇，我看了多少遍，都没有运动初期挨批斗的记载，只是靠边站了，该做啥还能做啥。

　　　他有远大的理想，并锲而不舍地为之奋斗。他坚持真理，是非分明，在原则问题上从不让步。"文化大革命"中，他顶住了巨大压力，坚持把元素所办下去，并力求发展，就是一个典型的事例。（吴大任《追思杨老，学习杨老》，《杨石先纪念文集》，第38页）

　　说这话的吴大任，是杨石先的同事，多少年一直任副校长之职。他说这几句话，是概括说明杨石先的优秀品质，但也透露了一个基本事实，就是"文化大革命"中，校长的职务不能履行了，但威望还在，还能以他的威望保障元素所的正常运行且有发展。这就可见运动初期，没受什么大的冲击。

同样一个副校长，叫娄平的，怀念文章中说得就更具体了。

> 他对"文化大革命"中红卫兵冲击科学家、老干部非常反感，但自顾不暇，回天无力。
>
> 幸好由于周总理事先有要保护他的指示，红卫兵对他还算客气些，没有什么大的冲击。（娄平《爱国·勤奋·正直》，《杨石先纪念文集》，第122页）

再看——

> 1965年下半年开始"四清"运动，到次年我从沧县"四清"工作队回校不久，便又开始了十年"文化大革命"。陈先生等都戴了"高帽"，唯杨老因其崇高威望和周总理的点名保护，未被触动。我常于晚间悄悄去看望陈先生，并约当过杨老业务秘书的李玉桂先生去拜望杨老。（叶挺镐《学海明灯照我行》，《杨石先纪念文集》，第172页）

运动初期没受冲击，并不等于这十年就平平安安过来了。遭罪的事情在后头。这一点，一直跟在他身边的大儿子杨耆荀，看得最是明白。

> 尽管在"文化大革命"初期敬爱的周总理曾做了要对我父亲这样的科学家加以保护的指示，使他在"文化大革命"初期没有受到批斗、抄家、戴帽游街和强迫劳动等种种迫害，而且学校里也有许多好同志在暗中保护着他，可是到了1968年冬以后，形势却愈来愈险恶，"工宣队"和"军宣队"进校以后，林彪及"四人帮"把高等学校说成"资产阶级知识分子的一统天下"，是"国民党残渣余孽""叛徒、特务、走资派的黑窝子"，一些受他们蒙蔽的人则说我父亲是"南开大学盘根错节的又粗

又大的黑根子的总根子"，是"南开大学特务集团的总头子"，是"资产阶级反动学术权威的祖师爷"，一顶顶政治帽子不断加在他头上。（杨耆荀《回忆父亲》，《杨石先纪念文集》，第213—214页）

杨耆荀的文章里说，就在杨石先因为小肠疝气发作，回到天津住院做了手术后不久，"四人帮"的一个爪牙，又来给元素所摘牌子，收公章，说是要给元素所"重新找婆家"，实际上是要把元素所砍掉。于是紧接着中试车间砍掉了，反应釜破坏了，一批科研人员也被调走了。接着说，他父亲义愤难耐，据理抗争。"面对这一桩桩、一件件事实，父亲气得浑身发抖，他不顾个人安危，立即写了一篇大字报贴了出去，针锋相对地指出这种做法是对人民的犯罪：'你们说元素所没有用，可是外面却等着农药用，你们知道不知道？元素所不是我杨石先要办的，是根据周总理的委托办起来的，国家花了那么多钱，广大农民急着要农药，你们却要千方百计地拆掉元素所，你们对得起谁？叫我如何向周总理交代！'这些人终于慑于周总理在全国人民心中的巨大威信，没敢再进一步拆掉元素所。"（杨耆荀《回忆父亲》，《杨石先纪念文集》，第214页）

杨石先写了大字报，贴出去了，就是他自己贴的。略言之，可以这么说，细一想，太不符合他的身份了。谁也不知道后来会有十年之久，再说，杨石先只是"靠边站"了，他的身份还是校长，再退一步说，他是大教授，麾下弟子众多，真要写下大字报，要贴了，还用自己动手刷糨糊吗？果然，在另一篇怀念文章里，所写就不同了。

在"四人帮"在天津的死党支持下，拆元素所的黑风，像瘟疫似的从生物测定室刮到农药中试车间：楼板给砸得千疮百孔；反应釜和管线被弄得七零八落。农药中试车间被改成了聚甲醛车间。杨老闻讯，心如刀绞，义愤填膺，拍案而起："真是胡闹！胡闹！岂有此理！"他裁了两张桌面大小的黄纸，用枯瘦而颤抖的手，吃力地写道："中试车间是国家拨款几十万元建起来的，农药放大样必不可少的。你们把它毁掉，改为聚甲醛车间，糟蹋国家财产，那是犯罪啊!"

　　杨老把大字报在小组里当众宣读后，让一位同志把它贴在化学系第一教学楼最显眼的地方。人们敬佩杨老的耿耿丹心、铮铮铁骨，却又暗中替他捏一把冷汗。好心人劝他不要贴。杨老却义无反顾地回答道："贴! 看他们能把我怎么着!"（王学孝《耄年赞歌》，《杨石先纪念文集》，第186页）

程序是对了，行文的语气，还带着多少年前那个时代的调调。

说两句题外话。前面引了两个人的文章里的话，一个是杨耆荀的，这个是王学孝的。杨文里用了"父亲气得浑身发抖"，王文里用了"义愤填膺，拍案而起"，我总觉得这不像是杨石先的做派。面对这种无知而蛮横的人，做下这种愚蠢而荒谬的事，气愤嘛，肯定会气愤，但更多的怕是一种无奈，一种轻蔑。生这么大的气，还拍了桌子，也太给他们面子了。他的学识教养，他的身世和身份，先就不会答应。

在这上头，倒是何炳林、陈茹玉夫妇合写的文章里，对同一件事的叙述，显得客观些，也平和些。

　　元素有机化学研究所有个生物测定室，饲养了蚜虫、红蜘蛛、老鼠、小白兔、大公鸡，乃至蚊子、苍蝇等昆虫和动物，都是用来测定农药的药效和毒性的。科学本身是严谨的，验证手段必须严谨，即使是对害虫，也得精心喂养，这些本是科学常识。然而在打着"反对修正主义"旗号的伪科学干扰破坏下，生物测定室就成为"修正主义"的典型。一位当时的领导人在全校师生大会上大发"宏论"，原话是这样说的："元素所那个生测室，是搞洋奴哲学和爬行主义的典型，花房是用玻璃盖起来的，要那么洋干吗? 把它拆了，改成土坯的，贫下中农种庄稼，有哪个是在玻璃房里? 更不能容忍的是，我们要除'四害'，他们养蚊蝇。……教育革命，就从这儿革起!"接着又说："不仅元素所要革命，还有那个数学、化学、物理，也要革命，非用A、B、C不行? 为什么不能用我们的方块字代替？硫酸不就是硫酸嘛，为什么非用那些洋文（指H_2SO_4）？怪难懂难记的。"石先老师当时被排斥在"全体师生"之外，不曾亲闻这些"宏论"，但因为是领导者说的，我们不能不告诉先生。他听了之后，心情非常沉重，预感到灾难在所难免。（何炳林、陈茹玉《对先师杨石先的怀念》，《杨石先纪念文集》，第74页）

陈茹玉真是个聪慧的女人，科研有成就，也很会写文章。注意，这里我用了个"很"字。道理是，她能将不易明说的事情，说得清清爽爽。当然，能看个清清爽爽的，还得是我这样的过来人。

这个"领导者"说这样的话，说明运动进入了"斗批改"的"改"阶段，时间，当在1970年的下半年，或者在稍后的一段时间，至迟不会到1972年的8月。

这个时期，高校的局势已经稳定下来，成立了革命委员会，准备招收第一届工农兵学员了。杨石先的处境，也有了明显的变化，1973年1月21日，中共天津市委员会下发文件，任命杨石先、娄平、吴大任为南开大学革命委员会副主任。当过校长的人，在这个时期，安置个副主任，他知道自己该如何安置自己。

前面我说，运动初期，甚至很长一个时期，杨石先还一直保持着"老校长"的身份。在他的意识里，他没有被打倒，只是靠边站了，该他尽的责，还是要尽，该他操的心，还会去操。此类事例甚多，谨举两例看看是不是这样。

一件是叶挺镐文章里说到的。"文化大革命"期间，化学系的两位独身老年女教授，朱剑寒先生和钟涢荪先生，因运动初期被偷被抢无力自卫而终日惶惶，杨老主动让出自己的两间房子让她俩居住。到了1976年地震的时候，已经高龄的杨老又关照她俩的安全和生活。（叶挺镐《学海明灯照我行》，《杨石先纪念文集》，第175页）

再一件事，稍微复杂点，还是照抄原文。

他关切地问我火攻的化学药品是不是从危险品库弄的。我那时也是

"靠边站"的干部，可以自由活动，知道原设备处处长郭钟毓同志虽然"靠边"，但他很负责任，每天来校与有关同志日夜值班，不让任何人进入，两派又都同意遵守。所以我告诉杨老药品可能是由化学系实验室得到的，不可能是从危险品库里弄出来的。杨老听后还叮咛说："你请郭钟毓同志要管好气瓶，千万不能让人抢走，事关学生生命，事关国家财产的严重破坏。"（王大璐《一代名师，丰绩永存》，《杨石先纪念文集》，第130页）

"文化大革命"中，杨石先最为痛心的不是中试车间改作他用，也不是年轻人的学业荒废，而是他最得意的门生，元素所副所长陈天池的含冤去世。

元素所同人写的文章中，对此有切实的叙述。

> 早在20世纪40年代，杨老发现学生陈天池不但业务好，而且有一定的组织能力，于是，他就送陈出国深造。50年代初，陈一回国就成了他的得力助手，施展出卓越的组织才华。"文化大革命"中，陈被迫害致死，他拍案顿足，老泪横流，大声疾呼："毁灭人才呀！"（南开大学元素有机化学研究所《毕生做学问，寒暑育英才》，《杨石先纪念文集》，第116页）

陈天池死后，他的学生在一首悼念诗中说："国伤英才，杨老失右臂；所失栋梁，学生恸师表。"（王学孝《耋年赞歌》，《杨石先纪念文集》，第189页）

对陈天池的死，杨石先悲伤之余，更多的，该是对世道人心的思索。

第三十九章

这才是他的做派（下）

"文化大革命"分为前后两个时期，上一章讲的是杨石先前期的事，这一章要讲后期的事。

前期抗争的事多些，生气也就在所难免。后期这几年，时局平靖了（开始招生），心态也就平和了。

这一章里，打算写三宗事，散了些，先在这里拢一下，都是后一时期的事，都是想见出传主的心境与品行。一是平日的步态，二是对海外朋友的接待，三是对研究的坚持不懈。我这么说了，散的也就不散了。

先说第一宗，他的步态。

接着前面说了的说，中试车间叫砸了，元素所还好好的。杨石先是个闲不住的人，仍跟过去上班似的，每天早饭后准时去元素所，去了也未必是做实验，看看书，做做卡片，也是在这儿舒畅些。

觉非的《苍松赞》写道：

杨石先到元素所去了，他以坚守阵地的大无畏的精神，无视那些所谓"禁令"，到已无牌子的元素所去上班了！他每天八点前几分钟必到元素所资料室门口，下班时间过后才蹒跚离座，风雨无阻，寒暑不怠。（觉非《苍松赞》，《杨石先纪念文集》，第201页）

这里用了"蹒跚离座"，略有步态的意思，下班时间也可能是累了，不能视为寻常的步态。

还得看看未经此劫难，杨石先走起路来是什么样子。

曾经当过杨石先业务秘书的魏宏运，在杨石先百年诞辰之际所写的怀念文章里，说到杨石先在"文化大革命"前的步态。

杨老每天早晨穿得整整洁洁、夹着公文包、踏着稳健的步伐，到行政楼去上班，看上去就是一位有修养的学者，透着"gentleman"的风度。1957年我也迁入东村，住46号，因为是同一排，和杨老是近邻了，见面的机会自然是无法以数计了。我更感到杨老的举止是很有规矩的。（魏宏运《风范永存》，《杨石先纪念文集》，第133页）

现在再来看，运动的狂热劲儿过去，生活归于常态，杨石先是怎样的步履。

滕天奎在怀念文章里，不无动情地写下了她的亲眼所见。

20世纪60年代初，我毕业不久，担任化学系物理辅导课教师。在教学研讨会上，杨老参加了我们组的讨论。开始大家因老校长坐在身边心里有些胆怯，过了不久见到老校长是那样慈祥温和、平易近人，会议气氛慢慢活跃起来。当我发言时，我看到老校长竟像一个学生似的，端端正正地坐着，用本子记录着……

一晃十年，在那些日子中，杨老遭到不幸……那些日子，每当看到他的身影，似乎觉得他走路的步子越来越慢了。（滕天奎《杨老在我心

中》，《杨石先纪念文集》，第183页）

多抄一些，是为了有个比较。前面说60年代初，当是1961、1962年，一晃十年就到了1971、1972年，也正是我们要说的后一时期。可见这时，杨先生的步履已非魏宏运笔下"稳健的步伐"了。

由绅士的派头、稳健的步伐，到这一时期"越来越慢了"，可说是十年中杨石先步态的最大的变化。

说到这里，须对杨老的年岁再做一次订正。

生于1897年，殁于1985年。算岁数通常是，后一数字减前一数字，那就是88岁。而他的年谱上，说"终年89岁"。以通常计岁法，这就不对了，但对杨老来说，这是对的。出生在"岁尾年头"，公历是1897年1月28日，也就是说，出生的这一年，几乎是整整一年。按这种实际的算法，"文化大革命"那十年，杨老的岁数恰好是70岁到80岁。

我们这里说的十年的后一时期，杨老的岁数就是1972年的76岁到1976年的80岁。

这一点很重要，一个奔八的人，体力与心态，是不能与青壮年时比的。

1972年的中国，还发生了一件大事，就是经过尼克松访华，中美之间可以走动了。

这就要说到第二宗事，海外友人的来华访问。

最先来的这位友人，不是别人，是柳无忌。

柳无忌早年曾在南开大学任教，1946年偕夫人从上海启程赴美，辗转多地，最后在印第安纳大学落脚教书。1973年初，他积极办理回国手续，终于在同年5月办成返国。同行的有他的夫人高蔼鸿。

北京停留不久，5月17日清晨6时，柳无忌即与夫人急不可待地乘火车前往天津。目的很单纯，就是要重返四十年前任教五载的八里台南开大学。

前往南开路上所见，让二人感慨不已，海光寺日本兵营旧址上，如今是高楼林立的天津大学的校园，过去高蔼鸿自八里台去一所中学教书，这儿是必经之地。兴奋中，唯一的遗憾是当年许多南开同事，自德高望重的张伯苓校长以下，都已先后逝世。熟识的友人中，仅有杨石先、王赣愚与黄钰生三位仍健在，而黄钰生，已离开南开，在天津图书馆任职。

南开这边，接待他夫妇的，正是已不是校长的杨石先。

美国来的，属外宾，学校有一套接待程序，之后便交给杨石先全程照料，属于私人间的交往。

此时也就是上午十一点的样子，杨石先先将柳无忌夫妇带回东村43号家中小憩。柳氏夫妇当晚就要离津返京，杨石先简略告知此后的安排，中午在登瀛楼宴请，会来些什么人，着重说明，他俩急欲见到的黄钰生，今天反而不能赴宴相晤。原因是黄钰生还在审查中，按规定不能接见外宾。柳无忌虽在国外多年，毕竟是人文学者，对国内政情完全知晓，听罢只能露出一丝苦笑。说话间王赣愚夫妇来了，很是亲热。接着，他教过的英文系毕业留校任教的高殿森、张镜厚也来了，还有些时间，即由高、张二位同学陪柳氏夫妇去校园里参观。

快到中午时分，学校安排了车，一行人去了登瀛楼。

餐毕送柳氏夫妇回中国旅行社休息，约定好时间，仍由学校派车送站。

柳无忌以为，这就等于完成了行程，静等晚间乘车赴火车站离津。料不到的是，杨石先提前独自先来，又跟柳氏夫妇一番畅谈。

1981年，柳无忌还回国一次，参加纪念辛亥革命70周年大会，这次在北京见到了杨石先，还见到了黄钰生。

第三宗事，是对化学研究的持续关注。

学校开始招收工农兵学员，等于走上正轨，何炳林、陈茹玉、王积涛、李正名等中年教师都有了事做。再加上"农业学大寨"，对农药的需求很是迫切，元素所也渐渐热了起来。李正名几个人，已启动了有机农药的研究，一时还难说效力有多高。

前面说了，这些日子，杨石先不是作为所长，而是作为一个普通研究人员，每天仍准时到元素所上班，看看材料，问问研究的进展，出主意，想办法，尽自己一个老科学家的责任。

这几年，中国的南方农村有一种枯叶病，对水稻的伤害很大，他已多次看到灾情的报告，一直记挂在心。

这不，又一封来自江苏兴化县陶庄公社南柯大队的信，摆在他的办公桌上。

我们大队今年种植水稻3352亩（1亩≈666.7平方米），由于高湿多雨，白叶枯病从7月3日始星点发作，几天之内发病面积达2185亩，严重影响了粮食产量。有的地块减产六七成。我们用现有的多种农药普遍防治过三四次，均未见效。我们恳切地希望你们快快研制出有效农药，帮助我们彻底消灭白叶枯病。

这信在办公桌上放着。他跟陈茹玉、李正名几个都议论过。据说国外已研制出了对应的药物，一来是太贵，二来人家还对中国保密，几个人谈起，只有摇头苦笑。

又过了几天，在元素所资料室里，杨石先正在专注地查资料，李正名拿着新到的一本外国杂志走到杨石先面前，递过杂志说：

"××吹嘘的最新农药是不是就是这个。"

杨石先摘下老花镜低头凑近密密麻麻的外文，仔细地品酌后，做了赞同而又有力的回答：

"赶快搞起来。"

还是年轻人的本事大。

李正名领上几个人，经过一年多的奋战，做了近百个合成物，试验了十几条路线，最后，新农药终于搞出来了。他们给它起了个好听的名字——叶枯净，是防治水稻白叶枯病较好的药剂。（王学孝《耋年赞歌》，《杨石先纪念文集》，第191页）

作为一个资深化学家，他知道，这样的成绩，离真正的成功，还有相当大的距离。

植物激素，一直是他关注的科研课题，他总觉得自己在这方面未尽其才。然而，科研的不确定性，多少年身处其中，他岂是不解此中三昧！要穷追不舍，又要顺其自然，该是一个科学家最科学的态度。

他也知道，兴趣，是最好的引导，也是最佳的报偿，给了你动力，也给了你人生的欢乐，让你充实地度过此生。事苟有济，成功者何必在我，据说是辛亥元勋黄兴的一句箴言，他早年就听长辈说过，当初不以为意，如今方知乃至理名言。

几十年来，对化学事业的关注，已然成了他的一种心性，自己能做成什么，看得越来越淡，能为他人解除丝毫的痛苦，都被他视为本分，这是一种普度众生的慈悲心肠。

有一件事，或许是题外话，却最能见出他胸襟的博大、境界的高尚。

这件事记载在杨光伟所著《杨石先传》中。

时间是 1973 年。

这年 10 月，杨石先收到鞍山市第五十七中学一位农村女青年教师的信，她叫高丽敏。信中历述她的情况和教学中遇到的困难，请求杨石先帮助她排难解疑。

高丽敏出生在一个知识分子家庭。父亲是 20 世纪 50 年代初的大学毕业生，1957 年被错划为"右派"，"文化大革命"初期到鞍山市农村，她也随着到了农村。她发现当地文化太落后，全村文化最高的人也只不过念过五六年书，而她是个高中生，有志于将知识奉献给农民。恰在这时，邻村成立了一所中学，学校正缺教师。她爬山越岭到公社和郊区的教育部门，多次申请要求当教师，都因为她是"右派"子女，没被批准。可是，学校实在缺少代课的人，后来，还是在学校领导和教师的帮助下，她才实现了多年的愿望。

教师是当上了，困难也跟着来了。

在这所乡村学校里，她要教初中、高一、高二共三个班的化学课，高二化学课的教材内容又是老高三的，而她呢，读完高二，"文化大革命"就开始了，因此，有些课她感到很吃力，尤其是中草药、生物碱、甙、挥发油一类的内容，她自己也弄不懂。到书店买书，没有；请教外校老师，也讲不清。正当她走投无路的时候，看到《人民日报》上登载的一张杨石先的照片，就抱着试试看的心情，投书杨石先。她对杨石先回信，并没抱多大希望。

可是，她把信寄出只不过十来天，就突然收到了两本书——《有机化学》

和《基础化学》，随后又收到了一封杨石先寄来的信。她高兴极了，激动得热泪盈眶，一宿未眠。她把杨石先的回信给父母看，给教师们看。

高丽敏同志：

你9月29日来信收到。前两天我已由邮局寄给你两本关于化学的旧著，想已收到。

关于中药的一章谈到生物碱、甙和挥发油。中药大部分采用的是植物，虽然偶尔亦有动物和矿物。植物所含的化学组成物质是相当多的，其中比较重要的有三种，这当中以挥发油最易懂，即一种油类挥发性很大，所以有特殊的香气。例如薄荷叶含有薄荷油，杏仁含杏仁油，桂皮含有肉桂油，橘子皮含有柠檬油。这些都可用作药物。例子很多，不止这几个。上面说的之外，你亦一定知道樟脑油是从樟树叶子提出的。

生物碱是一种碱性物质，具有生理作用。这一类物质在医疗上比挥发油作用更大，而且种类亦非常之多。例如罂粟（即熬鸦片烟的植物），含有若干种生物碱，其中最主要的是吗啡，用于镇痛、止咳、减少肠的蠕动等。其次是烟草，含有烟碱，即尼古丁，作用于神经中枢，杀虫，还可用于湿疹及癣类。莨菪碱是从曼陀罗、颠茄、莨菪等植物提出的，又叫阿托平……（转引自杨光伟《杨石先传》，第131页）

此信未完，书中只刊出上面这两段。书中有对"阿托平……"句的注释。原文为：

信中将吗啡、烟碱、莨菪、秋水仙碱、麻黄碱、奎宁、水杨甙、葡萄糖等物质的化学分子结构式都一一画了出来。

化学分子式，在杨石先笔下，当是写出来的。可能是写得太规范了，在旁人看来，就像是画出来的。

我们可以想象，这封信是如何的精美。难怪书中又说：

这封复信在鞍山教育界传为美谈，他们把杨石先作为楷模，来检验自己的思想行动。当然，受到更大鼓舞的还是高丽敏，她用杨石先的高尚精神和品德鞭策自己前进。在当时教师不敢教、学生不愿学的情况下，她以极端认真的精神给学生讲课，平时每周应上14节课，她却主动担起上20节课的任务。她宁肯自己晚上和节假日不休息，也要做到对学生勤督促、勤考试、勤批改、勤补课。她把杨石先的事迹讲给学生们听，受"读书无用论"毒害的学生开始清醒过来，用心地去读书。

高丽敏在杨石先的影响下，自学了许多课外化学读物，演习了许多练习题，并把大学一年级的化学课程自学完。粉碎"四人帮"之后，她考入了鞍山教育学院化学系，决心沿着杨石先走过的路，朝气蓬勃地前进！（杨光伟《杨石先传》，第132页）

现在我们可以推想一下，杨石先写此信时，是怎样一种心情。尤其是他熟练地写下那几种物质的分子式时，是怎样的心态。我的揣想是，那一时刻，他定然有了又回到康奈尔大学，初上化学基础课，写那些分子式的感觉。

能为一个远在千里之外的乡村女教师排难解疑，他的心里是相当舒畅的。此一时刻，他的心情如孩童般快乐，而显现出的精神境界，则是我们这些普通人无法企及的。再细想，他把他身边的旧书寄给这个女教师，也该有一种"得其所哉"的快意吧！

第四十章

科学的春天

粉碎"四人帮"后两三年，有个带有很浓感情色彩的说法，叫"科学的春天"。

所以给一个历史时段赋予这么一个带有诗意的名号，主要是因为1978年的春天——3月，中共中央在北京召开了有6000人参加的全国科技大会，时任中共中央副主席、国务院副总理的邓小平同志在会上做了重要讲话，提出两个著名的论断，一个是，知识分子是工人阶级的一部分；一个是，科技是第一生产力。会上，时任中国科学院院长的郭沫若做了名为《科学的春天》的讲话。

杨石先作为天津市的代表，出席了全国科技大会，《杨石先生平纪事》载：

3月 18日 出席全国科技大会，并在主席台就座。杨石先获得在科技工作中做出重大贡献的科技工作者奖状。由他主持的南开大学元素有机化学研究所

研制的 10 项科研成果也获得全国科学大会奖。(《杨石先文选》，第 272 页)

这个，自然是尊荣。

比这个更大的尊荣，则是他参加了邓小平为召开这次大会，特意在北京举办的科教工作者座谈会，与会的除了几个分管科教工作的中央部门负责人外，多是全国顶级的科教工作者，满共三十几个人。

这么重要的会议，杨石先接到了通知，差点没有去成。

为啥？

时间是 8 月初，天津下了暴雨。

当然还是去了。怎么去的，颇富戏剧性，王学孝在《耄年赞歌》里有生动的记述，不免夸饰，杨耆荀的说法朴实些，还是抄录杨文里的说法吧。

> 1977 年 8 月 8 日，邓小平同志召集 30 名全国著名的科学家、教育家开座谈会，研究如何把科研和教育搞上去。父亲也被邀请参加了座谈会。赴会那天早上天津下起了瓢泼大雨，地上积了很深的水，小汽车已无法行驶了。为了不耽误会期，临时拦住了一辆基建的大卡车，父亲蹚水上了车，才顺利地到了天津东站上了火车。在会上他提出了统一科研领导、加强人才培养和选拔等四条建议，受到了小平同志的赞扬。(杨耆荀《回忆父亲》，《杨石先纪念文集》，第 214 页)

1977 年 8 月，已享有如此高规格的待遇，按说此后该风光起来，走出"文化大革命"的阴影了，起码也是官复原职，再度出任校长。

这是平常人的揣想，实际情形要复杂些。

天津市委这边，倒是不断地在党务系统一级一级地提升杨石先在南开大学党委的级别，《杨石先生平纪事》里有记载。

早在 1973 年 1 月就任南开大学革命委员会副主任的下一个月，杨石先又被任命为党委委员。1978 年 10 月 23 日，也就是参加全国科技大会后不久，天津市委常委会决定，增补杨石先为中共南开大学委员会常委。

《杨石先生平纪事》中，这两次任命的记述文辞是不一样的。任党委委员的文辞是："1973年2月8日，中共天津市委员会下发《关于建立中共南开大学委员会的批复》，同意校党委关于党委会组成及常委分工的报告。"任常委，则是："1978年10月23日，天津市常委会决定：增补杨石先为中共南开大学委员会常委。"

一个是批复，一个是决定，程序上还是有不同的。如果还不明白，那就是，"批复"是你报上来我同意，"决定"是你那里要怎样我不管，我这里定下他是常委了。

最莫名其妙也难以理解的是，粉碎"四人帮"后，老干部纷纷官复原职，有的还不次擢拔，杨石先政治上没有任何问题，且1977年8月，还应中央之召参加了邓小平举行的高级别座谈会，谁都以为他该恢复南开大学校长的原职了，然而，1978年初，上面忽然就给南开大学任命了一位不是杨石先的新校长。这种地方该说出新校长姓名的，材料上没有，我也不便在网上查询，为了证明言之不诬，还是引用他人怀念文章上的原文吧。

> 从1923年受聘为南开大学教授到1985年去世，杨石先为南开大学工作了62年，奉献了毕生精力。南开大学八十年的历史中，经国家任命的校长共有6位，任期有长有短。任期最长的是张伯苓校长，除了一段时间因特殊原因未担任校长外，可以说是终身校长。任期最短的一位校长（1978年2月至1978年12月）不足一年。1946年学校复员天津（即从昆明迁回，当时称"复员"），杨老任南开大学教务长、代理校长，1949年天津解放后任南开大学校务委主席和校长，直到1985年担任名誉校长逝世，杨老任南开大学校长的时间长达36年。（李万年《南开精神永存，杨老音容常在》，《杨石先纪念文集》，第138页）

不错吧，1978年2月任命的，大概是实在说不过去了，十个月后即免去。于是有了《杨石先生平纪事》中的记载：

1979年 1月 22日 经中共中央1978年12月30日批准，教育部党组于1979年1月22日发出通知，任命杨石先为南开大学校长。

平常人多说实至名归，这次对于杨石先来说，可谓名至实归。一改革开放，就迎来了科学的春天，从名分上说，此后才是杨石先的"科学的春天"。

此事为何要捋个清楚，含混一点不行吗？还真不行。"文化大革命"中，他是不管事了，可他知道他只是"靠边站"，校长没有撤，就是还在着。就是"文化大革命"后期有了"革命委员会"主任，他也知道那是个临时机构，他的校长并没有撤去。而1978年2月至12月，学校有了新校长，他准定知道他不是校长了。

这是我们的分析与推勘，事实上，到了这个年龄，他早已是心如止水，波澜不惊了。

被褫夺了全部职务时，他像一个普通职工一样，准时去元素所上班下班，如今又成了校长，除了料理公务、不得不分身之外，一有余暇，他仍是去元素所"坐班"，查查材料，处理来信，询问各项研究的进展，随时给以提醒与嘉勉。

特殊时期总会有些特别的事。

姜丁铭是南开大学的老学生，1949年后转入北京大学学习俄语，毕业后分配到中央编译局工作，1957年被划为右派，到山东泰安监督劳动一段时期，安排到泰安中学教英语。1979年平反后，一心想调回天津安排工作。也曾想过调回南开，南开无调入指标办不成。也曾托人找到天津市计委主任、卫生局局长、政法委书记、人事局等许多单位和领导，结果都如石沉大海杳无音信。

后来才了解到他的原岗是中学，不能调进。几个月的奔走，累得他筋疲力尽，而前途又是一片茫然，泰安中学那边又因他请假长期不归，停发了他的工资，家中有八旬老母，儿子还小，一家人一时陷入困顿。正在这时，有老同学给他出主意，说别瞎跑了，不如请学术界名人为你推荐一下。他一听，心眼亮了，找到南开时的老同学范恩滂，带他去见了已复职的杨石先校长，同时呈上自己翻译的《列宁选集》第一卷，还有在山东编写的《英语语法》等书。杨老听罢，甚表同情，立即写信，以推荐人才的形式请天津市文教委主任路达同志鼎力相助。

姜丁铭文中说，他持杨老信，去天津市文教委找到路达，路达热情接待，答应给以解决，同时告诉姜丁铭，他之所以出面办理，主要是因为杨石先校长的崇高威望和人格魅力，杨石先校长乃当代科技与教育界的泰斗，文教委信任他的推荐。路达表示，他会亲自办理此事，让姜丁铭放心。

后来姜丁铭还从南开组织部王柏灵那儿了解到，杨校长随后还写信给市文教委，要求在调姜丁铭来津后，可分配到南开大学工作。再后来，由于阴差阳错，天津市文教委调他来津后，将他分配到天津理工学院工作。（姜丁铭《怀念杨老》，《杨石先纪念文集》，第162页）

现在年轻人常说，没有比较就没有伤害，杨石先这后一件事，却可以说没有比较看不出尊贵。

指导年轻人升学，也是这一时期的寻常事。

仅举一例。

胡孚琛是南开大学化学系1964级的学生，毕业后分配到山东一个荒僻农场"接受再教育"。农场劳动结束后，留在当地就业。1977年恢复招考研究生的制度后，他回到学校，想报考本校导师的研究生，找杨石先请教。杨石先分析了他的特长和实际情况后，不主张他匆忙报考母校化学系，建议他报考自然科学史、科学方法论、科学管理方面的专业。按照杨老师的意见，他于1979年考取了广州中山大学副校长、老教育家黄友谋的研究生。后来，当他在科研上迈出自己的步伐时，才深深体会到杨老师的这个建议所包含的远见卓识。

还有呢。

1984年5月13日，我来到杨老师家中，老人正坐在书桌旁忙碌着。那天老人很高兴。我告诉他中国社会科学院要招考博士研究生，规定须两个专家推荐才能报名，过两个月就考试。杨老师笑着说："那你就再考一次，攻取博士学位。"他随手从抽屉里拿出纸和信封，给我写了推荐书。望着老师那慈祥的面孔，想起老师对我的培养和教诲，我心情很难平静。（胡孚琛《名师指路》，《杨石先纪念文集》，第178—179页）

不用说，胡孚琛顺利考取中国社会科学院的博士研究生，再后来成了全国闻名的道学大师。

当了校长，还要说说当校长的事。

新官上任三把火，是中国官场的通例。官复原职，等同新任，火烧三把，也是情理中事。更何况在"副主任"任上憋了多少年，杨石先早就盼着有朝一日重振乾坤，如今重新任命了校长，不是正该大干一场吗？

按照事先预设的章节安排，在"科学的春天"这一节，我是想着好好写一番杨石先的壮举的。

然而，有一则材料我看了，又不能不感错愕、吃惊，思之再三，不能不由衷地感叹，杨石先毕竟是杨石先，非我这样的凡夫俗子可臆测也。

文章的名叫《一代名师，丰绩永存》，作者王大璐，从行文中看出，是改革开放初期，南开大学负责外事工作的中层干部。材料很珍贵，也不长，不转述了，照抄即是。

他积极推动加强国际校际交流，经过多方努力，南开大学在几年内与美国、日本、南斯拉夫、法国、加拿大等十个国家的二十多所大学建立起联系，派遣了大批师生出国学习、进修。虽然杨校长非常重视此项工作，但他在处理外事时又严格按实事求是的原则去办。我印象中，1978年美国印第安纳大学曾致函杨校长表示愿意与南开合作。我们具体工作人员非常希望促成此事。但是杨校长亲自复函，如实介绍了南开大学当时情况，说明"文化大革命"中学校完全没有进行教学、研究工作，加上地震的破坏，损失较大，进而明确地表示我校目前条件较差，待各方面改善后再进行联系，研究合作事宜。（王大璐《一代名师，丰绩永存》，《杨石先纪念文集》，第131页）

作者接着说，虽然他们在下面感到惋惜，可是又对杨校长的实事求是精神、敢于承认自己不足的科学态度由衷地敬佩。

须知，这里说的印第安纳大学，正是 1945 年杨石先公派出国研修的美国大学，当时他的职责是客座研究员，一年多的时间，给同事留下了良好的印象。既然校方是致函给他，他又亲自回复，说不定当年的同事成了学校负责人，急欲跟南开也是急欲跟他本人建立起联系。

还有更深一层的关系。

他的女儿杨耆荪 1949 年 7 月清华大学毕业后赴美留学，他就是安排女儿进的印第安纳大学，且叮嘱女儿致信印第安纳大学化学系的一位教授，而这位教授恰是 1945 年他在该校研修时的好朋友。杨耆荪在印大获得硕士学位后，为在不同的学校深造，才去伊利诺伊大学读的博士。

从王大瑽的记叙中，知道有一些资质不甚优秀的国外大学，南开都与之建立了校际联系，何以到了印第安纳大学这样一个与他渊源颇深的，且还优秀的美国大学要与南开建立校际联系时，杨校长反而如此谨慎又如此谦恭呢？

以我的揣测，是有实事求是的精神，怕还有不愿伤了南开的体面也是国家的体面的考量在里面。他更愿意在自己努力下，让南开的局面在短期内有所好转，将南开也是中国的好的一面展示给自己的美国朋友。

亨利·G.戴在杨石先百年诞辰时写了怀念文章，其中说："杨君已于 1985 年逝世。此前他与印大校长 Ryan 协议在南开与印大之间进行小规模的教师与学生交换计划。"（亨利·G.戴《缅怀杨石先先生》，《杨石先纪念文集》，第 57 页）

可见当初的回拒是谨慎，也是敬重，他并未忘了此事，数年后旧事重提，表示愿意建立小规模的校际联系。

杨石先的传记，越写到后来，故事性越强，料不到的是，竟还会有一桩可命名为"会客厅谈话"的窃听事件。

觉非是天津某报的记者，颇有文学才华，很会撰写文章，写了篇《苍松赞》，说他怎样在化学系负责人、杨老的学生戴树桂教授的陪同下，去东村 43

号杨宅采访老校长。杨老有客，安排他俩先在书房待着。杨老和客人在会客室谈话。客人是外校的一位领导同志。书房的门与会客室的门相对，这边门开着，那边门闭着，只隔一层玻璃门，那边的谈话，这边听得清清楚楚。

是窃听，也是正听。

杨老在说，到"文化大革命"前，"我们有的一些科研项目已经跟外国水平差不多了。可是这十几年，正是世界上科技大发展的阶段，而我们却被'四人帮'搞得不但没有发展，而且还倒退了"。

外校领导："真使人痛心啊！现在我们要搞'四化'，要赶上去，就不是那么容易喽！"

杨石先："这就得借重世界的科学技术成果，得要走一条捷径才行。周总理生前就说过，我们必须赶上世界科学先进水平，但是不要在现在的起点上赶，应该站在前人的肩膀上继续攀登。因此，中央决定派一些留学生出去；同时还要尽可能争取一些外国科技界的朋友来给我们讲学。"

外校领导："我们已经邀请了×××来。"

杨石先："我有一个学生，是加拿大农业科学研究中心的负责人，他现在退休了。加拿大原来是一个农业进口国家，就在这十几年之内变成了一个出口国家；他们的地理条件跟我们很相近，他们的经验对我们很有用。前两个月我给他写了一封信，说我已经老了，大约只能再活几年就该'翘辫子'了，可是国家给我的任务还没有完成，请他无论如何来帮我几年，也就是来帮帮咱们国家的忙。前几天，我收到他的回信，已经答应来。"

觉非写道，我们默默地听着这两位老人谈话，心不由得一动，心想："杨老，真有一股倔强劲儿。"（觉非《苍松赞》，《杨石先纪念文集》，第196-197页）

那几年，接待来访的外国团体及专家学者，包括著名的海外华人学者，是当校长的日常事务。

不必烦文介绍了，只依据《杨石先生平纪事》和《杨石先图传》相关记载，开列几位就行了。

1978年 南开大学聘请陈省身为名誉教授,支持并极力促成陈省身实现回国工作的愿望,筹建南开大学数学研究所。

1979年 杨石先邀请叶嘉莹教授来校讲学。

4月 26日至27日 美国印第安纳大学东亚语系主任、比较史学系主任一行6人,在北京与南开大学校长杨石先等进行座谈。

7月 杨石先会见美国明尼苏达大学代表团一行,两校就开展学术交流与合作达成意向。

8月 26日 美籍生物学家牛满江教授及夫人应邀到南开大学进行学术交流,杨石先等参加接待及座谈。

8月 杨石先邀请美国洛克菲勒大学王大栋教授来南开讲学。

1980年春 杨石先与来访的美国堪萨斯大学副校长商讨互派访问学者事宜。

10月 15日至18日 日本爱知大学访华团来校参观访问,团长为爱知大学校长久曾神升,杨石先校长与其就两校有关学术合作交流事宜进行会谈,并签订《有关学术、教育交流协议》和《1980年度交流计划》。

1981年3月 南开大学与美国坦普尔大学签订合作交流计划,杨石先在家中会见代表团成员、美籍生物学家牛满江教授。

虽已年迈,他心里放不下的还是科研,大半生念兹在兹的植物激素课题。

文物收藏上,自古以来就有个说法,叫"聚于所好",意思是一个人爱好什么、专注什么,什么方面的好东西就会跑到他的手里。学术研究、文学写作,也是这么回事儿,只是人们不认为是规律罢了。

杨石先是南开大学的校长,比较起来,还是化学家的名气更大些,因此,有些向他请教的信函,会直接寄到南开大学化学系,化学系是怎么转他的,不必细究,总之是能及时地看到。

1979年秋季的一天，一封来自甘肃靖远县的信摆在他的案头。

是一位中学教师写来的——

杨石先教授，您好！

今写此信，特向先生请教。

几年来，我专攻从野草骆驼蓬中提取粮食增产的化合物研究，今年取得了奇妙的效果，核实小麦增产26%—73.3%。千粒重增加8.8克，60天玉米增产14%—50%，千粒重增加96克。我对这一新课题的发现与研究仅仅打开了门，但对它的药化和理论限于条件，目前无法探讨，敬请先生在百忙中给予帮助。

为了便于先生了解新药的特点，将我的科学实验报告附于信后，请先阅示。

落款是：甘肃靖远中学高兆文。

杨石先细细地看了报告，有许多不规范的地方，但也有独到的地方，这对于一个偏远县份的中学老师来说，可谓奇思异想，十分不易。

这个事情，他们早就做了，且卓有成效。

元素所有个除草组，陈茹玉负责，就是在杨石先的指导下改为激素组的。

陈茹玉还记得一年前，杨校长来除草组谈话时的情形。进门后，杨石先在一把椅子上坐下。

"你们说说，为什么杨树开花特别早？"

这突如其来的问题，让在场的同志全愣住了。

"小麦生长期要七八个月，可是荞麦六七十天就可成熟，这又是为什么？"

沉默连着沉默。

杨老环顾众人一眼，说：

"这里可能有一种特殊的生长素存在。"

这时，大家才恍然大悟。联系杨校长多次对他们讲过的，要重视植物激素的研究，这在农药研究上将打开一个新的领域，陈茹玉有种茅塞顿开的感觉。

接下来，杨石先语重心长地说，我们研究杀虫剂、杀菌剂和除草剂，那只能防治病虫害，保证作物收成，从某种意义上说还是被动的。要控制作物本身的生长，使粮食增产，使其听从人的安排，还得靠植物激素。目前只有个别国家把激素试用于粮食生产。我们国家有个别单位搞，也只是在初试阶段，许多试验证明，植物激素可使粮食、蔬菜、水果成倍或几倍地增长。（王学孝《耋年赞歌》，《杨石先纪念文集》，第192页）

也就是这次之后不久，杨老又跟陈茹玉交换意见，鼓励陈茹玉从事植物激素的研究。陈茹玉原本就有这方面的学术基础，说干就干，于是便将除草组改名为激素组。

不到一年时间，一种新的植物激素提炼出来了，他们命名为大豆激素。一亩地只用喷洒几毫克（即不到半个绿豆那么大一点点），就可使大豆增产两三成。

杨石先心里清楚，研制出大豆激素，是卓有成效，但是从整体思路上说，毕竟是循着别人的路子走的。有了靖远中学高兆文这个启迪，或许能探出一条新路子，从我国天然植物中提取激素这一设想，如今有可能变为现实。

这封远方来信，怎能不让一直在探索新的植物生长调节剂的老专家心情激动呢！杨石先很快写了回信：

高兆文同志：

　　我很高兴地收到你给我的来信，关于骆驼蓬对农作物的初步试验，从你的初试结果来看，肯定有刺激作物生长的作用。可能是天然的植物生长素，也可能是某些微量元素刺激物质。

　　这种草除在我国北方、蒙古、苏联等地外，土耳其、巴基斯坦、印度、埃及等国都有，不少人进行过研究。但所提出均为生物碱类化合物，可用于医药。没有发现有刺激作物生长和增加收成方面的性能。这一点是你们的发现，我们要加以证实。这项工作可能需要几个月或更长的时间，做完后我们将告知你结果和如何提取主要的物质。

落款是杨石先。

与此信同时，他还汇去一笔钱，让高兆文采集相当数量骆驼蓬草寄来，以供做实验之用。

第四十一章

心心念念在人才

○○

还得往后退一步。

这往后退的一步，是退到哪儿呢？

这一章的题目叫"心心念念在人才"，就是要写杨石先对人才的擢拔与爱惜。前面涉及这一话题的，是带研究生。究其实，该是教学上的功业，跟擢拔人才还是有所不同。这个话题上要退，就得退到他有擢拔人才的本事的时候。

"文化大革命"中肯定不行。陈天池的研究生叶挺镐，论辈分，该是"徒孙"了，毕业了想留校，他只能无奈地说："我很想留你，但我虽为校长，目前却办不成事。"

1973年，情况有所好转，他是南开的革委会副主任，相当于副校长。在那个时期，他的真实的斤两，是"三结合"班子里的"老干部"，说是"旧人员"肯定不对，有多大的实权，怕也说不上，这就是时势与职责的错位。

这种错位，在另一个时期，又会颠倒过来。杨石先当革委会副主任，从1973年1月到1978年12月，整整六年，

1976年10月以后，同是革委会副主任，风光又自不同了。

现在再提出一个小小的问题，意思不大，也还值得玩味，就是在身任副职这六年里，同事们是怎样称呼这位老校长的。

厚厚的一本《杨石先纪念文集》收文数十篇，作者数十人，且多为同事，翻来找去，写到当年事的不少，竟无一人称杨石先为"杨主任"，更无一人称之为"杨副主任"，仍还是"杨校长""杨老师""杨老"之类的尊称。

可以这么说，随着政治形势的变化，谁都知道，这个老人的"春天"快到了，又要抽出新枝条了。官复原职，是早晚间的事。

这时就有了整顿学校的魄力，也就有了擢拔人才的能力了。

仅举一例，就可知杨副主任，已以校长的身份视事了。

抄录原文，即可知此事发生在副主任任期内。

"四人帮"垮台后，全国恢复了高考，天津医学院朱宪彝院长提出希望南开继续招收医预班。吴大任副校长积极支持，并让教务处具体落实各项工作。一天，杨校长找我谈医预班事。他说："朱院长在市里开会时谈到现代医学教育问题。他讲，国外医学发展很快，要求学医的大学生必须有坚固的基础。现代医学的重要基础一是生物学，二是化学，三是心理学。朱的话很有道理。现在我国只有两所大学设有医预，咱们必须办好。教务处请化学系一定要重视此事，保证各门化学课、化学实验的教学质量；生物学方面不应当成问题，但要向生物系讲清楚，心理学是否有人开？如有困难，早与医学院商量共同解决。"杨校长他处处都是从中国的发展高度去考虑问题，尊重专家意见并组织实施。（王大璨《一代名师，丰绩永存》，《杨石先纪念文集》，第130—131页）

有了这样的身份认同，就能做自己想做的事了。

起初的动念，或许是出于一次偶然的见面。

这就要说到我国化学界的一位大师级的人物，申泮文院士了。

申泮文，1916年出生于吉林省吉林市，祖籍广东从化。1935年南开中学高中毕业，1936年考入南开大学化工系。1937年加入南京中央军官学校教导总队，开赴上海参加淞沪会战。1938年参加长沙临时大学湘黔滇旅行团，步行到昆明，旋入西南联大化学系学习，1940年毕业。1946年回南开大学任教，与北大清华同事数人，负责押送三校物资返回京津，回南开后任化学系教员，至1953年已破格晋升为副教授，时年37岁。

我所以对申泮文做如此详细的介绍，一是他确实是个有大作为大成就的人，且高寿，活了101岁，2017年方谢世；再一个原因是，他与我的母校山西大学有着极为深厚的关系，虽说不甚愉快，在我书里，也该重重记上一笔，不全是为了申先生，也是为了山西大学。

申泮文到山西大学教书，可谓一项义举。

据他自己说，1953年他不光成了副教授，还兼任了化学系无机化学教研室的主任。1959年，南开大学接到援建山西大学的任务，化学系需派出一位教授去山西大学工作。系里指定无机化学教研室的王继彰副教授去支援山西，这时王继彰正患心脏病和糖尿病，身体极度虚弱。申泮文提出，由他代替王继彰去支援山西，获得批准，于是1959年5月，他调赴山西工作。

同时调去的，还有另外三个系的中年教师，算是支援山西大学四个系的创建或加强。不光教师要支援，校级领导也要支援，南开大学派了时任副教务长的陈舜礼教授到山西大学当教务长。陈舜礼系浙江奉化人，1939年清华毕业，赴英留学，1949年牛津大学毕业回国，在南开大学任教授，后升为副教务长。应当说南开大学对山西大学的支援可谓倾情奉献，不遗余力。

申泮文到山西大学，夫人曾爱冬女士未去，夫妇俩的打算是申泮文支援山西大学，三年五载，山西大学化学系见了眉目就回来了，仍是南开大学的教授，他们一家仍在天津生活。料不到的是，申泮文去山西不久，山西大学就将曾爱冬的户口迁到太原。女儿申红也只好随母亲来了。

这些都没什么，申泮文是个有大志向的人，以为到了山西大学创建一个化学系，定可硕果累累，一展宏图。用当年的时兴话说，一张白纸，好画最新最美的图画。

行前他向杨石先辞别。杨石先给他提出了许多中肯的建议，例如杨石先指出，新办一所学校不容易，缺乏师资，可到社会上去找，可以请科研单位高级研究人员和厂矿技术人员到学校来兼课，他们有实际工作经验，能够理论联系实际，有其长处，等等。后来他在山西确实遵照杨石先的意见去办了，收到了很好的效果。（申泮文《缅怀恩师，自强不息》，《杨石先纪念文集》，第84页）

"新办一所学校"云云，杨石先这话也对也不对。不对处是，山西大学是一所很有资历的老大学，创办于1902年，不能说是创办一所新大学。对的地方是老山西大学在院系调整中被拆分了，有的系和专业并到北京某些高校，留在山西太原的，只有太原工学院、山西医学院、山西财经学院和山西师范学院。一个省份长期没有大学，省里领导觉得说不过去，1958年向中央提出恢复山西大学，中央同意了，指定南开大学支援山西，重建山西大学。从这个意义上说，"新办一所学校"又是对的。

重建山西大学，只会建成文理科兼具的综合大学，山西师范学院作为重建的基础，先改称山西大学。坞城路，是山西师范学院在太原的位置，想来也是要将太原城南的这一带，建成大学区或是文化区，便在坞城路以西约五公里的地方，划出一大片土地，打桩兴建大楼。据说要建一个莫斯科大学式的新大学。可惜心强命不强，水泥桩子刚露出地面，遇上三年困难时期，许多建设项目下马，耗资巨大的新山西大学校园也就胎死旷野。1965年，我上山西大学时，山西大学就是改名而来的山西师范学院。某次外出往西走了很长一段路，但见旷野里，高高矮矮，一片水泥桩子，有老于世事者指点说，此乃当年要建的新山西大学遗址也。

说了这么多，意思只是想说，申泮文来到山西并未创办什么山西大学的化学系，只是加强了山西师范学院化学系的师资队伍。我这么说的一个前提是，山西师范学院的教学任务是为全省培养中学师资，各中学都有理化课，山西师范学院有物理系，不会没有化学系。

既来之则安之，以他的勃勃雄心，觉得在这样一个山西大学，还是能干出一番事业的。应当说申泮文对山西大学学术的估量是对的，但他还是错估了形势。我在山西大学历史系上学的时候，有几年正是"文化大革命"中，校内各种传言，随时都可以听到。不是瞎编，其时听说化学系的申泮文是南开大学支援山西来的，是杨石先的高足，又听说他在化学系怎样怎样……

我不说了，听申泮文自己说吧。

在山西大学工作没几年，我在白纸上画美丽图画的梦想很快破灭，在1964年就开始挨整。在"文化大革命"当中我又被揪出为"申家村反党集团"的"村长"，横遭迫害，两次被拘入牛棚，饱受艰辛……1972年虽然恢复招生又走上讲台，但到1974年又被拉下来再度受批判之灾。直到粉碎"四人帮"后情况也未见好转，我的研究室被拆散，一切学术活动和社会活动受到限制，等等不一而足。我想，如果我为这一段灾难史写回忆录，我一定要以"一个知识分子的苦辣酸甜"为题，对极"左"路线进行无情的控诉和鞭挞。（申泮文《缅怀恩师，自强不息》，《杨石先纪念文集》，第84页）

申泮文这末一句，对"极'左'路线"云云，还是随了俗，极"左"路线制造的，或许是个大的环境，真正对你实施戕害的，该是历久不衰的人性之恶。

申泮文这几句话里，最让人痛心的是，直到粉碎"四人帮"后，他的情况也未见好转，研究室被拆散，一切学术活动和社会活动受到限制。须知，粉碎"四人帮"后，对知识分子来说，很快就是科学的春天，处处百花争妍。而恰在这样的时际，一个从大城市、名高校派来支援山西学术文化建设的知识分子，却仍遭到这样的对待。

申泮文不知道，当此之际，有一个长者正在默默地关注着他的处境。或者该说成，不时通信，他知道这位长者一直在同情他、关注他，但长者远在天津，且已年迈，尚未官复原职，再同情再关注也是心有余而力不足，鞭再长也难及马腹。

应该感谢天津市政协。民主党派做事，常是心存忠厚，动作又稍微迟缓。都1977年夏天了，他们才想起组织委员们赴"农业学大寨"的发源地山西大寨参观。去了山西，不能光去大寨，省城也有革命遗迹，至少也有晋祠等文物古迹，顺便一游当在情理之中。此事在《杨石先生平记事》和《杨石先生平纪事》里都有记载。两处的记载有略微的不同，一前一后，开列如下：

《杨石先生平记事》里是：1977年　5—6月　参加天津市政协委员赴山西大寨和太原参观活动。

《杨石先生平纪事》里是：1977年　5月至6月　参加天津市政协委员赴山西大寨和太原参观团活动。

显然，前者表述也明白，后者多一个"团"字的表述要准确些。

组织老同志出游，行程宽松，行动也就自由些。

作为当年奉高教部之命，实施支援山西方略的组织者，杨石先知道到了太原，他还应当做件什么事。

还是看申泮文的记述吧。

我此生得到的一次最大掖转，是1977年夏，天津市委统战部组织一部分天津文教医务界知名人士到山西参观大寨。石先师参加了这个访问团体，来到太原后，约定到山西大学来看望我们援建山西大学的一班人。石先师到我家座谈了片刻，了解我的处境。他看到我新出版的译著，又看到我走遍山西对山西风化煤腐植酸资源进行普查所绘制的资源分布图，知道我在逆境中还是坚持做工作的，表示满意。我当即抓住时机向石先师提出请求给予帮助。石先师想了一想，说："你不要着急罢，告诉你爱人也不要着急，我回去想想办法看，事情总会好起来的。"虽然这是一句没有肯定意见的答复，但却给我在"绝望"中带来了光明和希望。（申泮文《缅怀恩师，自强不息》，《杨石先纪念文集》，第84—85页）

不能再按部就班地写下去了，都知道事情办成了，申泮文夫妇很快调回天津。而且有杨石先的举荐，申泮文在不久之后，还当选为中科院学部委员（院士）。

　　1978年7月中，山西大学一位青年教师来向我透露消息，经石先师提出申请，国务院一位领导同志批转教育部长，指名调我回南开大学工作。

　　几经周折，山西省终于批准我调回南开大学，我在1978年12月底回到天津。（申泮文《缅怀恩师，自强不息》，《杨石先纪念文集》，第85页）

这么高级别的领导同志都批了，让教育部来办，还会"几经周折"吗？

会的，你不信我信。

怎样的周折，且往下看。

杨石先曾给申泮文写有一封信，落款是1978年10月22日，肯定是在山西大学一位青年教师向申泮文透露消息的"7月中"之后。

　　泮文同志：

　　接到十月十五和十九的来信。当接第一封信时我于次日即亲笔写了一函致教育部政治部陶遵谦同志，加紧登促山西大学放你前来我校元素所报到。说明山大多年来认为"无机合成对他们不是必须"，始终未发挥你在科研和教学方面的作用，所以向上级提出调你来所工作。山大不应再用拖延的办法，使双方工作都遭受损失。并希望他等李琦副部长回国后，将此情况向他汇报，采取有效办法，迅速加以解决。想陶同志必已和山大联系，你亦应即时向学校提出办理离校的一切手续。盼你早日获得成功。顺颂

　　刻祉

　　我现在身体不好，而目前学校和元素所工作都未上轨道，再加上校

杨石先为调动事致申泮文信

外的工作太多，实在难于应付。从沪返津以来，不断参加各种会议，三五日后又须赴京参加两个会议，大约廿天左右。又及。

看来最后的解决途径是，教育部副部长李琦出国回来，政治部的陶遵谦向李琦汇报并呈上杨石先的信，由李琦与山西大学沟通，学校发了话，这样他一家才于12月底回到天津。

调当年支援山西的骨干教师回南开，是最为迫切的。

与此同时，调当年欠下一份情的优秀同学回南开也是老校长萦绕心头的一件要紧事。

前面说过，陈天池的研究生叶挺镐同学，要毕业了求助于他，他只能说："我很想留你，但我虽为校长，目前却办不成事。"现在，他能办成事了，那就调叶同学回南开吧。

不展开写了，抄录叶挺镐的陈述即是。

　　1978年3月，在邓小平同志的倡导下，在北京召开了著名的全国科学大会。科技界人士兴高采烈地迎接"文化大革命"后的科学的春天的来临！我从事的马拉硫磷研究项目也得到大会的奖状奖励。

　　大会后不久，我接到了杨老的一封令人振奋的来信。原来在会议期间，他向方毅副总理提出建议：为尽快地恢复、壮大南开元素所的科研力量，快出成果，快出人才，要求将包括我在内的以申泮文教授为首的九位同志调回元素所。方毅同志已签字同意。杨老要我做好准备。杨老还在信中谈了自己的设想：建议我回所后先工作一至两年，同时强化英语训练，然后让我们赴美进修一至两年，回所后把科研搞上去。（叶挺镐《学海明灯照我行》，《杨石先纪念文集》，第175页）

杨石先如此对待叶挺镐这个学生，内中定有对他的爱徒陈天池的一份思念之情在里头。陈天池不能关照的学生，他有了这个能力，不能不尽心关照。

叶挺镐没有调成，更见出杨石先人性中美好的一面。

叶挺镐在怀念文章里说，收到杨老的信，他反复读了好几遍，眼睛不禁潮湿。回想起 1968 年离开南开时杨老动情的话语，由不得感慨，他多有信用、多有预见啊！那次离校前，他向杨老和导师陈先生辞行，杨老特意叮嘱，不管到哪里，希望你都坚持学习，勿忘专业。杨老还说，希望你将来能返回学校。

收到杨老的信不久，他所在的单位就接到了由方毅副总理签字批发的调函。天津市人事局和南开大学人事处又派人专程到温州人事局和他所在单位，联系具体调动事宜。调函中说，可以带全家调往南开大学，爱人的工作及子女的学习均可予妥善安排。

按说该衣锦荣归了，可他却遇上了一个难题。这些年他一心扑在研究上，爱人做出巨大牺牲，身体十分虚弱，对北方的生活不适宜，岳父母又年迈多病，坚持不愿北上。

然而师恩深厚，又不忍心峻拒。

为此，他三上天津，向杨石先解释，甚至表示，他愿只身赴津，家属北上事容后再办。杨石先不同意，说你已经有了家庭情况，有了变化，不能过于勉强。在基层也可以做出成绩，只是条件有所限制。按你的基础和素质，做科研是最合适的，你留在原单位工作，我仍会支持你的。

叶挺镐果然是个搞科研的料子，不多几年，与四川一家农药厂合作，研制开发出一种名为双硫脲路线合成的水稻白叶枯病新药"叶青双"，该药属国内创制品种。1982 年，该药试验成功，由于该药有一定的内吸作用并能使水稻返青，很受农民欢迎，不久便迅速扩大至年产 1000 吨成药规模，在水稻产区广泛使用，取代了"枯叶净"，很受农民欢迎。

对叶挺镐取得的成绩、获得的荣誉，杨石先甚为欣慰。

从这两人的调动程序上，可以看出，杨老为此事是费了一番心思的。他知道，为加强南开大学化学系的科教力量，要从其他单位调人说服力不大，因为对方也在重用人才，一句话就可以"怼"了回去：我们单位的科研教学就不重要吗？思之再三，也可说是万般无奈，他只能利用自己的身份来办这件事。杨耆荀在《回忆父亲》文中说："他一方面给方毅同志写信，要求给他配备十名助手……调出元素所和化学系的部分业务骨干被重新调回学校，充实元素所和化学系的师资队伍和科研队伍，这样解决了一部分调出骨干的回归问题。"

给杨石先调科研助手，怕谁也无话可说了。

真是这样吗？只能说不得已而为之。

他的办法是，先调回来再说，至于是不是适合在元素所工作，那是另一个问题。比如申泮文，是研究无机化学的，回到天津做什么，杨石先是尊重他本人的意见的。

申泮文在元素所工作了一段时间，杨石先告诉他："把你找回来，绝不意味着要你照我的安排做工作。找你回来就是让你发挥作用，你认为到哪个部门工作能更好发挥作用都可以，无须以我的意见为转移。"

一年后，由于化学系的要求，他回到化学系无机化学教研室工作，重操旧业，且取得不俗的成绩。

这三四年，为聚拢人才，杨石先没少操心。有的想调回调不回，而工作确实有困难，他还为之联系好的单位接收。比如陈庆华，是杨老 1961 年招收的研究生，人好，学问也好，1978 年杨老去北京开人大会，专门约他来宾馆谈话，希望他回南开工作，陈庆华因家已安在北京，难以离开，而眼下工作又不顺心，杨石先便帮他多方联系，后来去了北京师范大学化学系教书。

有的人调动，就顺当得多。

范恩滂曾在校长办公室工作，可说是杨石先的业务秘书，1971 年后离开南开大学，在北京某单位工作，并不顺遂。1979 年，杨石先在北京开会，利用会议间隙，约范恩滂用饭，席间杨石先提出，要范恩滂回校帮他做元素所的管理工作。范恩滂听了真是思绪万千，心情复杂之极，恩师对他如此关心，如此信任，让他很激动，也很感动，想不到他在校外浪迹多年，又可以回到母校为恩师效力了。（范恩滂《一代宗师》，《杨石先纪念文集》，第 127 页）

直到 1980 年 1 月，杨石先在《致邓小平、方毅、蒋南翔等领导同志的信》里，在陈述几项关于南开大学发展的举措，希望得到中央的支持后，仍不忘借此机会，为南开调进更多的优秀人才。

我校"文化大革命"前几次支援几所高等学校，抽调了一批骨干教师和少数领导干部，现在被支援的单位或者已经羽毛丰满，或者计划已经改变。希望中央帮助我们将其中少数我校急需的名教师（名单附后，此略）调回我校。（杨石先《致邓小平、方毅、蒋南翔等领导同志的信》，《杨石先文选》，第196页）

也就是说，直到1980年，为聚拢优秀人才，他还向中央呈递了一份调入人员的名单。

这一年，杨石先该是84岁的老人了。

推想他此时的心态该是，吾已老迈，要拼尽自身仍有的力气，托起南开大学往后的辉煌。

在人才举荐上，最令人称道的一件事，是1980年，中国科学院评选粉碎"四人帮"后的首届学部委员，南开大学化学系竟有五人当选，以年龄大致排列，是高振衡（1911）、申泮文（1916）、何炳林（1918）、陈荣悌（1919）、陈茹玉（1919）。以学位而论，高振衡是美国哈佛大学的博士，陈荣悌和何炳林、陈茹玉夫妇均为美国印第安纳大学的博士，只有申泮文为西南联大化学系本科毕业。不必说是杨石先的举荐之力，申泮文的科研成绩完全达到了中科院院士的水平，你就说有余头都行，可你敢说他一直待在山西大学化学系，有这个可能吗？

有人会说，成绩在那儿摆着，只要公道评审，不管什么学校都会评上。

是的，是的，你说得对，可我只想问一句，公道是哪儿都有的吗？

第四十二章

法相庄严

这一章不好写，题目先就怪怪的。

中国写科学家和工程技术专家的书，少说也有几百本，怕没有一本专辟一章，写传主的相貌的。几百本这个推断，是因为我知道，前些年中国科学院和中国工程院都组织过人写老院士的传记，一人一本，我的朋友有参与其事的，我曾收到过几本写好了的传记。我写过多部传记，光40万字以上的就有4本，一本《李健吾传》，一本《张颔传》，两本徐志摩的传记，一本叫《徐志摩传》，一本叫《非才子的徐志摩》，也没有专辟一章写传主相貌的。哦，是没有一章，但有过一节，《非才子的徐志摩》里就有一节，第一章的第一节，名为《他的相貌》，等于一下笔先把传主长什么样儿交代清楚。

写杨石先的传记，有这个必要吗？

思来想去，反复掂量，觉得还是有这个必要，如果不说很有的话。这是因为，在我接手写杨传这个活儿，从最初拿到的《杨石先纪念文集》（前面有近20幅照片），还有随后到手的《杨石先图传》，不时翻阅，时间久了，竟发现此公一生的经历，包括喜庆和磨难，学历和修养，性情与癖好，在他的脸上都有清晰的反映与折射，最终形成了他独有的、令人敬仰的法相。

法相这个词语，我也查了，是佛家用语，指诸法之相状，包括体相（体质）和义相（意义）。我的借用没有用错，我就是要写我的传主的体相与折射出的义相，实际的样子和蕴含的意义。

好了，进入正题吧。

好些怀念文章里都写到了杨石先的相貌，多是与性情糅合在一起写的，全是随笔带出，并没有我此刻的专属的意向。

不避烦冗，且举几则，均选自《杨石先纪念文集》。

王文俊《杨石先光辉的一生》文中说：

> 杨石先性格内向、含蓄、蕴藉。他平时言语不多，才情不外露，喜怒也不常常溢于言表。他总是尽力使自己的心弦静止下来，以至不发出一点儿声响。（《杨石先纪念文集》，第34页）

钱华年《追忆杨石先先生》文中说：

> 这样时常在教室外、办公室外见到杨先生，才感到他虽然不苟言笑，然而在他那严肃外表的后面，正有一颗仁慈善良长者的心，凡是受他谆谆善诱的学子们都会明白的。（《杨石先纪念文集》，第50页）

何炳林、陈茹玉《对先师杨石先的怀念》文中说：

> 老师性格内向，仪表端肃，抗日时期，祖国半壁山河沦陷，他忧心忡忡；教育工作艰难，使他极为苦闷，因此平日极少欢笑，态度总是那么严峻。同学们敬畏他，不敢为学业以外的事情轻易地去找他。（《杨石

先纪念文集》，第70页）

申泮文《缅怀恩师，自强不息》文中说：

石先师平时表情严肃，不苟言笑，所以学生在尊敬之余，都有些心怀畏惧，不敢轻易接近他。（《杨石先纪念文集》，第78页）

王积涛《纪念杨石先老师百岁诞辰》文中说：

杨石先老师在南开师生的心目中，是一位庄重严肃的校领导、教育家和科学家。是的，他毕生从事高等教育事业，为南开的教育科研呕心沥血，使南开成了国内知名的高等学府。在我的心目中，他是一位慈爱可亲的长者，是永远值得我敬仰的师长。（《杨石先纪念文集》，第87页）

王玉哲《我所敬仰的一代宗师杨石先先生》文中说：

杨先生平时为人态度严肃，令人不敢轻易接近。可是一旦接触之后，才发现他是一位平易近人、和蔼可亲的长者。（《杨石先纪念文集》，第105页）

吴大观《装三根火柴的火柴盒》文中说：

"装着七根火柴"，我听着这熟悉的词句……1938年在西南联大学习的一件事，瞬时充满我的头脑。那清晰的杨石先教授的庄严形象，也出现在我的眼前。（《杨石先纪念文集》，第118页）

范恩滂《一代宗师》文中说：

我不禁想起批判会上的杨老，闭口无言，昂然而立，但眼光凝重。我不知他在一片狂噪的喧闹声中想什么，是对邪恶势力的鄙视，是对缺乏人生阅历、被愚弄的青年的怜悯，还是对历经劫难的南开园历史沧桑的感慨？（《杨石先纪念文集》，第127页）

王端菁《镌刻在心，音容永存》文中说：

杨老作风严肃，不苟言笑，但我从未见到他疾言厉色地批评人。我想那紧皱的眉头，算是最严厉的批评吧。（《杨石先纪念文集》，第156页）

梁吉生《绍曾先生百龄追思》文中说：

第一次见到他，是在开学典礼大会上。他作为校长坐在主席台中央，方阔的脸型，戴一副眼镜，穿一件灰色的中山装。先生独特的气质一下子吸引了我。这气质绝非靠华贵的服饰或显赫的地位便可以做出，那是一位学者丰饶内心的外在体现。先生当时的讲话内容已经淡忘，但那略带杭浙口音的普通话，从容明快，疏缓得宜，使我强烈地感受到他那恬淡豁达的胸怀里跳动着一颗多么炽烈的心。（《杨石先纪念文集》，第157页）

滕天奎《杨老在我的心中》文中说：

杨老参加了我们组的讨论。开始大家因老校长坐在身边心里有些胆怯，过了不久见老校长是那样慈祥温和、平易近人，会议气氛慢慢活跃起来。当我发言时，我看到老校长竟像一个学生似的，端端正正地坐着，用本子记录着。（《杨石先纪念文集》，第183页）

杨耆荪《追忆父亲》文中说：

父亲晚年，不似当年严肃，和蔼近人。如遇知音旧友，就非常健谈，情绪也很激动。（《杨石先纪念文集》，第208页）

总括以上诸条，可知杨石先是个相貌端庄，不苟言笑，有几分让人敬畏的学者，同时又是一个热心的人，对同事对学生都有爱心。

文字的记述，因了敬爱，也因了各自的身份，不便做细腻的描摹，要看此公如何的法相庄严，最好的办法还是看照片。一张不行，得多看几张。我已打定主意，此书出版时，定要告知责任编辑，在这一章的这个位置，放上四张照片。

我已选好了，全在《杨石先图传》上。

中间的两张，都在最好的时期，青壮年时期照的，眉清目秀，五官端正，没说的。可说的是第一张和第四张。

第一张是刚到美国初入康奈尔大学照的，也就是说还带着清华时期的模样。初入清华，他的身体可不怎么样。晚年他曾对来访者说："啊，我小时候可不行。那时候因为身体不太好，还出过笑话哩……（在清华）我的行李搬进宿舍没有多久，同学就告到学校办公室去了，说，那位姓杨的同学很瘦弱，整天在屋里看书，又经常感冒咳嗽，是不是有结核病？请学校给他检查一下。"查的结果是无任何病症，只是身体虚弱，后来加强锻炼，才慢慢好起来。（觉非《苍松赞》，《杨石先纪念文集》，第198页）

这张照片若摄于初入校时，当是22岁，两颊紧绷，双唇紧抿，厚厚的嘴唇，稍稍朝前突出，英俊是有了，却不能说多么的端庄。待到青壮年时期，脸颊丰满，端庄之相才显示出来。

第四张在图传中，并未标示年限。我是依据前面一页上，在实验室的照片下面标明是1981年，衣着一样，年纪相仿，推测这张也是1981年拍的。这一时期，多人有文字记载，说老校长消瘦了。他的老学生范恩滂，离开南开多年，1979年再见到杨老师时，是这样的感受：

图1 1918年夏，杨石先赴美留学，进入康奈尔大学农科学习，第二年改修化学。

图2 1938年12月杨石先在昆明参加西南联大筹建。

图3 1945年至1947年，杨石先在美国印第安纳大学做访问教授和研究员。

图4 1981年杨石先在元素所做实验。

　　我和恩师没有见面已八个寒暑。面前的恩师虽仍思想敏捷，谈锋仍健，但经过"文化大革命"的磨难，已不复当年的神采奕奕，而是满头灰白，面容消瘦，显出老态。（范恩滂《一代宗师》，《杨石先纪念文集》，第127页）

　　《杨石先图传》中，杨石先晚年的照片有好多张，之所以选这张，是因为这个看显微镜的姿势，头部是侧面，可以显示出脸颊的状态来。应该说，是消瘦了些，但皮肤并未松弛到耷拉下来的程度，也还滋润，保持着青壮年时期的轮廓。

　　这样的相貌，这样的状态，说是法相庄严，一点儿也不为过。

　　这就要说到我在这个话题上的一贯的看法了。

　　早就有的，断不是写这本传记，看了杨石先的容颜照片才临时生发的。

　　我没有学过面相学，假如世上有这么一门学问的话，我所有的一点关于面相的观念，全是依据常识、俗谚，加上自己的经历做的一些判断。

　　我认为一个人的面相，是由两条直线接续而完成的。

　　第一条是身世，也可说是遗传。古语云：百年树人。百年大体可视为三代（30年为一代），也可视为四代（25年为一代），也就是说只有经过三代或四代的努力，这努力包括环境的改观、文化的提高，最最重要的是通过婚姻的选择达到基因的组合，才会在第三代或第四代出现一个智商又高、相貌又好的后代。

　　第二条线，是个人的努力。光生下来的优秀还不行，还得接续上个人的努力才行。好的遗传只能说是骨骼好、皮肤好、五官搭配好，并不能保证往后不发生变异。比如有的人生下来浓眉大眼，但不学无术，也会两眼无光，显出痴呆相；或是常怀叵测之心，成了孟子说的，"胸中不正，则眸子眊焉"。这是说向坏的方向发展，好的呢，说辞就多了，最常听闻的该是，"腹有诗书气自华"。于此可知，内里的充盈，可辉映为外在的气韵。西方人说：一个人40岁以后要对自己的相貌负责，想来也是这个意思。

　　什么叫好的相貌呢？民间，包括旧小说上，通常的说法是：天庭饱满，地阁方圆。从来认为獐头鼠目、两颊塌陷是奸邪之相。

如此一来，一个人相貌的端庄与庸劣，也就有了历史文化的蕴涵，同时也就有了道德修养的体现。

说到这儿，还得补上一句，我不相信那种神话，信了什么，就能什么，比如信了基督就能灵魂得救什么的。你得有那样的慧根，才能成那样的正果，余项类推。反倒是中国古语说的，积德行善，遗泽后世，在人类进化上，可视为万古不易的法则。

有了这样的考量，我才敢立这么一章，也才敢说杨石先当得起"法相庄严"这么四个字。

第四十三章

门前的花园

说了相貌，该说品德了。

这是本书的最后一章，我想将它落在实处，落在一个美丽的地方。

我选择了门前的花园，说全了该是南开大学东村43号杨宅门前的花园。本书第二章也写到这个地方，从写作技巧上说，该是一种拙劣的呼应。

第二章里说的是，南开大学中文系主任邢公畹一次路过这儿，杨石先正提了水壶浇花，邢公畹看见一种植物，枝条长长的开满黄色的花，与同行者进去问了杨校长，这种植物叫什么名字，杨校长告诉他俩这叫荼藤花，且吟了一句诗："开到荼藦春事了。"这个花园很小，长长的一条紧贴在住宅的南墙根，外面是一道半人高的围墙，对着宅门，是一个豁口。围墙外是一条甬道，人来人往都会经过。

邢公畹是从中文系开会回来，回他自己的家路过这里的，既是住宅区的甬道，别人也会走过。

王玉哲就有过路经杨宅门前花园，受杨校长掘花相赠的待遇。

 我和杨先生过去都住东村，并且又是前后院的近邻。有一次在他门前相遇，我对他门前所种的花卉极为称赞，尤其欣赏在他房间墙壁上一种形似爬山虎、花为深红色的喇叭花，茎上有卷须，能附着在墙上，红红绿绿非常美观。他见我喜欢，便说"我挖一棵送你"，一面说着，一面很快地回家中，取出铁铲，亲自在地上精心地为我掘出一分棵，并告诉我说这种花很好栽培，不需要什么技术。我道了声谢，即捧回家，栽在我的门前。遗憾的是，也许由于我管理不善，这株花仅仅存活了一个月便枯黄死去，我心中一直感到内疚。（王玉哲《我所敬仰的一代宗师杨石先先生》，《杨石先纪念文集》，第105页）

也有人借了门前的花事，给杨老送了花来。

滕天奎在怀念文章里说杨老爱花，也会种花。杨宅离职工食堂不远，每当她去食堂吃饭，总喜欢在杨家小院停留，看看美丽的花朵，看他老人家忙碌的身影，那些美丽的花朵像它的主人一样文静地开放着，吐着清香。

然而，令滕天奎心痛的是，在"文化大革命"期间，花也像其他美好事物一样被"革"掉了。每当看到杨老师门前那几棵干瘪的草木在西风中抖瑟，她心里就有一种说不出来的难过。

 一次，我发现，原天津市委书记谷云亭叔叔家里有一盆很好看的植物，那是一位同志从国外带回来送他的。它的花并不好看，但叶子在阳光下显得非常动人，绿色、黄色、红色一层层、一圈圈很是鲜艳，而且它非常易栽，生命力强。大家记不住它的外国名字，叫它"死不了"。我向谷叔叔讲了杨老已失去心爱的花。叔叔为杨老培植了一盆"死不了"。当我把这盆花转送给杨老时，杨老高兴地接了过去，小心地放在窗台上，亲切地对着这盆小花望了许久，像注视着一个多日不见的好朋友。（滕天奎《杨老在我的心中》，《杨石先纪念文集》，第184页）

前面说了，小花园与甬道之间，是半人高的矮墙。近看，是砖砌的。矮墙的东头，拐过来，将花园围起，也与邻居隔开。矮墙的这头，有宽些的豁口，是进宅子之前短短的通道。前走几步上三四个台阶，便是杨家的宅门。右边砖墙，黄褐色，一人高处钉着一个显眼的门牌，蓝底白字："43"。

如果花园算庭的话，推门进去就可说登堂入室了。

得赶紧找补一句，要不读者会产生错觉，堂堂南开大学校长的住宅，如此小门小户，像是三家村人家。非也。这个门对整栋住宅来说，只能叫后门。因了朝南，进出方便，也就成了非正式的正门。这话别扭，但是实情。且看当过他的业务秘书的魏宏运是怎么说的：

> 杨老的住宅是东村43号平房。这样的平房东村有三排，是1930年建造的，建筑优雅别致，门前有花坛，房后有庭院。（魏宏运《风范永存》，《杨石先纪念文集》，第133页）

这样说，是将钉了门牌的这个不大的门，当成了正门。而北方庭院的摆布，有大门，大门进来是院子，然后才是住人的房舍。像杨老这样的院子，只可说是倒座院子。一般来说，在村子里，村巷南边的院子才会是这样的格局。

此事不必细究，说清就行了。既然人来人往，出出进进，都走这个门，门牌又钉在这里，我们就说是前门吧。

好了，推门进来吧。

下面这张住宅的平面图是我依据几篇怀念文章中的记述，想象绘制的。

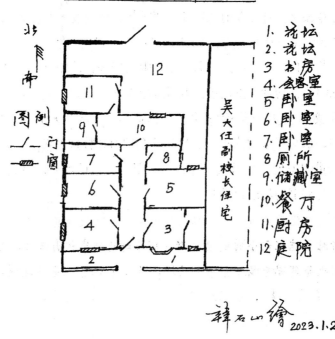

东村43号杨石先宅邸臆测图

1. 花坛
2. 花坛
3. 书房
4. 会客室
5. 卧室
6. 卧室
7. 卧室
8. 厕所
9. 储藏室
10. 餐厅
11. 厨房
12. 庭院

吴大任副校长住宅

北
南
测
图
门窗

韩石山绘 2023.1.2

下面一项一项分开来说。

间数。何廉在他的回忆录中说，他1926年应聘来南开，住教授公寓就是平房四间，这是一种简略的说法，实则可说是四开间，内部自然另有布局。魏宏运说，南开的东村宿舍是1930年建造的，"建筑优雅别致"，当指内部的格局。我跟曾在东村住过的申红女士联系过，她是申泮文先生的女儿，得知杨宅是五间，过道南北向。

房间分布。看我画的图，可以看出，一进43号的宅门，是个长长的过道，五个房间，右二左三，分居两侧，尽头是餐厅和厨房，另有储藏室和厕所。

现在我们来看这些房间的具体位置，有的还要说到这格局是怎么"测定"的。

会客室。蔡一江《学者楷模》文中言：

　　我如约前往，他开门迎接。进门后进入过道左侧的第一个房间，这是他的会客室，通常我们就坐在进门左手靠墙摆放的长沙发上进行交谈。（《杨石先纪念文集》，第170页）

东村的房子，属连排别墅，一排六户，每两户一组。杨宅在他这一排的尽西头，与副校长吴大任住宅为一组。

书房。会客室的对面，隔着过道是书房。书房何以在这个地方？觉非《苍松赞》文中言：

　　当我在化学系负责人、杨老的学生戴树桂教授的引导下，来到杨老的书房时，他正在会客室里接待一位外校的领导。由于只隔着一层玻璃门，那边的谈话听得清清楚楚。（《杨石先纪念文集》，第196页）

这只是确定了方位，由这个"只隔着一层玻璃门"推断，这个玻璃门只会是会客室的门，而不会是书房的。那么，书房的门是什么样子呢？我以为书房门是个"敞门"，即没有门，两端墙头稍往回拐一下，有个门框的意思。这样的格局非是我想象，我是见过实物的。北京东单东罗圈胡同11号是中国社科院高级知识分子的宿舍楼，李健吾住在这里，钱钟书早先也住在这里，我去过李家，见过李健吾的书房，就是这样的"敞门"。

这个书房，相当宽敞。《杨石先图传》第152页有43号住宅的外观照片。右边是另一家，左边是杨家。前面是小花园，里面是住宅的外墙。靠门这边，是个大窗户，立面不是平的，中间凸出，有三扇固定的窗扇，两侧各有一个呈斜面的窗扇，可推开，整个扇户呈"＼＿／"形。

这形状，从里面看更为明显。《杨石先图传》第109页有张整页的图片，说明文字是："1979年夏杨石先与在校的历届学生交谈。"这幅图在《杨石先纪念文集》前面的附图中也有，说明文字是："1979年杨石先在寓所与元素有机化学研究所的研究人员讨论科研工作。"由此可知，这个整页彩色照片是在书房拍的。这就好说了。照片上，杨石先坐在书桌后，围着他和书桌，一边四人共是八位。照片下方能看到圆桌的一个弧，桌上摆着一盆正开着的花。照片上方便是那个"＼＿／"形的窗户了。只是从里面看去，那个"＼＿／"形的窗户是往外凸出的。中间三扇，是固定的窗格，两边斜立的是可推开的窗扇。魏宏运说的"建筑优雅别致"，这该是一例吧。

这个书房，东墙靠北，该有一个门，通往杨石先夫妇的卧室。杨耆荀《回忆父亲》中言：

> 我母亲身体不好，常年卧病在床。有几位邻居怕她一个人太寂寞，就经常来和她聊天，有时一坐就是两三个小时。父亲的书房就在旁边，他照样做自己的工作。（《杨石先纪念文集》，第217页）

书房是敞门，进卧室很方便。只有这样的格局，才会说"书房就在旁边"，若卧室门开在过道上，邻居和他母亲再怎么聊天，也不干他父亲的事。

卧室。连着书房的算一个。会客室北面，一连两个。这样整个住宅里就有五个房间了。这样的设置也才会在武斗初起时，方便将两个单身的女教授接到家里住一段时间；也才会在郑天挺单身一人到南开教书时，在杨石先家里一住就是好几年。

餐厅和厨房。餐厅该有两个门，南边的门连着过道，或许也是个敞门。北边的门连着厨房，厨房做好了饭菜，通过这个门端进来，搁在餐桌上。厨房跟餐厅相连，应当是院子里的一个附属建筑，有门通向院子。王大瑢文中有"厨房被水淹了"之语，厨房被水淹而住处未淹，可知厨房与住处是隔开的。那个时代还没有煤气做饭，要用煤炭，烧火取煤，有门相通才方便干净。

说完住宅的格局，就好说我们的传主在这里的所作所为了。

晚年，尤其是1980年底辞去校长之职后，他的主要活动都是在家里进行的。年事已高，名声太大，拜访的人多是亲自上门。仅《杨石先图传》中留下影像的中外学者就有美籍生物学家牛满江、著名化学家唐敖庆、著名昆虫学家赵善欢。连中央政治局委员胡乔木来南开大学视察，要见杨石先也是登门拜访。

更多的时候，还是在书房里。

说到书房，不妨宕开一笔，说说杨石先平生的一大爱好，就是喜欢读中国的古典诗词。

吴大任在怀念文章里，说杨石先"喜爱文学艺术"，若有具体指向的话，就是喜爱中国的旧诗词。在西南联大时，法学院的学生要毕业了，请他题词，他写的是陶渊明的诗句："青松在东园，众草没其姿。凝霜殄异类，卓然见高枝。"实在说，在陶诗中，这样的诗句，也可说是僻句，不是熟读陶诗的人，是不会记得的。

魏宏运在怀念文章里说得就更具体了："杨老一生可贵之处是不断补充丰富自己的知识，不仅对自然科学，对中国古典文学，他亦喜爱。据滕校长回忆，他们外出开会，晚上休息时，杨老常读李清照的诗词。"（魏宏运《风范永存》，《杨石先纪念文集》，第134—135页）

杨耆荀在怀念文章中也说："他平时工作很紧张，累了他就背诵一些唐诗或宋词。"（杨耆荀《回忆父亲》，《杨石先纪念文集》，第218页）杨耆荪也说她的父亲"年轻时几乎无书不读，对中国古诗词特有偏爱"。（杨耆荪《追忆父亲》，《杨石先纪念文集》，第206页）

不独此也，还有人发现，杨石先英语的造诣与英美文学的修养也很了不起，甚至得到外教的称赞。

前面提到的姜丁铭，调回天津后，未入南开，后来由老同学李万华之介，一度来南开兼课，教托福英语，也就认识了外教鲍凯。讲托福课时，姜丁铭常与鲍凯探讨语言问题，他告诉鲍凯，杨老对于英语用法上的问题，如一系列单短语后动词是否必用单数等，都回答得斩钉截铁，绝不含糊。鲍凯表示，他不感到意外，他从杨老赠给南大的图书中，看到许多英美文学名著，鲍凯很惊异，一个化学家竟对英美文学有这么深厚的功夫。鲍凯到南开后，说有两位学者令他从心头钦佩。一位是冯文潜先生，他从以前在南大教学的英国人斯宾凯教授处得知，冯先生的外文修养极高，斯宾凯认为如德文和其他文字等堪为其师，而一个英国教授说这种话是极为难得的。另一位是杨石先校长，一位化学家，又是指导全校的教育家，能够如此广泛涉猎英美名著，这也是他道德学问一身正气的广阔背景了。（姜丁铭《怀念杨老》，《杨石先纪念文集》，第162页）

喜爱英美文学且收存许多英美文学名著，该是杨石先年轻时的事，总括起来看，还是中国古典文学，尤其是古典诗词上的修养更深些，为他一生所喜爱，直到晚年，仍不时吟诵，乐在其中。

作为一位老知识分子，杨石先最为年轻人称道的是自律、整洁、守时。这些优点，在怀念文章里都有述及，就不一一列举了。

腾出笔墨，该说一说，他在化学研究事业上的贡献了。这是一本杨石先传记不可回避的话题。

在这上头，该听专家的。

王积涛一生追随杨石先。在怀念文章里，他未谈杨石先在1945—1947年在印第安纳大学做的研究及撰写的论文，杨耆荀的文章里谈到了的，是《中国抗疟植物鉴定——常山的化学性能的研究》。这项研究，和几十年后中国女科学家屠呦呦的研究很接近，可见，杨石先涉及这一领域，而未探骊得珠。王积涛的文章不提，也不必说是为尊者讳，只可说是他有知事之明。说到恩师对新中国化学研究事业的贡献，可就赞不绝口了。

> 他在三十余年前创建了全国第一个大学研究所，他亲切地召见高振衡、陈天池、何炳林、陈茹玉和我，共同商讨成立元素有机化学研究所，他在这以前已经开展了农药的研究，像当年他致力于药物化学研究一样的热情。他说当前农业的生产是国家的重点，如何推动农业向高产方向前进，农药是很关键的，不成立专门的研究所，师生的研究力量不能集中。（王积涛《纪念杨石先老师百岁诞辰》，《杨石先纪念文集》，第88页）

也就是说，新中国成立后，为了国家的经济建设大业，他放弃了自己从事多年的药物化学研究，集中化学系师生的力量，创办元素有机化学研究所，致力农药化学的研究，且获得了一个又一个的成果。

王积涛的文章里，还说了一件事，最能见出这位化学家的远见卓识。此一段文字，前面引用过了，这里再提一下，意在说明杨石先在化学研究上的高瞻远瞩。

王积涛曾担任天津药物研究所的顾问，到1959年，南开大学化学研究的重点，转移到元素有机化学方向，杨石先征求王积涛的意见，元素有机化学的药物研究，可拓展的前景不大，问他能否从事更基础的金属有机化学。他当然知道，这是杨老师为他指出的一条更有作为的研究方向，于是把自己的专业研究做了调整，把金属有机纳入元素有机化学范围内。从此南开大学成为全国金属有机化学的创始校之一，他自己也成为这方面成就卓著的专家。

由自己的药物化学研究，转向建立元素所开展农药化学研究，再到指导学生转向更有前景的金属有机化学研究，这是一个化学家的光辉历程，也是一个化学家高尚品质的体现。

在这诸多领域，他是优秀的开拓者，也是卓越的奠基者。

杨石先在办公室 倪斯霆 摄

岁月无情，他已是风烛残年的老人了。1985年2月19日，南开大学的这位永远的老校长，永远合上了他那双智慧的眼睛。

现在，对杨石先一生的人品业绩可说几句概括的话了。

他是一个中西文化培育成的杰出人才，既有西方文化的谨严精神，也有东方文化的散淡情怀。

他是新中国化学研究事业的开拓者与引路人，既培育了许多优秀化学人才，也指导了化学研究的前沿布局。

他是现当代中国大学教育的一个奇才，也可说是一个伟人。张伯苓创办了南开大学，直到离世，南开还是一个小型大学，甚至未摆脱私立大学的身影。杨石先当校长的三十年间，才让南开真正成为一所享誉中外的著名大学。

他的业绩固然不朽，真正垂范后世的，该是他高尚的人格与修养。

2022年12月2日于潺湲室

附录

四面包抄写杨传

○○

杨传者，杨石先传也；四面包抄者，写法也。

先得说说，怎么揽下这个活儿的。

开起店铺，就会有生意。我的店铺，类似铁匠铺子，既自产自销，也来料加工。自己写下投出去是自产自销；受委托写的，是来料加工。这铺子原来开在太原，这几年搬到京城，赁屋开张，生意还行。今年早些时候接到这一单，写杨石先传，就是个大买卖。

明明是一单生意，起初做起来，跟演谍战剧似的。

我住在南三环边上。先是北大教授赵白生先生，领了天津某出版社的一位美女编辑来看我，说是他正好到南边有事，美女回天津在南站搭车，顺路也是慕名来见识一下。过后不久，赵教授来电话，说那天一起来的美女，想请我为他们社写一本杨石先传，不长，五万字就行。架不住他三说两说，也就应允了。此时那位美女，也亮出身份来，天津某出版社副总编辑，填合同，提要求，说啥是啥，一点也不通融。

我是笨一点，但不傻，至此也就明白前后是怎么一回事。美女领命来北京找个高手写杨石先传，赵教授推荐了我，七旬老翁，能否担此重任，美女不放心，赵教授说那就去见识一下，于是便来了。哪是什么慕名拜访，不过是验一下货——看这货色写得了写不了他们的杨石先传。

我把人家视为订货人，人家把我视为做货人。

现代社会，再高雅的事情也逃不脱商业文明的法则。

1

事先有约定，基本资料由他们提供。我发现什么需要的，他们在网上下单寄我。不久，寄来《杨石先纪念文集》《杨石先传》等图书，又遵我之请，买了《南开大学校史》《西南联大回忆录》等书籍。这些，对写一本新的《杨石先传》来说，只是提供了粗略的轮廓。按说该去一趟天津，去南大档案馆查查，找南大的老人问问，疫情关系，几次动了念头，全都自己打消了。

有那么几十年，杨石先确实算不得名人。我在太原的书房有全套的《申报索引》，让女婿查了，从1919年到1949年三十年间，有他名字的新闻只有一条，用的还是他的本名"杨绍曾"。

但他确实是名人，有资历，有成就，越往后越受人尊仰。清华学堂第一届学生，1918年赴美留学，与徐志摩同船，1923年学成回国与李济同船。南开大学化学系主任，理学院院长。西南联大后期几年的教务，实则由他一人执掌，还曾一度代张伯苓任联大常委会主席。至于专业上的贡献，更是誉满学界。

杨石先传的难写，还因为我夹带了私心。写传多部，我知道，五万字的传记要写好，跟写二十万字的传记，在资料的查找上无甚差别。该看的资料都得看，字数的多少，仅在选用的角度、取舍的详略。既如此，何不先写成一部二十万字的传记，完稿之后大加删节，缩减成五万字交差？

好，就这么办。

资料这么少，如何是好。

想来想去，只有用"四面包抄"的办法。杨的一生，打交道的多是名人，他自己留下的资料不多，他人的记载中定然多有存留。只要掌握的材料丰富，多方印证，四面合围，不愁还原不出一个丰满鲜活的杨石先来。

在京城赁居之所，手边仅有几本书，如同光杆司令，只能徒唤奈何。暑假回到太原，在书房一坐，环视皆书然，等于拥兵自重的统帅。且看我如何调兵遣将，用"四面包抄"的战法，打好这一艰巨的战役。

2

四面包抄是总的战略，实施起来，则分围、追、堵、截四种战术。

先说"围"。

写传的围，不是"围歼"，倒像是"围捕"，要抓住的是个活物。当然，从干脆利落上着眼，说是"围歼"也不算错。

杨石先是1923年康奈尔大学获得硕士学位后，应南开大学之聘来校任教的。普通书上，说来了南开就行了，写传不行，来了总得有个住处，没住处人跟飘蓬似的，落不到实处。起初依据的资料是《蒋廷黻回忆录》，书中说，就他1923年所知，大学部设在一所旧中学里，有两百多名学生，十几位先生。这所旧中学叫什么呢？蒋先生没说，我们也不好说就是南开中学。张伯苓之子张锡祚在《张伯苓传》里说，1917年先生（指张伯苓）下决心创办大学教育，曾赴美国考察。1919年秋天，在南开中学校舍旁建起了一座楼房，随即聘请教授，招收学生百余人，设文理商三科，是为南开大学的雏形。也就是说，这个旧中学，即南开中学。蒋廷黻是当年新聘的教授，何以连这个也弄不清？看一下该书的译者序就明白了。蒋先生此书，是退休后应哥伦比亚大学口述自传中心之邀而作，最早是英文版本，先由台湾翻译出版，后在大陆出版。想来英文里老旧二字是不分的，中文就不同了，老的是仍存在，旧的是过去了的。既然大学部的小楼就在南开中学的校舍旁边，两校实为一体，杨石先到校后的住处，也就只会在中学的校舍内。

具体在什么地方呢，还需要有力的旁证。

上过南开中学、留学美国，仅比杨、蒋二人迟一年回国的黄钰生先生，在文章中说，南开中学有个礼堂，是袁世凯捐了一万块钱建的，名为"慰亭堂"，及至袁称帝，才将匾额撤下，礼堂则还叫着。礼堂周围向南的房子是教职员的宿舍，有的一人一间，有的两三人一间，校长张伯苓的宿舍是东南角的那一间。他的家当时在南马路，但他时常住在学校里。有几位国文老师在天津有家，也住在学校，星期六下课后才回家。家在外埠的老师，就长期住校了。

这就清楚了。杨石先应聘到南开时，尚未成家，只会住在礼堂南边一人一间的宿舍里。

1929年，杨石先享受学术休假，赴美读博士，1931年9月回国，此时已结婚四年，再回南开时，便将家眷由北京搬来。这时，南大校园已全面建成，有了教授宿舍。多大呢？不必再"围"了，《何廉回忆录》里有明确的记载，是四间一套的房子。何廉是新教授，享此待遇，杨石先是老人手，如今也是博士，带家眷住校只会是同等待遇。

四种战术中，"围"是最好理解的，不过是利用资料，多方求证罢了。

3

该着说"追"了。

战术上的追，若是在合围的态势下，当是对逸出之敌，尾随而进，异地歼之。当然，也会有追不上的可能，让逸出之敌成功逃脱。我们这里，只是写书时的一种手段，既是在追，肯定是追得上的。

杨石先的经历，说简单也简单，成年后不是留学就是教书，一辈子都在学校里。说复杂也够复杂的，1897年出生，1985年去世，在漫长的岁月中，若以将军而论，可谓无役不与。现在的杨石先传记资料，无论是传略，还是年谱，甚至单篇的回忆文章，碍于时势，多是用笼统的语言，尽量往政治正确、品质优秀上靠。

对吗？肯定是对的。

准确吗？这就难说了。

关注中国高等教育史的人都知道，20世纪50年代初，中国的高校经历了一场轰轰烈烈的院系调整。天津的情况，有人在回忆文章里说："1952年，天津三大学院系调整……原本，南开大学1946年复员天津之后，是一个零散残破的局面。经过院系调整，南大六里台北院和甘肃路东院又全部划归其他单位。只剩下八里台南院的胜利楼（第一教学楼）和思源堂（第二教学楼），加起来不足一万平方米的教学和办公用房。就在八里台这一片被日军炸毁焚烧的废墟之上，要重新规划、建设新的南开大学。"当然是建起来了。文中接着说："经过几年的艰苦努力，几幢教学楼和图书馆，几幢学生宿舍，食堂、游泳池和一片片教职员工宿舍拔地而起，南开大学，这所综合大学才初具规模，为后来的发展奠定了基础。"

光看这些话，给人的感觉是院系调整给南开大学带来了发展的机遇，校土面积越小，规划起来越好。可谁都知道，文中说的"南大六里台北院和甘肃路东院又全都划归其他单位"。划出这么大一片"校土"，作为学校负责人的杨石先在做什么呢？

《杨石先生平纪事》里，1952年项下说：

> 5月 3日 天津三大学院系调整委员会《院系调整简报》第1期上刊载杨石先署名文章《群策群力搞好院系调整工作》。
>
> 11日 接教育部通知，决定成立"京津高等学校院系调整南开大学筹备委员会"，杨石先任主任委员。
>
> 11月 29日 南开大学举行盛大集会，热烈庆祝院系调整工作顺利结束，杨石先在会上做了题为《新南开大学的成立和它的方针任务》的报告。

不用查原文也可以知道，作为南大院系调整工作的主任委员，他在会上说的全是颂扬之词，振奋之语。

整整一本《杨石先纪念文集》，多数都是谈当政后的业绩，只有一处提到，对当年的院系调整，杨石先是有看法的。

这就要"追"了。

有看法归有看法，大片"校土"划归邻校，他是没办法的。其时他也只是个校务委员会主席，在这么大的事情上，是没有决定权的。这种事上要"追"，只能看他实际做了些什么。

有一件事，最能说明他对院系调整的态度。

这便是对郑天挺调整到南开大学的接待与安排上。

郑天挺（1899—1981），著名的历史学家，很多年都是北京大学校务的实际操作者。1952年从北大历史系主任，调整到南开大学当历史系主任，是院系调整中震动京津学界的一个不能叫小的事件。

郑天挺是满怀委屈，单身来的，住处一时不好安排，连吃饭也不方便。杨石先将这个落难的老同事，迎进自己家里，单辟一室，安顿住下，吃饭也与家人同桌。对郑天挺来南开，有的文章说是为了加强南开的历史系教学，我只能说是"太动听"了。看看郑天挺的自述，就知道杨石先给了这个西南联大时期的老同事怎样的慰藉。

先说1950年5月，郑天挺辞去北大秘书长工作，当时学校常委会曾表彰他做十八年行政工作的成绩，他也表示今后要为母校的教学和科研工作继续贡献力量。

有这样的表示，是觉得不当秘书长了，教学方面的工作他还是能胜任的。

落花有意，流水无情，院系调整一开始，郑天挺还是被调离了。

《郑天挺学记》中有当事人的叙述：

> 一九五二年，全国高等院校进行院系调整，我奉调来南开大学，任历史系教授、中国史教研组主任、系主任。这一决定在我思想上颇有波动。第一，我五十多年基本上在北京生活，热爱北京。第二，我中年丧偶，一直和子女一起生活，而他们也都在北京，到天津后我必然又跟在昆明一样，过孤单的生活。第三，我多年从事清史的研究和教学，北大

及北京其他单位的清史资料浩如烟海，绝非其他地方所及。但是经过郑重考虑后，我决定不考虑个人生活及其他方面的变化，愉快的只身来津任教。

郑天挺住在杨家，不是三月五月，也不是三年五年，魏宏运在《风范永存》文中说，"一住就是七八年"。杨石先任南大校长不久，郑天挺也升了一格，成为南大副校长。

郑天挺是1899年生人，1952年来校时已53岁，一住七八年就是六十多岁了。一个人住天津总不是办法，他的儿子郑克晟北大历史系毕业后，分到别的单位，经与学校协商，调到南大任教，郑先生的生活才安顿下来。

一个单身副校长，住在一个校长的家里，写到这里，我眼睛都湿了。

只有这样的"追"，才能见出历史的真相，也才能见出传主品质的高尚。

4

该着"堵"了。

按说"堵"和"截"差别不大，区别在于，堵，我方是静态的，等着敌方过来抗击之；截，是敌我两方都是动态的，只是我方的动作更猛些，插入敌前逆袭之。

这是指实战，写人物传记借用，又有不同。对虚高的评价，据实以核，可说是堵；不实之词摒弃之，可说是截。堵者挡也，截者弃也。

道理讲清楚了，先说要堵的。

杨石先曾任西南联大教务长，何时任职，又是如何任职，几种文本说辞各异。王文俊《杨石先光辉的一生》说："西南联大时期，杨石先被推选为理学院化学系和师范学院理化系主任，1943年任教务长。"杨光伟的《杨石先传》说："西南联大最早的教务长是个国民党分子，学生对他的意见很大……1943年，原来的教务长做不下去了，提出了辞职。大家认为杨石先办事公正无私，便推选他兼任教务长。"

两文均用了"推选",意在说明杨石先品德好,学问好,众望所归。说前任教务长是个国民党分子,不管是真是假,意在说明杨石先是个进步的、至少是个正派的教授。

杨石先任教务长一事,清华校长梅贻琦的《梅贻琦日记(1941—1946)》中有明确的记载。为省篇幅,不抄录了,改为叙事。

1941年10月15日,梅贻琦在昆明西仓坡主持联大常委会,总务长郑天挺、教务长樊际昌提出辞职。讨论许久,不得解决。梅贻琦坚谓常委会主席、总务长、教务长不宜由一校人担任,且总务长若再以沈履继任,则常委会竟是清华校务会议矣。

到了11月13日,下午三点又召开联大常委会。北大校长蒋梦麟因汽车在途被阻未赶到,到了四点,先开联大校务会议,五点半再开常委会议,通过改聘周炳琳为教务长,杨石先暂代;沈履为总务长。第二天下午接沈履辞职信,梅贻琦当即再致函郑天挺,促其复职。

隔了两三天,11月17日,杨石先到教务处任事,郑天挺来相商,须下星期方可复职。

统观梅贻琦日记,联大的人事安排,主要由他与北大校长蒋梦麟相商而定,根本没有推选这一民主程序。梅、蒋两人中,蒋梦麟基本不管事,可说全由梅贻琦做主。梅贻琦在人事安排上的一个原则是,他已是常委会主席,下面大名头的职务,尽量给了北大和南开。原先的教务长樊际昌是北大的,再选的周炳琳还是北大的。周炳琳当时被教育部借调到重庆,整顿中央政治学校,不能履职,那就只有让南开的杨石先暂代了。

选南开的人,为什么选杨石先而不选旁人呢?这仍关系着联大领导层的格局。联大是北大、清华、南开三校联合组成的,不设校长,由蒋梦麟、梅贻琦、张伯苓三人任常委共同负责,值班的常委称常委会主席。蒋梦麟淡泊,不管事,张伯苓常住重庆料理南开中学事务,只能由梅贻琦任常委会主席主持联大校务。之所以选杨石先,最大的一个理由是,杨石先是张伯苓信任的南开校务负责人之一。张伯苓在重庆期间,指定的三个校务负责人,分别是黄钰生、陈序经和杨石先。黄钰生原为建设长,新近又出任师范学院院长,自然不予考虑。陈序经一来昆明，便是商经学院的院长，也动不得。再选一个委以重任的，只能是杨石先了。至于说杨石先怎么个好，那是另外一回事。

杨石先担任教务长后的种种作为，《郑天挺西南联大日记》中多有记载，摘取此书材料，在我的《杨石先传》中足足写了两节，多达万余字。

再说一件事。

1923年，杨石先与李济同时应聘到南开大学任教，好几个文本都说李济是教授，杨石先也是教授。《杨石先生平记事》1923年项下说："9月21日，《南开周报》第68期报道，南开大学今年暑假所聘之教师有：化学教授杨绍曾先生。"其他几个文本未明确说杨石先一到南开就是教授，看行文的语气，似乎这是不言而喻的事情。

杨石先在康奈尔大学，仅获得硕士学位，一到南开就给了教授，不说物议了，以张伯苓之精明与自尊，断不会如此处置。

一篇写郁达夫的文章上说，大约也是1923年，北大经济学教授陈某某赴苏俄考察，所遗课程由郁达夫暂代，给的名分是统计学讲师，月薪120大洋。郁达夫是本科毕业，来北大任教连教授资格都不给。

还有可比衬的。1926年何廉获耶鲁大学博士回国，就任南开大学经济学教授，起薪给的是180元（大洋）。据此可知，180元该是南开聘任教授的最低薪水。

《杨石先图传》上有图片，为《南开学校大学部教员录》之一页，上载杨石先1923年到校至1927年历年所任课程、课时及薪金。1923年起薪为130元，到1925年增至235元，此后两年不变。比照耶鲁博士何廉的起薪，怎么都不能说杨石先一到南开就是教授。到了1929年，杨石先执意要去美国完成博士学业，固然有求知若渴的一面，与硕士学位在南开受的待遇，怕多少会有一些关系。须知张伯苓办学的眼界极高，杨石先他们那一茬的教师，理工科几乎全是博士。

像这类事，"堵"回原位，一点也不影响杨石先日后的如日中天。

5

说罢"堵",来说"截"。

堵是辨析了之后还要肯定,截,干脆就是不要。

写传记,资料越多越好,莫非还有资料到手而舍弃不用的吗?原以为不会有的,看得多了方发觉还真有不能要的。比如一些溢美之词,在某个历史时期,听起来是不折不扣的赞美,时过境迁,怎么看都是对传主的一种伤害,不是政治思想上的,而是人性人品上的。

这一节所引的材料,就不说文名与作者名了。所指摘的,仅是作者行文中的具体措辞,毕竟我作为一个后来的写传者,得人家的好处还是多些。我虽不是什么厚道人,这点良知还没有全泯灭。

就看过的材料而言,杨石先此一生中,回拒或抗争的事件共有四宗。对这四宗事件,书写者有不同的措辞。

第一宗,上清华学堂时,拒绝了给他看过病的一位校医,也是一位神父的外国人要他入教的劝告。作者说,这件事让杨石先感到厌恶,当神父说了自己的要求之后,他惊愕地站了起来,惊恐地说:"不,我不入教!"

第二宗是1945年,杨石先公派赴美国考察教育,并在印第安纳大学做访问教授兼研究员,到了1947年,该回国了。该校化学系主任兼研究院院长挽留他说:"你们国家正在打仗,华北就要成为战场,你可以把家眷接来,在这里从事研究工作。我们非常需要你这样有才干的人。"杨石先毫不迟疑地说:"我们国家更需要人,我要把我的知识奉献给祖国。"他毅然放弃了优越的研究条件和生活待遇,踏上了归途。

这件事在另一个文本里,同样是回拒,杨石先是这么说的:"你们这里人才济济,我在不在,你们多一个少一个没有关系,我们国家不行,非常需要人,我不回去,有的工作就没法搞上去。"对方又劝他是否再工作两三年,等局面稳定了再作归计,他仍是谢绝,说:"国内局面很难估计,两三年未必能稳定。现在南开大学急需我回去,我不好再留了。"

第三宗是1943年,杨石先正式就任联大教务长之后,奉命去重庆,到设在复兴关（原名浮图关）的中央训练团受训。蒋介石亲任训练团主任，训练团教育委员会主任为段锡朋。一次段锡朋找到杨石先谈话说："蒋主任要亲自介绍你参加三青团。"杨石先回绝说："我是搞教学的，搞科研的，没有时间再参加三青团。"段锡朋非常不满地威胁说："你不参加三青团，怎么做西南联合大学的教务长？"杨石先很坦然地回答说："不是我自己要做教务长，是大家逼我的。等我把应该做的几件事做完，一年以后，你们可以再找别人来做教务长，那时候你们再来动员我参加三青团吧。"文中还说，他的刚正不阿得罪了蒋介石等人。

第四宗是"文化大革命"后期，杨石先被送往农村"改造"，他能默默忍受，而当听说元素所的中试车间将被毁弃，他忍无可忍，拍案而起，厉声喝道："简直胡闹，岂有此理！"他用颤抖的手写了一张大字报，指责毁掉中试车间是对人民的犯罪。跟对方当面抗争时，他浑身抖动，把手攥得紧紧的。

现在来分析一下这四次回拒或抗争，杨石先的神态动作和言辞，是否合乎他的年龄、身份，还有他的性格与做派。

第一宗他还是个十几岁的年轻人，有人劝他入教，惊愕乃至惊恐都能说得过去，对方劝说多了，有些烦是正常的，说厌恶就有些过了。毕竟这个校医刚给他治好病，还劝他好好锻炼身体，是劝他入教，非是劝他作恶。

第二宗，前一个文本有些生硬，后一个文本也还委婉。

第三宗就过分政治化也英雄化了。杨石先回答段锡朋的话，有点样板戏里沙老太太怒斥敌顽的口吻。作者可能不知道段锡朋是何等样人。他是五四运动时期北大学生会的主席，又是受一位爱国企业家资助，与罗家伦、周炳琳等人一起留学的"放洋五大臣"之一，就是在国民党政府里，也是有名的清廉正直之士。他就是奉命劝杨石先加入三青团，也不会说出那么低俗的话。再就是，入了什么才能当什么，是中国当代人的做事理念。在那个年代，有这个迹象，并没有成为普遍的法则。同样是南开大学教授的何廉，抗战时出任国家农本局局长，后来当过经济部副部长，在自传里说他一直未加入国民党，不也一样干着，这又怎么说？

第四宗里的发火动怒，甚至浑身颤抖，最是荒唐可笑。这绝不是杨石先这样教养、这样身份的人做出的事。好几篇回忆文章里都说到杨石先是个少言寡语、面容冷峻的人，看到不满意的事，多半是皱皱眉头。有人记述过一件事，最能见出杨校长的脾气。

1957年5月中、下旬，搞大鸣大放，全校各系、各部门提出不少意见，王端菁在校办公室工作，她和几个同事被安排整理这些材料。正好那几天杨校长去北京开会，他们就在校长室工作。各处送来的材料越来越多，他们就分别摊在桌子上、椅子上、沙发上，甚至也摆在地上，反正要持续干，每天下班也不收拾归拢。一天早上，杨校长来到办公室，看到桌上敞着口的墨水瓶、横七竖八的蘸笔杆、到处都是的纸张，王端菁一见校长来了，以为他准要发火，没想到杨石先只说了一句："屋里怎么可以搞得这么乱！"就皱着眉头转身走了。

以我的揣想，其时学校的掌权者要毁掉中试车间，杨石先是会前往劝阻的，话嘛，怕只会说句："这么做不好吧！"便扭身走了。什么拍案而起，浑身颤抖，他们不配，杨石先也不会给。

这类时髦而又不着边际的话语，还不该"截"而弃之吗？

<h2 style="text-align:center">6</h2>

说了这么多，并非是说用了这几种"战法"，可以完满地体现出杨石先的业绩与人格。怎么可能呢！这样做，是不得已而为之，只能说是补苴罅漏，聊胜于无。有的地方，没有过硬的材料是无法下手的。比如我的意念中，有两个题目，自认为该写也能写好，而用这种"包抄"的办法，却绝难完成，一是《杨石先的文学情怀》，一是《杨石先的书信情结》。

其文学情怀有一事可证。南开大学中文系主任邢公畹是位语言学家，在西南联大时入职，战后复员，回到天津南开，住在杨石先后排的院子里。两人交往不多，早晚相遇也只是打个招呼而已。

杨宅前有个院子，杨石先爱在院里莳弄花木。有一天，邢公畹和一位同事从系里开会回来，经过杨石先门前，看见一种长长枝条、开满黄花的植物，不知叫什么名字。杨石先提了一把水壶正在浇花，他们进去相问，杨说："这叫荼蘼花，是一种蔷薇科植物，春天完了才开花，'开到荼蘼春事了'嘛。"邢公畹一听杨石先说到这个断句时的语音节奏，就知道他对中国古典文学是有素养的，这事引起了他对杨石先极大的兴趣。

至于书信情结，起初是我的一种猜测。瞎子耳朵必灵，聋子眼睛必亮，不爱说话的文化人笔头子必利。先是这么想的，有了这个想法，就会操这个心。果不其然，此公不光爱写信，且一写就长。

再一个佐证是，杨石先的毛笔字写得好，不是别人说他写得好，是他知道自己写得好。南开校园的周恩来纪念碑的文字，是他拟的，也是他用毛笔写下上石的。书法漂亮的人爱写信，相当于口才好的人爱演说，一个是说给千人听，一个是传到千里外。前贤有言："尺牍书疏，千里面目也。"

说实事吧。

联大化学系青年讲师蒋明谦，1941年考取了清华第五届公费留美生。学校指定了国内导师三人负责指导，其中一人是杨石先。出国前，他给三个导师都写了求教的信，只得到了杨先生的回信，而且是十多页的长信，非常认真而详细地对选择学校、导师、课程，甚至行装、旅途以及国外礼节等做了详尽的指导。

胡孚琛"文化大革命"前考上南开化学系，"文化大革命"期间毕业，分配到一个荒僻的农场去"接受再教育"，心情不好，有些消沉。在那里，他不断收到杨老师的信，老师还将一部身边珍藏多年的善本《战国策》和郑板桥的《范县诗抄》寄赠他作为纪念。农场劳动结束后，胡孚琛留在当地工作，用非所学很是苦恼，不时将自己的境况写信告诉杨老师，每次都能很快收到老师的回信。离校十五年，杨老师写给他的信，达四十余封。

杨传大致写完了，还要过一遍，我拟在定稿前，在全书的后部，增加两章，写传主的文学情怀和书信情结。内文呢，写不了多少，文学情怀一章写上知道的两三件事；书信情结一章，开列名单说明曾寄给谁多少信，一两封注明是什么信。比如蒋明谦名下，就说有杨石先的长信一封十几页；胡孚琛名下，就说有杨石先信四十几封。不用多，这两个人将信披露出来，书信一章就实实在在了。现在不成了。若天假以年，我能补上我补，我补不上，但愿有心人会给补上。

将来出了的《杨石先传》，我是说这个长的，不是一本写得怎样的书，而是一本怎样写成的书。我希望这样写下的书，不光对做文科学问的人有所借鉴，就是对学理工的人也能有所助益。

韩石山

2022年10月21日于潺湲室

（原载《文学自由谈》2022年第6期，略有删改）